Elise Wolfram/Paracelsus

Die okkulten Ursachen der Krankheiten

ELISE WOLFRAM/PARACELSUS

Die okkulten Ursachen der Krankheiten

Volumen Paramirum

HERAUSGEGEBEN UND EINGEFÜHRT VON
WILLEM F. DAEMS

Verlag am Goetheanum

1. Auflage im Verlag von Max Altmann, Leipzig 1912
2. und 3. Auflage ebenda 1921
4. Auflage (unveränderter reprografischer Nachdruck der Ausgabe von 1912, herausgegeben und eingeführt von Willem F. Daems), Dornach 1991

Einbandgestaltung unter Verwendung eines Kupferstichporträts von 1540 sowie einer Abbildung aus dem «Stundenbuch des Herzogs von Berry» (Der Mensch im Kräftefeld des Tierkreises) von Gabriela de Carvalho

Gesamtherstellung: Freiburger Graphische Betriebe
ISBN 3-7235-0577-5

Inhalt

Einführung zur Neuauflage *Willem F. Daems* . . VII

I. Die Medizin in Paracelsus' Zeit. II. Theophrastus Bombastus von Hohenheim, genannt Paracelsus. III. Ein neues Bild von Mensch und Natur, von Gesundheit und Krankheit. IV. Elise Wolfram, Theosophin und Anthroposophin. Anmerkungen.

Die okkulten Ursachen der Krankheiten (Volumen Paramirum des Paracelsus)

Vorwort XXXV

Einleitung 1

Das okkulte Verhältnis zwischen Volksseele und Volksgesundheit. – Das Pentagramm Mensch und die fünf Sekten der Ärzte im Sinne Paracelsi.

Ens astrale 25

Die Afterastrologie. – Die okkulttechnischen Ausdrükke: Ens seminis, digestio, Meteoron. – Der Arsenik-Stern. – Der Mensch als Erzeuger der Infektionserreger.

Ens veneni 73

Die Arbeit des Alchimisten des Menschenleibes in den Vorgängen der Ernährung und Ausscheidung. – Die sieben im Menschen aus den Prozessen des Arsenik, Sal, Sulphur und Merkurius entstehenden Gifte. – Die Brüder Kopf und Magen. – Die organischen Leiden als eine Tabelle der Seelendefekte.

Ens naturale 131

Das Geheimnis der Prädestination. – Das Element der Erde. – Die Planeten, die Elemente und die vier Winde im Menschenorganismus. – Die saure, die süße, die bittere und die salzige Konstitution. – Der liquor vitae.

Ens spirituale 188

Geburt und Wesen der Geister im Menschen. – Die Erkrankungen durch die Geister. – Die Erkrankungen durch Magie.

Ens deale 223

Der Glauben der Vorzeit. – Der Glauben des Christenmenschen. – Christus als der Herr des Karma. – Die Begriffe Flagellum und Fegefeuer. – Die drei Anatomien. – Die Erklärungen Paracelsi des Gleichnisses vom Adler, der zum Aas geht, und des Gleichnisses vom Samariter.

EINFÜHRUNG ZUR NEUAUFLAGE

von Willem F. Daems

I. Die Medizin in Paracelsus' Zeit

Das Viererschema-Dogma der Humoralpathologie

Die Zeit, in der Paracelsus lebte und wirkte – die erste Hälfte des 16. Jahrhunderts –, ist für die Medizingeschichte durch einen Höhepunkt der Renaissance-Medizin charakterisiert. Stark gefördert wurde diese «Wiedergeburt» antiker medizinischer Anschauungen durch eine imponierende Produktion der noch jungen Buchdruckkunst: Dutzende von «Klassikern», vor allem Hippokrates und Galenos, erschienen in Venedig, Padua, Paris, Lyon, Basel. Paracelsus mag deren viele studiert haben.

Das *humoralpathologische Signet* der Renaissance-Medizin beruht auf folgender – im Umriß skizzierten – Entwicklung.

Kurz nachdem Empedokles (5. Jh. v. Chr.), der «Verkünder des Kosmos»[1], seine Lehre der vier Elemente (rhizomata) – Feuer–Wasser–Luft–Erde – aufgestellt hatte, ordnete Zenon von Elea diesen die Primärqualitäten heiß, kalt, feucht und trocken zu. Nicht Hippokrates (ca. 460 – ca. 370) selbst, sondern sein Schwiegersohn Polybos (Ende 5. Jh.) vollendete in der «hippokratischen» Schrift ‹Von der Natur des Menschen› die Viersäfte-Lehre[2]: die menschliche Konstitution ist vom Verhalten der vier Körper- oder

Kardinalsäfte – gelbe Galle, Blut, Schleim, schwarze Galle – bestimmt. Diese Körpersäfte sind mit je zwei Primärqualitäten verbunden. Aber erst Aristoteles (384–322) verband die Elemente ihrerseits mit den zwei entsprechenden Primärqualitäten. Dieses System war die Grundlage für die verschiedenen Medizinschulen der post-hippokratischen Zeit.

Galen (129–199) – aus Pergamon gebürtiger, vorwiegend in Rom praktizierender Arzt – vollendete das System makro-mikrokosmischer Beziehungen auf der Basis der vier Elemente und vier Körpersäfte. Gesundheit (Eukrasie) ist der Zustand gleichmäßiger Mischung (Krasis) der vier Säfte, die pathogene Verschiebung dieses Gleichgewichts (Dyskrasie) ist Krankheit.

Die Mischung der Elemente in differenzierenden Graden oder Intensitätsabstufungen wurde zur Grundlage einer Qualitätenlehre[3] der Naturstoffe (Lebens- und Heilmittel). Diese Galenische Qualitätenlehre[3] wurde zur Zeit der islamischen Medizin «arabisiert»: Jeder der vier Grade wurde nochmals dreigeteilt (Anfang, Mitte, Ende), wodurch ein fast schon «computerähnliches» System von Qualitätsbeurteilung möglich sein sollte.

Im Laufe der Zeit – von Polybos bis Paracelsus immerhin etwa 1900 Jahre! – wurde das Viererschema nach allen Seiten hin ausgeweitet. Schon bei Galen waren darin untergebracht (jeweils vier): Elemente, Primärqualitäten, Körpersäfte, Organe (Milz, Gehirn, Herz, Leber), Farben, Alter des Menschen,

Fieberarten, Tageszeiten, Jahreszeiten und – im Ansatz – die Komplexionen (Temperamente). Hierzu kamen später: Windrichtungen, Evangelisten, das Viergetier, die griechischen Tonleitern, Tierkreistrigone.

In der Renaissance hatte das Viererschema sein breitestes Wirkungsfeld: Theologie, Philosophie, Medizin, Physik, Astrologie. Sogar die bildende Kunst wurde von ihm erfaßt: Schöner[4] (S. 100) weist auf eine Freskodarstellung hin, auf der diskutierend Hippokrates und Galen – und dazu das vollständige Galenische Viererschema – zu sehen sind. Sie befindet sich in der Krypta der Kathedrale von Anagni (ital. Provinz Frosinone).

Mit Galen fing die *Systematisierung und Schematisierung der humoralpathologischen Basis* an. Es braucht hier nicht besonders ausgearbeitet zu werden, wie im Laufe des folgenden Jahrtausends (*Rezeptionswellen:* Cassiodorus; Salerno; islamische Medizin; Toledo; norditalienische, französische, deutsche Universitäten) die ursprünglich an der Beobachtung der Verhältnisse von Mensch und Natur gewonnenen Erkentnisse zu einem Theorie-Dogma erstarrten.

Die autoritative Theologie des Mittelalters und der Renaissance war das wichtigste Hindernis für einen Durchbruch zu neuen Horizonten. Ja, der Einfluß dieses Dogmas blieb bis zur Mitte des 19. Jahrhunderts wirksam. Da versuchte noch einmal *Karl Rokitansky* (1804–1878), unter Einbringung neuer

Erkenntnisse der Physiologie, mit seiner «Krasenlehre» (1842 und 1846) der Säftelehre neues Leben einzuflößen; mit jugendlichem Elan bekämpfte ihn *Rudolf Virchow* (1821–1902), der das humoralpathologische Dogma hinwegfegte und eine weitere Auflage von Rokitanskys «Krasenlehre» verhinderte.

II. Theophrastus Bombastus von Hohenheim, genannt Paracelsus

Für Hippokrates, wider den Hippokratismus

An einem schönen Septembertag des Jahres 1911 machte Rudolf Steiner eine «Wallfahrt» nach Einsiedeln[5], nicht zur berühmten Benediktiner-Abtei, sondern zur Teufelsbrücke – etwas unterhalb von Einsiedeln –, an den Ort, wo Ende 1493 Theophrastus Bombastus von Hohenheim – erst 1529 nennt er sich Paracelsus – seinen Lebensweg begann. «Es ist [auch] die dortige Stätte so recht geeignet, mit dem zu verwachsen, was einem der Geist der Natur sagen kann. Und es stieg vor meiner Seele das Bild eines Knaben auf, der in den ersten neun Jahren seines Lebens in jener Natur aufgewachsen ist...» Das Schicksal hatte Theophrast gleich an den richtigen

Erdflecken gebracht, wo ihm die Kräfte zuströmten, welche ihn bei seiner Lebensaufgabe fördern würden. Der Vater, Wilhelm von Hohenheim, der als Arzt in dem «Schwyzerlant» tätig war, führte den Jungen in die Geheimnisse der Pflanzen- und Tiernatur ein. Als Wilhelm 1502 zum Stadtarzt von Villach (Kärnten)[6] berufen wurde, begann für Theophrast die Einführung in die Mysterien Gottes und der unbelebten Natur der Erze und Metalle.

Nach der Grundschulausbildung studierte er an vielen Universitäten (u. a. Salerno, Mailand, Ferrara, Montpellier, Paris), promovierte in Ferrara (etwa 1516) zum «Doctor beyder arztney», das heißt der inneren und chirurgischen Medizin.

Sein ganzes weiteres Leben hetzte er von einem Ort zum anderen, durch ganz Europa, wahrscheinlich sogar nach Nordafrika, nach Alexandrien, Kairo, Jerusalem und auch nach Cypern, Griechenland, Konstantinopel und so weiter.

Was er an den Universitäten lernte, brachte ihm zwar breite Literaturkenntnisse, die er jedoch eher als ein Hindernis für die Entfaltung einer menschengemäßen Heilkunst ansah: «das sie alle ding haben wollen beschreiben und haben von keim nichts verstanden, etwas gemacht und geschriben, nicht aber vom grunt oder aus der rechten art und eigenschaft wie ein schreiben und describiren gên [gehen] sol ...»[7] und deshalb: «den papirischen büchern ist nichts zu vertrauen»[8]. Sein Zorn und die vehementgroben Schimpfkanonaden gegen die «buocharzten»

– womit er vor allem meinte: Galen, die Vertreter der islamischen Medizin wie Avicenna, Rhazes, Mesue, dann die zahlreichen Autoren des späten Mittelalters – brachten ihm mehr Feinde als Freunde. Die Feinde befanden sich im akademischen und klerikalen Lager; sie versuchten Paracelsus mit ihren Streit- und Schmähschriften zu erledigen. Die Freunde hatte er vorwiegend unter dem ganz einfachen, meist armen Volk, dem er – oft unentgeltlich – mit wahrer Christenliebe beistand.

Paracelsus hat seine Lage richtig eingeschätzt, als er schrieb (1530): «mer wil ich richten nach meinem tot wider euch dan [als] darvor. und ob ir schon mein leib fressent, so habt ir nur drek gefressen: der Theophrastus wird mit euch kriegen [kämpfen] on den leib.»[9] Wie recht er mit dieser Aussage gehabt hat, wissen die Paracelsus-Forscher unserer Zeit!

Bei der langen Reise durch Paracelsus' medizinische Schriften stößt man unzählige Male *auf unmißverständliche Ablehnung der galenischen und arabisierten humoralpathologischen Anschauungen der Renaissance-Medizin.*

Vom gelegentlichen Widerstand gegen den Hippokratismus kennt die Medizingeschichte auch Beispiele. So hat *Nikolaus Leonicenus* (1428–1524), einer der berühmtesten Dozenten der Universität Ferrara, seine Kritik an Autoren der Antike bereits 1509 im Druck[10] erscheinen lassen. Paracelsus mag den hochbetagten Leonicenus noch erlebt haben.

Aber bereits im 13. Jahrhundert kämpfte der Dominikaner *Nikolaus von Polen* mit seiner Schrift ‹Antihippocras› (um 1270)[11] gegen die «Schulmedizin». Er wandte sich damit an Geistliche und gebildete Laien. Seine «geifernde Ausfälligkeit» erinnert an Paracelsus' Auftreten.

Und der Autor des ersten deutschen gedruckten Kräuterbuchs, ‹Gart der Gesundheit› (Mainz 1485)[12], *Johann Wonnecke von Kaub* (1430–1503/04), der beauftragt war, «vss den bewerten meistern in der arztney, Galieno, Auicenna, Serapione, Dioscoride, Pandecta[!], Plateario vnd andern viel kreuter kraft vnd naturen in ein buoch zuo samen zuo bringen», kümmerte sich darum keinen Deut, sondern griff auf originale altdeutsche Texte zurück.

Betont hebt Theophrastus von Hohenheim den großen griechischen Arzt Hippokrates (ca. 460 – ca. 370) als eine Persönlichkeit heraus, der er nachfolgen will. «Hippocrates noster», «Hippocrates Cous princeps» (Hippokrates, Erster von Kos [= griechische Insel, wo er Leiter der Medizinschule war]), ruft er den Studenten in Basel (1527) zu.[13] «Wan ist die arznei [= Heilkunst] höcher gestanden, dan do Hippocrates war?»[14], «so wisset, das Hippocrates mer einer spiritualischen sect gewesen ist, dan [als] naturalischen»[15]. Er stellt Hippokrates in die Reihe der göttlichen Heikundigen Apollo und Machaon, «welche mit rechtem geist der arznei curirt haben»[16].

Mit den ‹Aphorismen› des Hippokrates, die seit dem 12. Jahrhundert zu lateinischen Kommentaren führten, setzte sich der Hohenheimer besonders auseinander: er kommentierte einen erheblichen Teil davon[17] zugunsten des Medizinunterrichts in deutscher Sprache.

Weshalb also *wider* den Hippokratismus, aber *für* Hippokrates?

Mit dieser Frage wollen wir uns noch ein wenig beschäftigen, wobei einige Aussagen Rudolf Steiners – wie sich zeigen läßt – sehr hilfreich sind.

Wer war Hippokrates?

Von der Persönlichkeit des großen griechischen Arztes Hippokrates (II.), der allgemein als «Vater der Medizin» betrachtet wird, sind nur sehr wenige Daten und Fakten mit Sicherheit bekannt.[18] Er war, in der Reihe der Asklepiaden-Generationen, Arzt wie auch sein Vater und sein Großvater, Hippokrates (I.), der Oberpriester-Arzt gewesen sein soll.

Von unserem Hippokrates wird berichtet, daß er vertrauten Umgang mit dem gemeinen Volk, mit Hirten, Bauern, Färbern und so weiter hatte – wir werden an Paracelsus erinnert. Seine Ausbildung war auf die ionische Naturphilosophie – die auch die Basis für die ägyptische Medizin war – gerichtet. Bevor Hippokrates nach Ägypten aufbrach – er mag etwa 17 Jahre alt gewesen sein –, wurde er noch mit der erblichen Priesterwürde bekleidet. Seine Stirn hatte das Weihwasser empfangen, sein Mund sprach die Formel: *«Das Übel floh ich, das Heil fand ich.»*

Zwei bis drei Jahre soll er in Ägypten verbracht haben, um in der Tempelmedizin geschult und schließlich eingeweiht zu werden. In den Schatzkammern der Tempel bewahrten die Hohenpriester die «Sechs Bücher des Hermes Trismegistos», des Schöpfers (unter anderem) der ägyptischen Medizin. Diese Bücher enthielten das menschenkundliche Wissen (über den Bau des Körpers), die allgemeine Pathologie, Ausführungen über Frauenkrankheiten, über chirurgische Instrumente und ihre Anwendung, über Diät und so weiter. Dieses Wissen war ein Privileg der Priesterkaste, was zur Konsequenz des Erbrechts führte: Die Tempelärzte waren Priester-Ärzte von Geburt.

Gegen den okkulten Charakter der Tempelmedizin hatte Hippokrates nichts einzuwenden. Er war aber der Meinung, daß man es nicht länger hinnehmen dürfe, daß diese Wissenschaft das Vorrecht einer Kaste sei und bliebe. Diesem Zustand hat Hippokrates ein Ende bereiten wollen, auch wenn sein Verhalten als Mysterienverrat angesehen werden kann. Jedenfalls wollte er mit der geschäftstüchtigen Geheimniskrämerei («Kurbetrieb»!), der die Kranken nach dem Tempelschlaf ausgeliefert waren, aufräumen.

Hier ist die frappante Aussage Rudolf Steiners zu erwähnen, die er im sogenannten «Ersten Ärztekurs» (Dornach 1920)[19] machte. Gleich in der historischen Einleitung des 1. Vortrages (21. März) sagte er: «Sie alle wissen, daß man gewöhnlich, wenn man die Geschichte der Medizin betrachtet, hinweist auf die Enstehung der Medizin im alten Griechenland im fünften und vierten Jahrhundert, daß man auf *Hippokrates* hinweist, und man kann sagen, wenigstens das Gefühl wird dann hervorgerufen, als ob mit demjenigen, was bei Hippokrates als Anschauung auftritt und dann zur sogenannten Humoralpathologie geführt hat, die im Grunde genommen bis ins 19. Jahrhundert hinein noch eine Rolle gespielt hat, ein Erstes für die Entwicklung des medizinischen Wesens im Abendlande gegeben sei. *Das ist aber schon der erste Fundamentalirrtum* [von mir kursiviert], den man begeht und der eigentlich im Grunde genommen nachwirkt so, daß er verhindert, heute noch zu einer unbefangenen Anschauung über das Krankheitswesen zu kommen.»

Wichtig ist es Rudolf Steiner also, Hippokrates *auch* als eine Persönlichkeit zu würdigen, die eine der bedeutendsten Perioden der Medizingeschichte *abschloß*.

Hinzu kommt eine wichtige Mitteilung, die Rudolf Steiner am 14. September 1908 in Leipzig[20] machte: «Ich konnte [auch] zeigen, daß, wenn man richtig Paracelsus versteht, man erkennen kann, daß *seine Heilkunst ein Wiederaufblühen dessen ist, was in den Tempeln des alten Ägyptens gelehrt wurde»* [von mir kursiviert].

Ein drittes Mosaiksteinchen im Bild der karmischen Wirkungen in Paracelsus' Wesen legte Rudolf Steiner, als er – über «Große Eingeweihte» vortragend[21] – sagte: «Versetzen wir uns zurück in die Alltäglichkeit jener Zeit, wo unter der Führung des Hermes die Schüler der Einweihungsschulen angeleitet worden sind. Diese Anleitung war zunächst ein gewöhnlicher, sogenannter esoterischer, wissenschaftlicher Unterricht. Nur mit ein paar Strichen kann ich Ihnen hinzeichnen, was ein solcher Unterricht enthielt. Es wurde da gezeigt, wie der Weltengeist heruntersteigt in die Körperwelt, sich verkörpert, und wie er in der Materie auflebt, wie er im Menschen dann seine höchste Stufe erreicht und seine Auferstehung feiert. Das hat besonders *Paracelsus* noch so schön ausgedrückt, indem er sagte: was wir draußen treffen, diese einzelnen Wesen, sind die Buchstaben, und das Wort, das aus ihnen zusammengefügt ist, das ist der Mensch».

Dieser Gedanke ist für Rudolf Steiner von solch zentral-wichtiger Bedeutung, daß er von diesem Moment an, Frühjahr 1905, bis Ende Januar 1908 in mindestens 16 Vorträgen (Berlin [9!], Köln, Kassel, Leipzig, Stuttgart, Paris) darauf zu sprechen kommt. Die schönste neudeutsche Version der diesbezüglichen Formulierungen bei Paracelsus gab Rudolf Steiner im Pariser Vortrag[22]: «Ich habe alle Wesen betrachtet: Steine, Pflanzen, Tiere, und sie sind mir wie zerstreute Buchstaben erschienen, im Verhältnis zu denen der Mensch das lebendige und vollständige Wort bildet.» Nochmals Paracelsus[23]: «dan der mensch wird erlernt von der grossen Welt [Makrokosmos] und nicht aus dem menschen [Mikrokosmos]».

Damit sind wir bei Paracelsus' paramirischen Schriften, von denen die vorliegende Neuauflage handelt, angelangt.

III. Ein neues Bild von Mensch und Natur, von Gesundheit und Krankheit

Das ‹Volumen Paramirum›

Hippokrates war ein Eingeweihter der ägyptischen Mysterienmedizin, Paracelsus ein rosenkreuzerischer Adept[24], den Rudolf Steiner – fast am Schluß seiner Vortragstätigkeit[25] – als «Paracelsus minor» hinstellt, durch den «Paracelsus maior» geistig hindurchwirkte»: «Da steht ‹Paracelsus maior›, nur ist er nicht genannt worden, während ‹Paracelsus minor› später in dem Gabriel-Zeitalter gelebt hat, und noch Reminiszenzen, noch Nachklänge gehabt hat an den ‹Paracelsus maior›, aber nicht mehr in jener unverfälschten, großartigen Weise, geistigen Weise, in der sie bei dem ‹Paracelsus maior› war.» Der Name dieses «Paracelsus maior» ist – so Rudolf Steiner – «nicht auf die Nachwelt gekommen», «aber die Persönlichkeit ist ja da», und zwar «in der damaligen Raphael-Zeit».

Ähnliches schildert Steiner hinsichtlich «Böhme maior» und «Böhme minor».

Theophrastus von Hohenheim entwickelte mit atavistisch-hellsichtigen Fähigkeiten in der Zeit (1516–1520 etwa) kurz nach seiner Doktorpromotion ein neues Bild von Mensch und Natur, von den Mensch-Natur-Beziehungen und die sich daraus ergebenden Anschauungen von Gesundheit, Krankheit, Heilmitteln, Heilung.

Nach Untersuchungen von *Karl Sudhoff,* Großmeister der modernen Paracelsus-Forschung, wurden die neuen Erkenntnisse um 1520 festgelegt in einem Werk, das den Titel ‹Volumen Paramirum›[26] trägt. Es wird angenommen, daß Paracelsus bei seinen Vorlesungen an der Basler Universität (1527) mit diesem Text gearbeitet hat.

Sudhoff hat bei der Aufnahme in die Gesamtausgabe über die Entstehungsgeschichte des ‹Volumen Paramirum› und über dessen Drucke berichtet.[27] Die historische Bibliographie muß jedoch überarbeitet werden, denn wo Sudhoff das ‹Volumen Medicinae Paramirum ... De medica industria› 1575 bei Christian Müller in Straßburg als Editio princeps ansieht, finden sich in der Wellcome Medical Historical Library, London, und in der National Library of Medicine, Bethesda, Maryland, mehrere ältere Ausgaben.[28]

Elise Wolframs Werk – in das der Leser mit dieser Skizze eingeführt wird – stützt sich auf die Veröffentlichung der Schrift in der von Lazarus Zetzners Erben in den Jahren 1616 bis 1618 verlegten Gesamtausgabe der Paracelsus-Schriften.

Wohl angeregt durch Sudhoffs gegen Ende des 19. Jahrhunderts einsetzende intensivste Untersuchungen der Paracelsus-Traktate (Handschriften und Drucke), gab Franz Strunz das ‹Volumen Paramirum› im Jahre 1904 heraus, daraufhin Johann Daniel Achelis nochmals im Jahre 1928, «Paracelsus – Volumen Paramirum (Von Krankheit und gesundem Leben)»; er stellte der Ausgabe eine ausführliche «Einführung» (S. 1–45) voran. Mit der Aufnahme in Sudhoffs Reihe der Sämtlichen Werke[29] fand das Werk schließlich seinen festen Platz.

Schließlich hat sich vor kurzem der bekannte Heidelberger Medizinhistoriker und profunde Paracelsus-Kenner Heinrich Schipperges von neuem[30] mit dem ‹Volumen Paramirum› befaßt. Aufgrund des Inhalts spricht Schipperges von «Entienlehre des Paracelsus». Es scheint mir richtig, den letzen Abschnitt des «Geleitwortes» (S. VI), das Wilhelm Doerr dem Werk mitgab, weiterzugeben: «Wer dieses Buch geduldig studiert, wird reich belohnt, denn er gewinnt Verständnis für manche Besonderheiten auch der aktuellen Medizin – für magisch-religiöse, sprituelle, ja anthroposophische Wesenszüge und ihre wertende Einstufung, deren genetische Verbindung zu Paracelsus sonst nicht ohne weiteres deutlich geworden wäre.»

Fürwahr, über solch späte Feststellung einer «genetischen Verbindung zu Paracelsus» brauchen wir uns nicht zu wundern – systematisch wurden (und werden immer noch) die Paracelsus-Studien von Strunz – ob er wohl Verbindung zur Theosophie hatte? –, Rudolf Steiner und seinen Schülern (wie Elise Wolfram) verschwiegen. Auch in der sehr ausführlichen Bibliographie zu Schipperges' neuestem Paracelsus-Buch fehlen diese Autoren.

Um so mehr Grund, das wunderbare Werk von Elise Wolfram neu herauszugeben!

IV. Elise Wolfram, Theosophin und Anthroposophin

Am 12. Februar 1868 wurde *Elise Christiane* in Danzig als Tochter des Kaufmanns *Georg Garmatter* geboren.[31] Sie wurde in Berlin und Brüssel erzogen. Mit neunzehn Jahren heiratete sie den Landgerichtsrat *Albrecht Wolfram* in Leipzig, lebte mit ihren Kindern (Fritz, Eva und Erna) in Auerbach im Vogtland, später in Borna. Als Albrecht Wolfram gestorben war, zog die Witwe – etwa um 1900 – nach Leipzig.

Als Kulturschriftstellerin trat sie zunächst unter dem Pseudonym F. Wolf-Rabe mit einigen Romanen hervor.[32] Für die spätere schriftstellerische Tätigkeit der theosophisch-anthroposophischen Zeit verwendete sie ihren Familiennamen Wolfram.

«Ein Leben und Schicksal im Schatten von Rudolf Steiner» – so überschrieb Erna van Deventer-Wolfram ihre Erinnerungen.[33] Die Tochter der Elise Wolfram schildert interessante Einzelheiten über die ersten Begegnungen mit der Theosophie und mit Rudolf Steiner. «Daß in Leipzig eine theosophische Loge war und Rudolf Steiner 1904 das Buch ‹Theosophie› herausgegeben hatte, wußte sie nicht.» Dann aber griff das Schicksal gleich ein: Elise bekam die ‹Theosophie› «in die Hand gespielt», las das Werk in einer Nacht und schrieb gleich an Rudolf Steiner. Zwei Tage später kam Rudolf Steiner nach Leipzig: Elise wurde Mitarbeiterin des Leipziger Zweiges der Theosophischen Gesellschaft, kurz darauf (1906) Leiterin des Zweiges und esoterische Schülerin Rudolf Steiners; von 1908 bis 1913 war sie auch im Vorstand der Deutschen Sektion der Theosophischen Gesellschaft.

Als sie am 18. März 1942 – mitten im Krieg – im Alter von 74 Jahren starb, schrieb Marie Steiner, ziemlich verspätet[34], einen kurzen Nachruf: «Sie ist als Schriftstellerin, als Vortragende, als Zweigleiterin tätig gewesen. Eine reich begabte Frau, impulsiv und ausdauernd, zäh in der Arbeit, eine Kämpfernatur, die den Schicksalsschlägen mutig standhielt».

Die Tochter Erna van Deventer erzählt weiter ausführlich über die engeren, fast familiären Beziehungen zu Rudolf Steiner, der für die Kinder Wolfram der «Onkel Doktor» war. Mit Sicherheit ist die enge Zusammenarbeit mit Rudolf Steiner in diesen ersten Jahren für die Paracelsus-Studien von Elise Wolfram von entscheidender Bedeutung gewesen. Dazu gibt es einige Indizien.

Bereits in seinem Berliner Vortrag von 26. April 1906 über Paracelsus[35], sagte Rudolf Steiner: «Es ist gewiß reizvoll, sich in die Vergangenheit zu vertiefen und ein wenig Umschau zu halten bei den großen Geistern, die uns vorangegangen sind. Bei der Persönlichkeit, von der wir heute sprechen wollen, kommt aber noch etwas ganz anderes als der Reiz geschichtlicher Betrachtung als Gesichtspunkt in Betracht. Es kommt bei *Paracelsus* vielmehr darauf an, daß er den Menschen von heute noch sehr, sehr viel geben kann.»

Für Rudolf Steiner war dies längst keine Frage mehr, hatte er sich doch nachweislich mindestens seit 1888[36] mit Paracelsus befaßt.

Am 31. Januar 1906 ist Rudolf Steiner mit einem öffentlichen Vortrag in Leipzig, dann gibt er vom 28. Juni bis 11. Juli den Zyklus «Populärer Okkultismus»[37], an den Erna van Deventer erinnert. Wichtig für die Einstimmung auf Paracelsus-Studien muß für Elise Wolfram der öffentliche Paracelsus-Vortrag gewesen sein, den Rudolf Steiner am 12. Oktober 1906 hielt.[38] Da teilte er gleich am Anfang mit:

«Einer, der den theosophischen Anschauungen so nahe wie möglich kommt, ist Paracelsus. Er [...] kann heute noch Leuchte und Lehre sein.» Elise Wolfram wird unter den Zuhörern gewesen sein und sich angesprochen gefühlt haben. Jedenfalls kann seit diesem Paracelsus-Vortrag der Anfang ihrer Bemühungen um Verständnis der Schriften und Weltanschauung des Hohenheimers gegeben sein.

Hat Rudolf Steiner gehofft, daß Elise Wolfram das Paracelsus-Studium ergreifen würde? Jedenfalls ist es von Bedeutung, daß Rudolf Steiner um diese Zeit sich mit dem bekannten Tübinger homöopathischen Arzt Emil Schlegel über Paracelsus unterhalten hat,[39] mit einer Persönlichkeit, die selbst ein aktiver Paracelsus-Forscher und Autor von Paracelsus-Studien war. Obendrein ist die Dichte von Aussagen über Paracelsus in Vorträgen Rudolf Steiners (von 1905 bis 1912) auffallend.

Eine Frage an Rudolf Steiner und die Antwort

Am Sonntag, 28. Juni 1908, zwischen zwei Vorträgen während des Apokalypse-Kursus[40] wurde eine Fragestunde[41] eingerichtet. Ein Teilnehmer stellte die Frage: «Wie kann der Laie zu dem Verständnis des Paracelsus und seinen Büchern kommen?» Die lapidare Antwort Rudolf Steiners: «Das Beste ist, man wird Theosoph», das heißt hier wiederum: Anthroposoph.

Die eigene Erfahrung beweist die Aussagekraft dieser Antwort; ohne Hilfe der anthroposophischen Grundkenntnisse bleibt Paracelsus-Forschung eine ziemlich sterile historisch-philologische Angelegenheit.

Elise Wolframs Einstieg in die Paracelsus-Studien verlief über die «Theosophie» (1904), «Die Theosophie des Rosenkreuzers» (1907) und «Die Geheimwissenschaft im Umriß» (1910), dazu selbstverständlich auch alle anderen Werke und Vortragszyklen Steiners bis zum Moment, da ihr Erstling, «Der esoterische Christ Paracelsus» (1910 in Leipzig[42]), erschien. Die Autorin ordnete den Hohenheimer in die Rosenkreuzerströmung ein. Mit dogmenloser, esoterisch-christlicher Weltanschauung zog Paracelsus als Laientheologe durch das Appenzeller Land. Und selbstverständlich waren auch seine Heilkunst und seine medizinischen Schriften von dieser Haltung geprägt. Paracelsus' Weltbild ist *anthropozentrisch und theonom*[43]: der Mensch im Mittelpunkt und nach göttlichen Gesetzen beurteilt – wir werden kurz und bündig sagen: anthroposophisch!

Im September 1911 übergab Elise Wolfram – laut Vorwort – ihr großes Paracelsus-Werk «Die okkulten Ursachen der Krankheit» dem Leipziger Verlag von Max Altmann, der es dann 1912 herausgab. Eine zweite Auflage erfolgte 1920; in englischer Übersetzung erschien das Buch auch einige Male.

Das Werk ist die Frucht intensivster Beschäftigung mit der Weltanschauung des Theophrast von

Hohenheim, insbesondere mit seinem Bild des Menschen in Gesundheit und Krankheit.

Wolframs vordergründiges Anliegen ist es, die okkulten Ausdrücke dieses «vom Geist der Mystik angekränkelten Phantasten» – so die Gelehrten damals (wie auch mancher heute noch) – in moderne Begriffe zu übersetzen. Darüber verfügt sie mit dem grundlegenden ‹Volumen Paramirum› in eindrucksvoller Fülle: Gesundheit, Krankheit, Heilung, Heilmittel, Gift, Ernährung, Verdauung, Alchemist, Leben, Tod und so weiter.

Gleich in der Einleitung (S. 1–24) demonstriert sie mit einem genialen Einfall, wie sie zur Durchleuchtung des schwierigen Paracelsischen Textes vorzugehen gedenkt. Da scharen sich sechs Ärzte um den Körper eines gerade an der Cholera gestorbenen Menschen, gewissermaßen in einem post-mortem-consilium. Fünf dieser Ärzte vertreten je ihre Ansicht über die Todesursache, und zwar im Bereich des Physischen, des Ätherischen, des Astralischen, der Ich-Wesenheit und des Göttlichen, in Paracelsus' Darstellung: der fünf Entien, der fünf Wesens-(Seins-)bereiche. Alle haben Recht und doch Unrecht, erklärt der sechste: «Der dort ist am Arsenik [okkulter Terminus] gestorben, dessen *letzte Entwicklungsphase* auf dem physischen Plan der Infektionserreger der Cholera darstellt.»

Mit inniger Überzeugung und bis in die tiefsten Schichten der okkulten Anschauungen des Paracelsus führt Elise Wolfram den Leser durch das ‹Volumen Paramirum›, fesselnd vom Anfang bis zum Ende.

Sicher würde die Autorin – lebte sie heute unter uns – manches «moderner» fassen; das stört jedoch den Leser heute nicht.

Unter den bestimmt vielen Paracelsus-Büchern, die zum 450. Todestag (24. September 1541) das Jahr 1991 uns bescheren wird, kann die Neuauflage von Elise Wolframs Werk einen Höhepunkt bedeuten.

Anmerkungen

GA bedeutet *Gesamtausgabe* der Werke, Vorträge usw. von *Rudolf Steiner* im Rudolf Steiner Verlag, Dornach, gefolgt von der Bibliographie-Nummer

1 *Walther Franz,* Empedokles. Antike Gestalt und romantische Neuschöpfung. Berlin, Darmstadt, Wien [o.J. = 1949], S. 37–72

2 Lemma, «Humoralpathologie» (Gundolf Keil), in: Lexikon des Mittelalters 5 (1909), Sp. 211–213

3 *Willem F. Daems,* «Die Rose ist kalt im ersten Grade, trocken im zweiten». Beiträge zu einer Erweiterung der Heilkunst (Stuttgart) 25 (6) (1972), S. 204–211

4 *Erich Schöner,* Das Viererschema der antiken Humoralpathologie (= Sudhoffs Archiv, Beiheft 4). Wiesbaden 1964, S. 100

5 GA 61, Dornach ^{2}1983. Menschengeschichte im Lichte der Geistesforschung. Vortrag: Berlin, 19.11.1911 – Von Paracelsus zu Goethe

6 Eine gute, orientierende Studie, reich bebildert, ist: *Lucien Braun,* Paracelsus. Alchemist – Chemiker, Erneuerer der Heilkunde. Eine Bildbiographie. 158 Seiten (Großformat). Zürich 1988.
Auch von anthroposophischen Autoren seien hier noch einige Beiträge erwähnt:
Eugen Berthold, Paracelsus – Ein Weg zu ganzheitlicher Gestaltung des Weltbildes. In: Natura (Arlesheim) 8 (3) (1938), S. 65–97
Gerhard J. Deggeller, Theophrastus Paracelsus von Hohenheim, Das Mahl des Herrn und Auslegung des Vaterunsers (= Christus in Bewußtsein und Substanz). Dornach-Basel 1950 (171 Seiten)
Johannes Hemleben, Paracelsus – Revolutionär, Arzt und Christ (= Wirkung und Gestalt, II). Frauenfeld und Stuttgart 1973 (239 Seiten)
Willem F. Daems, «Sal-Merkur-Sulfur» bei Paracelsus und das ‹Buch der heiligen Dreifaltigkeit›. In: Nova Acta Paracelsica (Einsiedeln) 10 (1982), S. 189–207 (= Weleda Schriftenreihe, 14)

7 [Paracelsus, Gesammelte Schriften:] Theophrast von Hohenheim, gen. Paracelsus: Sämtliche Werke. I. Abt. Medizinische, naturwissenschaftliche und philosophische Schriften. Hrsg. von *Karl Sudhoff.* Bd. 1–14, München, Berlin 1922 bis 1933. Weiterhin zitiert: Sud. I, 11, 149 = I. Abt., Band 11, Seite 149

8 Sudh. I, 11, 169

9 Sudh. I, 8, 201

10 *Nicolaus Leonicenus,* De Plinii et plurimum medicorum in medicina erroribus, Ferrara 1509

11 Lemma «Nikolaus von Polen» (Gundolf Keil), in: Verfasserlexikon 1987, 6 (198), Sp. 1128–1133

12 *Gundolf Keil,* ‹Gart›, ‹Herbarius›, ‹Hortus›. Anmerkungen zu den ältesten Kräuterbuch-Inkunabeln. In: gelêlerter der arzenîe, ouch apotêker. Fschr. Willem F. Daems (= Würzburger medizinhistorische Forschungen, 24). Pattensen/Han. 1982. S. 589–635; hier: S. 598 f.

13 Sudh. I, 4, V und XIV

14 Sudh. I, 1, 12

15 Sudh. I, 1, 170

16 Sudh. I, 11, 159

17 Sudh. I, 4, 491–546
18 Ich folge hier auch: *Gaston Baissette,* Leben und Lehre des Hippokrates. Stuttgart, Leipzig 1932
19 GA 312, Dornach ^{6}1985. Geisteswissenschaft und Medizin (= 1. Ärztekurs, 1920). 1. Vortrag, Dornach, 21.3.1920
20 GA 106, Dornach ^{4}1978. Ägyptische Mythen und Mysterien. Vortrag: Leipzig, 14.9.1908
21 GA 53, Dornach ^{2}1981. Ursprung und Ziel des Menschen. Vortrag: Berlin, 16.3.1905
22 GA 94, Dornach ^{1}1979. Kosmogonie. Vortrag: Paris, 26.5.1906
23 Sudh. I, 9, 45
24 GA 98, Dornach 1983. Natur- und Geistwesen – ihr Wirken in unserer sichtbaren Welt. Vortrag: Wien, 5.11.1907
25 GA 243, Dornach ^{1}1983. Das Initiaten-Bewußtsein. Die wahren und falschen Wege der geistigen Forschung. Vortrag: Torquay, 18.8.1924
26 Sudh. I, 1, 163–239
27 Sudh. I, 1, XXXIX–XLIV
28 *Wellcome,* Nr. 4756 = Frankfurt 1565; Nr. 4757 = Basel 1570 *Bethesda* Nr. Suppl. 179 = Mülhausen 1562; Nr. 3471 = Köln 1565; Nr. 3488 = Basel 1570
29 s. Anm. 26
30 *Heinrich Schipperges,* Die Entienlehre des Paracelsus. Aufbau und Umriß einer theoretischen Pathologie. Berlin, Heidelberg, New York usw. 1988
31 siehe auch: *Wilhelm Kosch,* Deutsches Literatur-Lexikon, Bd 4, Bern 1958, S. 3347
32 Von den *Romanen* seien erwähnt: Midasgold, 1902; Sheodan Singh, Roman eines Hindu, 1903; Frauenehre, 1904
Spätere Werke:
Der esoterische Christ Paracelsus, Leipzig 1910, 1920; Die okkulten Ursachen der Krankheiten (Volumen Paramirum des Paracelsus), Leipzig 1912, 1921; Die germanischen Heldensagen als Entwicklungsgeschichte der Rasse, Stuttgart 1910, 1922; Das Geheimnis von Tyll Eulenspiegels Leben, Leipzig 1913; Der Humbug des Sterns im Osten, Leipzig 1913; Gegen Psycho-Analyse, Leipzig 1916; Psychologie in Märchengestalt, Leipzig 1920; Das Mysterium der Tristan-Sage, Konstanz 1919; Das Übersinnliche in Kunst und Mythos, Stuttgart 1921; Fixsternhimmel und Menschheit, Breslau 1940

33 *Erna von Deventer-Wolfram,* «Ein Leben und Schicksal im Schatten Rudolf Steiners» (III). Mitteilungen aus der anthroposophischen Arbeit in Deutschland 21 (1967), S. 188–190

34 In: Nachrichtenblatt (Goetheanum) 19 (1942), S. 104

35 GA 54, Dornach 1983. Die Welträtsel und die Anthroposophie. Vortrag: Berlin, 26.4.1906

36 *Rudolf Steiner,* Faust, nach Goethes eigener Methode erläutert (= Buchbesprechung von: Faust von Goethe ... von Karl Julius Schröer, Heidelberg [2]1888). In: GA 32, Dornach [2]1971. Gesammelte Aufsätze zur Literatur 1884–1902, S. 138–144

37 GA 94, Dornach [1]1979. Kosmogonie. Die Vorträge «Populärer Okkultismus» wurden in Leipzig vom 28. Juni bis 11. Juli 1906 gehalten.

38 Nicht veröffentlichte, fragmentarische Nachschrift im Archiv der Rudolf Steiner-Nachlaßverwaltung, Dornach

39 *Willem F. Daems,* «Rudolf Steiner (1861–1925) und Emil Schlegel (1852–1934)». Der Merkurstab (Stuttgart) 41 (1988), S. 310–312

40 GA 104, Dornach [7]1985. Die Apokalypse des Johannes. Dreizehn Vorträge, Nürnberg, 17. bis 30. Juni 1908; hier: zwischen 10. und 11. Vortrag.

41 Nicht veröffentlichte Nachschrift im Archiv der Rudolf Steiner-Nachlaßverwaltung, Dornach

42 *Elise Wolfram,* Der esoterische Christ Paracelsus. 38 Seiten. Leipzig: Verlag von Max Altmann [1]1910, [2]1920. Eine dritte, unveränderte Neuauflage erschien 1991 im Goetheanum-Verlag, Dornach.

43 So Kurt *Goldammer,* der bedeutende Paracelsus-Forscher und Herausgeber der Theologischen Schriften des Hohenheimers

Druckfehlerberichtigung zum reprografischen Nachdruck
Es muß heißen:
auf Seite 146, 3. Zeile von unten: *Ente* statt *Entia*
auf Seite 147, 1. Zeile von unten: *viel* statt *wiel*
auf Seite 160, 3. Zeile von unten: *Geist* statt *Geis*
auf Seite 161, 1. Zeile von oben: *Mond* statt *Mars*
auf Seite 161, 1. Zeile von unten: *Gefühl der Gruppenseele*
auf Seite 162, 7. Zeile von unten: *das als* statt *der als*
auf Seite 171, 9. Zeile von oben: *Heroen der Welt*

Die okkulten Ursachen der Krankheiten.

(Volumen Paramirum des Paracelsus.)

Von

E. Wolfram.

Leipzig
Verlag von Max Altmann
1912

THEOPHRASTI PARACELSI LIB. II. DE CAVSA ET ORIGINE MORBORVM.

Das ist:

Von vrsachen vnd herkomen der kranckheitẽ.

DE MORBIS INVISIBILIBVS.

Das ist:

Von den vnsichtbaren kranckheiten/

Jetzt newlich an tag kommen.

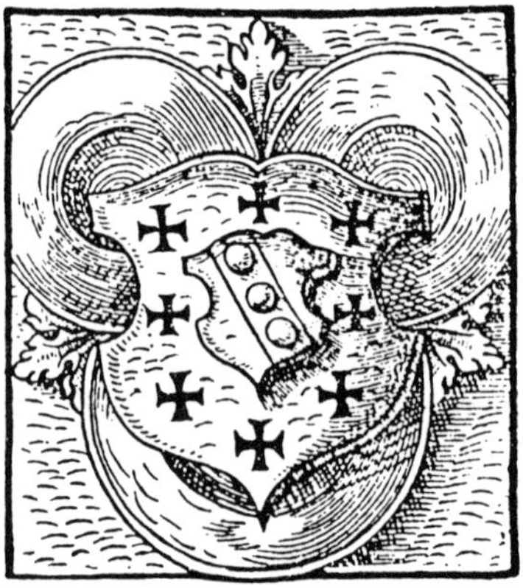

Gedruck zu Cöln/

Durch die Erben Arnoldi Byrckmanni.

ANNO 1565.

Mit Keis. Maiest. Gnad vnd Freiheit.

Vorwort.

Im Jahre 1904 erschien im Verlag von E. Diederichs, Jena, die Neuausgabe der Paramirum-Schriften des Paracelsus, denn zweihundertsechsundachtzig Jahre waren verflossen, seitdem sie in der letzten deutschen Gesamtausgabe 1616—1618 „in Verlegung Lazari Zetzners Seligen Erben“ den Lesern dargeboten worden waren. Im Laufe dieser zweihundertsechsundachtzig Jahre verminderte sich und versiegte das Interesse an dem, was Paracelsus der Welt zu geben hatte in der Wertschätzung derer, welche die öffentliche Meinung beeinflussen, und blieb beschränkt auf die immer kleiner werdenden Kreise der Liebhaber, um endlich im letzten Viertel des neunzehnten Jahrhunderts langsam wieder aufzuwachen und eine Reihe von Kommentaren über das Leben und die Lehre Hohenheims in Broschüren- und Buchform innerhalb der Gelehrtenwelt zu zeitigen. Ein solches Erlöschen und Wiederaufflammen des Interesses ging jedoch nur vor sich innerhalb des exoterischen Wissensgebietes. In den okkulten Kreisen aller Richtungen hat man nie aufgehört, Paracelsus zu schätzen. Und in der esoterischen Vereinigung, zu der Paracelsus sich selber bekennt (in meiner Broschüre „Der esoterische Christ Paracelsus“ ist der Wortlaut dieser Bekenntnisse angeführt), in der Bruderschaft des Rosenkreuzes nimmt es nicht Wunder, daß dies Interesse eine Zeit lang erlöschen mußte. Denn wenngleich im Drucke der Öffentlichkeit preisgegeben, sind die Schriften Hohenheims dennoch an das Verständnis rosenkreuzerischer Schüler gerichtet, auf das sie rechnen. Zwar kann die so lebendige und konkrete Sprache Hohenheims bis zu einem gewissen Grade von jedem Verständigen begriffen werden: er wird verstehen, welche Mißstände Paracelsus beseitigt haben will und daß er ein neues Wissen auf der Grundlage zu erwerbender Fähigkeiten vom Arzte der Zukunft fordert; er wird verstehen, daß Paracelsus ein neues, umfassendes Bild vom Wesen des Menschen entrollt. Aber er wird in die Tiefe seiner Begründungen dem Lehrer nicht folgen können, denn jedesmal, wenn Paracelsus begründet, gebraucht er technische Ausdrücke, okkult-technische, der Rosenkreuzerei entnommene Ausdrücke, die ein jeder eine Welt von okkulten Begriffen über die Natur des Menschen bergen; Ausdrücke wie meteoron, astrum, sal, sulphur, mercurius, limbus, mumia, arcanum, archeus, ens seminis, digestio, putrefactio, arsenic, antimon und die Namen noch anderer Metalle und Verbindungen, die Humores, der liquor vitae, die Elemente, ja auch die Begriffe „Gott“, Engel, Teufel, Glaube, Geist, Wille. Diese bedeuten in der Esoterik, d e r s i e e n tstammen, jeder einen Komplex aus esoterischer Empirik genommenen Wissens, der etwas durchaus anderes ist als der in den gewöhnlichen Sprachgebrauch herabgesunkene entwertete, platte und vage Begriff. Hiermit sind nur einige wenige alchimische Ausdrücke angeführt, und über jeden einzelnen müßte eine ganze Abhandlung geschrieben werden, um ihn einigermaßen in moderne Verstandesmünze umzusetzen. Nur aus dem Verständnis dieser technischen Ausdrücke heraus kann Paracelsus erfaßt werden. Und weil dem Gelehrten unserer Zeit ein jedes Verständnis okkulter Ausdrücke ermangelt, deshalb kann er nur den einen Aspekt des Paracelsus bewerten: Paracelsus als Pfadfinder, als Bahnbrecher, als Begründer einer neuen Heilkunde, deren Heilmittel in ihrem Werte man heute immer mehr zu schätzen beginnt.

Aber dieser selbe Paracelsus muß den Gelehrten als ein vom Geist der Mystik angekränkelter Phantast gelten, so oft er — und das tut er fortwährend — seine Lehre mit okkulten Ausdrücken erklärt, die sinnlich-wahrnehmbare Welt erklärt aus dem Wesen der unsichtbaren Geisteswelten heraus. Da kann der Verstandesmensch trotz aller Bewunderung nicht mitgehen. Er könnte es jedoch, er könnte den „Phantasten“ als nüchtern klaren Empiriker auch dort kennen lernen, wenn ihm die okkulten Ausdrücke in moderne Begriffe übersetzt würden.

Dies zu tun, so weit als nur irgend zulässig, ist in der vorliegenden Schrift versucht worden. Es ist zu diesem Versuch gerade das „Volumen Paramirum“

gewählt worden, weil es von dem handelt, was den Menschen unserer Zeit am allermeisten nahe liegen muß: Woher kommen, wie entstehen die Krankheiten? In welchen Gründen des Menschenwesens liegen die Ursachen der Infektionskrankheiten, der chronischen, der akuten, der Seelenkrankheiten? Wie stellt sich ihr Werden dem Auge des Hellsehers und Eingeweihten dar? Was ist Krankheit überhaupt an sich? Wie sieht das geöffnete Auge des Geistes das Verhältnis zwischen Seele und Leib? Wie vollziehen sich die Prozesse der Ernährung und Ausscheidung? Was ist die natürliche Heilkraft im Menschen? Wovon hängt es ab, ob ein Mensch sich ansteckt oder immun bleibt?

Die Antwort auf alle diese Fragen liegt beschlossen in den technischen Ausdrücken des „Volumen Paramirum". Das neu erwachende Interesse der Zeitgenossen an den Werken Paracelsi hat die vorliegende Schrift gezeitigt, welche den Versuch macht, indem sie okkulte Werte in Verstandeswerte übersetzt, den exoterischen Kreisen den Arzt Hohenheim aus dem Wesen des Eingeweihten Hohenheim zu erklären.

Leipzig, im September 1911.

E. Wolfram.

Eine der merkwürdigsten Tatsachen unserer Zeit, besonders würdig bemerkt, gemerkt und überdacht zu werden, besteht in dem Mißverhältnis zwischen dem, was innerhalb der führenden Nationen für die Gesundheit der Völker in so umfassender und unermüdlicher Weise getan wird einerseits, und andererseits in dem so mangelhaften Gesundheitszustand dieser Völker selbst. Soviel Aufwand an Scharfsinn, an emsigster Forscherarbeit; soviel der verschiedenartigsten Theorien über das Wesen der Kunst zu heilen, auf der Grundlage von bald unübersehbarem Tatsachenmaterial erwachsen; solch' eine Fülle von Instituten zur Wiederherstellung der Gesundheit, von Veranstaltungen zur Verhinderung von Erkrankung! Große, schöne Gebäude- und Gärtenanlagen, kleinen Städten gleich, zur Pflege Seelenkranker, genannt Irrenanstalten; große Vorstationen der Irrenhäuser für psychisch Anbrüchige, genannt Sanatorien; Krankenhäuser, Kliniken, Heim- und Versorgungsstätten für jedes Alter, jeden Stand, jedes Leiden; Heilanstalten, darin Kranke und Halbkranke der Einwirkung von Wasser, Luft, Sand, Lehm, Sonne, Elektrizität und Magnetismus sich hingeben können; ein Spezialistentum der Heilkunde für jedes Organ des Menschenleibes, und die vorsorglichsten Maßregeln der Hygiene mütterlich strenge waltend über Stadt und Land.

Und dennoch! Krankheit, wohin das Auge blickt, der Mund fragt. Krankheit des Leibes und der Seele überall, überall ein Zunehmen an Seelen-Unruhe und Freudelosigkeit, überall ein Zunehmen körperlicher Entartung. Und nicht nur immer seltener werden die Menschen, die sich blühender Schönheit und der Ebenmäßigkeit des Gliederbaues erfreuen dürfen, auch immer seltener wird das Besitztum körperlicher Kraft, Zähigkeit und Widerstandsfähigkeit gegenüber äußeren und inneren Einflüssen. Welch eine ungeheure Anstrengung im Interesse der Volksgesundheit — und wie negativ im Verhältnis zum Aufwand das Ergebnis. Rückblätternd in den Büchern der Weltgeschichte, flüstert es dem Vergleicher von jetzt und einst nicht spöttisch entgegen: Je weiter du zurück blickst, um so geringer der äußere Wohlfahrtsapparat, und um so größer die Gesundheit: Man wende nicht ein, daß wir doch heute den sanitären Maßregeln das Ausbleiben jener furchtbaren Seuchen verdanken, die zu Tausenden die Menschen wie Halme unter der Sichel hinraffen. Freilich, die Gottesgeißeln Pest, Cholera, Aussatz u. s. w. sind von der Schwelle unserer Kultur gebannt; dem „großen Sterben“ ist durch der Menschen Scharfsinn entgegengetreten worden. Aber dafür ist das kleine Sterben an der Tagesordnung. Wie Unwetter über die Natur, so überfiel das Entsetzen einer Seuche das Volk, wie ein Unwetter kam und ging sie; und nach dem Schauer erhebt sich wieder die Natur und lacht, wie ehedem. Der Schauer sind wir ledig, die Kränklichkeit in Permanenz haben wir gewonnen; das zeitweise große Leiden in ein beständiges Unwohlsein, die große Münze seltenen Tributs in eine tägliche Pfennigabzahlung eingetauscht. Gewiß, Pest, Cholera und Miselsucht stehen vor der Tür; aber Blutarmut, Nervosität, Skrophulose, Schnupfen und Husten, schlechte Augen und schlechte Zähne gehören zum Hausgesinde; von den grausameren Genossen ganz abgesehen. Es muß sich hier nun der Einwand beim flüchtigen Überdenken der Tatsachen erheben: die Menschen früherer Zeiten lebten in anderen Verhältnissen; nie war der Kampf ums Dasein dem Einzelnen so schwer als jetzt, nie das Alltagsleben so aufreibend als jetzt. Darauf wäre zu erwidern: nie aber war auch die Fürsorge so groß, als jetzt; wäre die Methode der Fürsorge richtig, sie müßte den Anforderungen des Tages die Wage halten können.

Warum kann sie dies nicht?

Weil dem Scharfsinn, der heute sanitäre Fürsorge, sowie Heilkunst ausübt, nur das Gebiet der sinnenfällig gewordenen Wirkungen, die wir Krankheitserscheinungen nennen, zur Beobachtung offen steht; die Ursachen, aus denen heraus die Krankheit geboren wird, sind ihr verborgen. Es sei, was hier gemeint ist, an einem Beispiel deutlicher gemacht; es sei eines der grausamsten Genossen, des fressenden Leidens Krebs gedacht. Was kann dagegen getan werden? Wo liegt seine Ursache?

Langsam bereitet er sich vor innerhalb der Organisation, unsichtbar, unfaßbar. In allerlei Anzeigen, kleineren Leiden, die garnicht auf sein Konto geschrieben werden, die ihre technisch-modernen Namen als besondere Krankheiten haben, deutet er an, das er schon unterminiert und wühlt. Umsonst kämpft die Natur. Und endlich zeigt er sein Angesicht, es bildet sich die gefürchtete Geschwulst. Nun ist er da. Aber er war vordem auch schon da: geheim begann seine Wirksamkeit im Unsichtbaren, im Geheimnis der Blut- und Säftemischung des Organismus. Das dort wesenhaft wirkende, die Ursache, das ist der sogenannte Krebs; die Geschwulst, die sichtbare, operierbare ist gleichsam nur des langen Dramas Schlußbild. Nun kann die Heilkunst, das heißt in diesem Fall das Messer des Chirurgen, in Wirksamkeit treten. Die Operation gelingt. Dann ist zweierlei möglich: entweder entstehen nach kürzerer oder längerer Zeit neue Krebsgewächse, oder es zeigen sich keine Neubildungen wieder. Dann gilt der Operierte als nicht mehr krebskrank. Ja, ist denn nun der Kranke wirklich geheilt? Ist die Ursache beseitigt? Die Ursache besteht fort. Sie hat vielleicht ihre Hauptkraft in der durch das Messer entfernten Geschwulst erschöpft, aber sie ist nicht vernichtet. Bis zu einer neuen Geschwulst bringt sie es nicht, aber sie spielt nun Verstecken im Organismus; sie gefällt sich nun wieder im Unterminieren und tut sich in allerlei Krankheitszuständen, die auf- und abebben, zeitweise ausbleiben, dann in anderer Gestalt wiederkehren, kund, und die wiederum nicht auf das Konto Krebs geschrieben werden. Auch nicht geschrieben werden können, weil der Physiologie unserer Zeit die geheimen Zusammenhänge zwischen der Leben bedrohenden Geschwulst und den mancherlei kleineren Leiden nicht erfaßbar sind. Es kann also trotz aller Kunst des Messers nicht von Heilung des Krebses, und es kann auch nicht von einem Verständnis der Natur des Krebses gesprochen werden. Die Ursache bleibt verhüllt. Es ist das Los der Heilkunde unseres Zeitalters, daß sie sich auf Theorien stützen muß, die aus der Beobachtung sinnlich wahrnehmbar gewordener Wirkungen okkulter Ursachen entsprossen sind. Es ist das Los dieser Zeit, daß ihre Weisheit im Bereich der Hypothesen bleiben muß, weshalb die Weisheit mit der Hypothese wechselt, und nach zehn Jahren schon nicht mehr gilt, was heute als einzig richtig ausgerufen wird. Und wie mit den Leiden des Leibes ist es auch mit den Leiden der Seele: was kann gegen die immer mehr in alle Schichten der Bevölkerung dringende „Nervosität", was kann zur Verhütung der unzähligen Leiden und Schwächezustände der Seele getan werden? Problem. — Staat, Ärzte, Lehrer, Eltern mühen sich, es zu lösen: wie tun wir Einhalt dieser immer zunehmenden Haltlosigkeit der Seelen, diesem Pendeln zwischen

Affekt und Schwäche, das sie prädestiniert, den Erschütterungen des Lebens zu unterliegen? Wodurch geben wir den Seelen der kommenden Geschlechter Halt und sicheres Gleichgewicht? Um dies Problem zu lösen, müßten die Ursachen der Seelenverfassung unserer Zeit erkannt werden. Es müßte Fürsorge getroffen werden aus dem Wesen einer solchen Psychologie heraus, der das Wort „Seele" mehr ist als eine Rechenmünze im Wortschatz der Dialektik; einer Psychologie, die wirklich ist, was ihr Name meint, nämlich die Lehre vom Wesen der Seele, und der somit die Seele etwas durchaus Reales ist, und nicht nur eine Hypothese. Denn der Psychologie unserer Zeit ist sie — zwar eine interessante, — aber doch nur eine Hypothese. Real sind ihr Wahnsinn und die sinnenfällig gewordenen Wirkungen; okkult die Ursache auch hier: nämlich das Wesen und die Natur der Seele. Aus einem Verständnis der Seelennatur der europäischen Kulturvölker allein könnte eine heilbringende Psychologie geboren werden. „Ja", — kann hier entgegnet werden, — „das ist eine Utopie!" Und Vater Goethe wird zitiert: „Ins Innere der Natur dringt kein erschaffener Geist." Das ist über den Menschenverstand. Nur wird bei dem Zitat übersehen, in welchem Zusammenhang es gesagt wurde, und die feine Ironie wird nicht gefühlt. Freilich „kein erschaffner" Geist, nämlich nicht Verstandesvorstellung und Allerweltsbegriff. Wohl aber das ewig Seiende im Menschen, das wesensverwandt ist dem Logos in der Natur, das kann hineindringen, wenn die Bedingungen dazu erfüllt werden; und dann wird das sonst Verhüllte in den Bereich des Verstehens gezogen. Denn es liegt solches Verstehen der Volkspsyche nicht jenseits alles Erreichbaren; es liegt nur jenseits der Mittel, über die das Bewußtsein des Menschen, so wie es sich augenblicklich auslebt, verfügt. Es hing in Zeiten der Vergangenheit die Gesundheit der Völker durchaus intim zusammen mit dem okkulten Wissen über das Wesen der Volksseele, über das die führenden Persönlichkeiten der Völker verfügten. Es gibt eine Analogie, — über die der Verstand, weil sie ihm nicht bequem liegt, — hinwegsieht: nämlich die Analogie, die besteht zwischen dem jeweiligen Seelenzustand eines Volkes, seiner Krankheiten und seiner Heilkunst.

Nicht nur durch die Mittel der okkulten Forschung, sondern schon an der Hand der äußeren Überlieferungen, die wir Weltgeschichte nennen, ist dies einzusehen. Diese Weltgeschichte, die das Menschengeschlecht heranwachsen, sich emporheben läßt im körperlichen Werdegang über den Entwicklungsgrad der zurückbleibenden Geschöpfe, der Tiere, nimmt hypothetisch an, daß die, in und mit der Natur lebende Urmenschheit gleich dem frei in der Natur sich auslebenden Tier, nicht gekannt habe, was Krankheit sei.

Berichte über Naturvölker aus den Zeiten, bevor sich verderblich der Einfluß der Zivilisation bei ihnen bemerkbar machen konnte, schildern uns Menschengruppen und Zustände, in denen sich Urzeit und Ursitten zu spiegeln scheinen: ein Leben, das einen

Teil des Naturlebens darstellt, innig sich hineinfügend und ohne das Heer der vielen Krankheiten und Schwächezustände unserer Zeit. Die Heilkunst, die bei jenen Völkern in den Händen der sogenannten Zauberer und Medizinmänner lag, ist der letzte Schimmer und Reflex, der aus dem Bewußtsein der Urzeit stammend, seinen Ausdruck, unbeholfen und verzerrt findet in ihrem Gemüt. Treu der alten Überlieferung ist noch heute hineingeprägt in dies Gemüt: Störungen im Organismus haben ihre Ursache in Störungen des Seelenlebens; Krankheiten sind materiell gewordene Seelenschäden. Der Menschenleib ist ein Gebilde und der wesenhafte Ausdruck von Naturgeistern, wie es Pflanzen und Tiere auch sind. An die Naturgeister und an das verhüllte Ewige der Menschenseele mußt du dich beschwörend wenden, wenn du die Störungen beseitigen willst.

Die Ursachen liegen im Geist; im Sichtbaren drückt sich der Zustand des Geistes aus.

Aus dem Urbewußtsein der Vorzeit, d. h. aus dem alten dämmerhaften Hellsehen, den Zuständen der Somnambule vergleichbar, die geistig schauend und wahrnehmend, dem entsprechend mit geschlossenen Lidern oder entrücktem, starrem Blick irdisch schreitet und hantiert, aus diesem Bewußtsein stammt der Reflex in das Gemüt von heute: der Leib ist ein Gewebe geistiger Wesen. Und einst, da die Organisation, Gehirn und Schädelbildung anders waren, und übersinnliches Wahrnehmen das sinnliche weit überwog, da konnte magisch von Seele auf Seele gewirkt werden; und noch früher gab es überhaupt keine Krankheiten, denn das Gesamtbewußtsein ging restlos auf in dem, was wir jetzt Unterbewußtsein nennen, in jenem Bewußtsein, in dem sich die Erhaltung und Regulierung der Lebensvorgänge des Leibes abspielt. Und der Menschengeist lebte sich aus im Reigen der Naturgeister, in der Wonne der Arbeit am Tempelbau des Leibes.

Und weiter lehrt die äußere Weltgeschichte: je weiter du zurückschaust im Rasseleben, umsomehr muß dir auffallen, wie sich langsam alles Persönliche verwischt, wie das heute in Persönlichkeiten differenzierte Volksleben sich als ein im Gesamtbewußtseiu völlig aufgehendes darstellt; sodaß der Einzelne sich nicht als Ich, sondern als Stammesglied betrachtet, und also nennt, und sein Wert nicht in ihm, sondern im Wesen des Stammes liegt. Und daß einzelne turmhoch über die Massen ragende und Stamm oder Volk aus ihres Wesens Kraft erst begründende oder formierende Menschen, Priester oder Priester-Könige das Volk erziehen, ihm die Lebensweise bis ins Kleinste vorschreibend. Sehr anschaulich schildert das Jacolliot in seinem Werk: le spiritisme dans le monde; dort führt er aus den alten Vorschriften, die das Brahmanenleben regeln, aus der Agrudschada Parikschaï, an, wie genau jede Tag- und Nachtstunde in Körper- und Gemütspflege zu verleben war. Das Resultat der Befolgung war das Gleichgewicht zwischen Gesundheit des Leibes und der künstlichen Wiederaufrufung und Befestigung atavistischer Zustände alten

Hellsehens. Und ebenso genau war den anderen Kasten das Dasein geregelt, und die Regeln setzten Körper- und das der Kaste notwendige Gemütsleben als Krieger, Händler oder Schudra in Einklang. Resultat der Befolgung und Absonderung von den Unreinen: **Gesundheit!**

Jene älteren Brüder der Menschheit, die Göttersöhne, weil sie durch alle Epochen der Erdentwicklung die führenden Geister waren, und die als Götter selbst angesprochen werden in den alten, aus der hellseherischen Weisheit stammenden Mythologien, die erzogen nach der Weisheit, die Selbsterfahrung dem Frühentwickelten gibt, ihre jüngeren Brüder, die Menschen. Wozu? Zur Entwicklung der Ich-heit, der künftigen Individualität im Geist. Da haben wir also ein auf kindlicher Seelenstufe stehendes, große Reste alten Hellsehens bewahrendes Volksbewußtsein als Gruppenseele einerseits und das Geheimnis von Seelen- und Körpergleichgewicht, also von Gesundheit und Krankheit andererseits in der Hand der kleinen Gruppe der Führer. Und nun ist zu verfolgen, wie die Religionen der verschiedenen großen Kulturvölker, als der Inder, Perser, Kleinasiaten und Ägypter, Griechen, Römer und Germanen eigentlich nichts anderes sind als die Vorschriften zur Erhaltung vom Gleichgewicht zwischen Leib und Seele, zwischen Tiermensch und Gottheit, modifiziert je nach Epoche und Entwicklungszweck. Das dem wirklich so war, lehrt das Studium der Vergangenheit: sind nicht die Juden, Ägypter und die eben angeführten Asiaten einst eine dumpf unterwürfige und gehorsame Masse gewesen, ihr Dasein modelnd nach der vom Religionsstifter gegebenen Form und untertänig dem Priesterschützling, dem König? Als Moses sein Judenvolk formierte und trainierte, um eine Volksleiblichkeit zu schaffen, darin die Seele sich praktisch erdenklug in starker Ichheit erleben sollte, da bedurfte es einer neuen Form des Verhältnisses zwischen Seele und Leib, einer Form, die eben Moses erst schuf. In der alten Lebensform, darin sich die Seelen in Ägypten oder Asien erlebten, hätte diese Ichheit nicht zustandekommen und als Seelenzustand dauern können. Deshalb zwang Moses die Juden unter die Gesetze, die Gemütsleben, Ernährung, Fortpflanzung regelten und das Geheimnis der Heilkunst und Bewahrung der Gesundheit enthielten.

Immer noch gehen, wie in Ägypten und den früheren Kulturen, Religion, Gesetzgebung und Heilkunst Hand in Hand, als Ausdruck der Weisheit vom unsichtbaren Wesen des Menschen, nämlich der Tempel-Mysterien. Und die zeitweise auftretenden Seuchen werden als Gottesgeißeln und gerechte Strafe der Sünder betrachtet. Warum solche Anschauung herrschen konnte, aus welchen okkulten Einsichten heraus sie geboren war, soll im weiteren Verlauf dieser Schrift bei Betrachtung des Ens astrale dargelegt werden.

Und weiter ist zu verfolgen, wie die einst dumpf gehorsame Volksmasse immer mehr und mehr sich in Bewußtseinsgruppen und Parteien zersplittert: so in Griechenland, wo sich Stadt gegen Stadt in sehr verschiedener Seelenfärbung abhebt und kämpfend behaupten will, und sogar ihre Eigenart in der besonderen Hingebung an die Gottheit grade ihrer Stadt kundtut. So liebten die Epheser ihre Diana, die Athener ihre Athene. Und noch weiter geht die Zersplitterung in Partikelchen, die ihre Eigenart behaupten wollen: die einzelnen Persönlichkeiten, die Rom entwickelte und mit dem Einzelrecht des Bürgers begabte. Und wo blieb die göttliche Heilkunst der Priester? Sie entschwand der Öffentlichkeit mit dem gänzlichen Erlöschen der Reste alten Hellsehens und der Aufhebung der alten Tempelmysterien. Nachklänge der verschiedenen Einweihungen und Grade okkulter Weisheit spiegeln die Lehren eines Aristoteles und der Paracelsus-Vorgänger Hippocrates, Galenus, Avicenna, Rhasis usw. Und die Bekenner dieser Vorgänger entnehmen den Lehren, — nun, was sie eben können! Was aus der dunkeln Weisheit der Verstand sich zimmern kann! Da ist kein direktes göttliches Wissen mehr vom Geheimnis des Gleichgewichts zwischen Leib und Seele, das verschieden ist nach Volk und Stamm, kein direkter Einblick in den Mikrokosmus Mensch, Sitten und Gewohnheiten gängeln noch bis über das Mittelalter hin die europäische Menschheit. Doch seit geraumer Zeit riß auch das letzte Leben und Ernährung regelnde Band. Wir leben, wie wir können, und essen, was wir mögen. Welch' eine Kluft zwischen der Willkür von heute und dem ehernen Zwang mosaischer Gesetze! Und das Resultat? Ein Heer von Krankheiten genau so zahlreich, wie die aus der Eigenart der Persönlichkeit erwachsenen tausend Charakterfehler und Schwächen. Da ergeben sich zwei Pole: dort die Vergangenheit mit ihrem Gruppenseelentum, dem Gesetzeszwang, der relativ großen Gesundheit, nur hie und da von einem göttlichen Gericht in Form einer Seuche unterbrochen, — hier als Gott die Persönlichkeit, ihrer Willkür überlassen, durch die Maßregeln der Hygiene fast ganz befreit von Seuchen, — dafür aber das Gericht Gottes, oder, wem es sanfter also klingt: das Gericht des Karma, das Gesetz von der Rückwirkung der Tat auf den Verursacher, in der eigenen Brust. Und also wirkend von Inkarnation zu Inkarnation; Seelenfehler von heute kristallisiert sich zu Krankheitsanlage und Körperfehler morgen. Denn immer, einst wie heute, ist es der Geist, der sich den Körper baut. Dieser Körper nun, er kann dem Verstand Objekt der Forschung sein; auf Grund der Forschung kann der Verstand jene Hypothesen ausgestalten, die er Heilkunde nennt; aber das Geheimnis des notwendigen Gleichgewichts zwischen der Seele von heute und dem Körper von heute, das kann er nicht formulieren.

Einer aber konnte es, konnte es aus der Zukunftsweisheit des esoterischen Christentums heraus. Zu Beginn der Neuzeit trat einer auf, der trug in diese neue Zeit die Weisheit vom Mysterium des Menschen aus der Vergangenheit herüber. Der hatte sich den Blick des Geistes neu errungen und aus der

Kraftfülle seiner Individualität formulierte er das Geheimnis vom Gleichgewicht, wie es sein müßte zwischen Seele und Leib, um den Menschen der Zukunft zu gestalten. Das formulierte Paracelsus in seinen Werken Volumen und Opus Paramirum über die Ursachen der Krankheiten und das Wesen der Heilkunst.

Ja, könnte ausgerufen werden, wenn es in der ersten Hälfte des sechzehnten Jahrhunderts schon veröffentlicht ward, warum wissen wir es denn nicht?

Weil es in der Art damals veröffentlicht wurde, wie in jener Zeit dergleichen Weistümer überhaupt und einzig veröffentlicht werden konnten und durften: in der Geheimschrift technisch-okkulter Ausdrücke. So daß diese Schriften, wie alle von Eingeweihten der Öffentlichkeit preisgegebenen Werke, eine Fülle fruchtbarster Anregungen und Belehrungen dem Verstande des Laien bieten, ihn auf Zeitirrtümer aufmerksam machen, dem Blick neue geistige Horizonte erschließen und dennoch, — den Kern der Weisheit hinter den Hüllen gewisser technisch-okkulter Ausdrücke — die jeder in sich ein ganzes Kapitel okkulter Weisheit einschließen, vorsichtig verbergen. Den Sinn dieser Ausdrücke verstanden alle jene in geringerem oder höherem Grade — die in intimerer oder loserer Art Geheimschulen verbunden waren. Für solche Schülerkreise sind eigentlich alle Werke des Paracelsus geschrieben und berechnet: für solche „die Ohren hatten, zu hören.“ Und nur in den Kreisen solcher Hörer und Versteher, sowie in denen derer, die am eigenen Leibe die wunderbare Heilkunst des Paracelsus empfunden hatten, konnten sich liebevolle Ehrfurcht und dankbare Verehrung entzünden; während die Menge der Nichtversteher angesichts des königlichen Selbstbewußtseins, mit dem Paracelsus sein Wissen aller Überlieferung entgegenstellte, nur Argwohn und Neid zu empfinden vermochten.

Erst in unserer Zeit persönlicher Anschauungsfreiheit ist es möglich, ohne Gefahr für Freiheit und Leben, okkult-technische Ausdrücke in die landes- und verstandesübliche Münze übersetzen zu dürfen.

Denn die erste Bedingung zum Verständnis von Krankheitsursachen ist ein Erfassen dessen, was eigentlich das Menschenwesen darstellt, und was die Religionen verhüllt im Gleichnis geben: welche Kräfte sich ausdrücken im Knochenbau, im Drüsensystem, im Nervensystem, was das Ich des Menschen und was sein Unsterbliches ist. Da müßte der ganze Mikrokosmos Mensch auseinandergelegt werden in Sonnen-, Mond- und Planetenkräfte und Elemente. Weil Paracelsus in Rücksicht auf das herrschende Dogma diese Geheimnisse vom Leben, Krankheit und Tod nur Esoteriker lehren konnte, so hüllt er in esoterische Ausdrücke, was verhüllt der breiten Öffentlichkeit bleiben mußte.

Weil des Menschen Wesen in Bezug auf Erkrankung und zum Zweck der Erzielung eines Verständnisses vom Wesen aller Krankheit als Fünfheit aufgefaßt werden muß, deshalb teilt Paracelsus die Ärzte in fünf Sekten ein, deshalb spricht er von fünf

Ursachen aller Krankheiten. Nur aus der Geheim- oder Geisteswissenschaft kann der Geheimwissenschafter Paracelsus verstanden werden.

Hohenheim stellt seinem Opus Paramirum, in dem er die Krankheiten selber bespricht, als ein gewaltiges Präludium das Volumen Paramirum voran, darin er, gleichsam wie in Quintessenzen, in okkult-technische Ausdrücke umfassende Begriffskomplexe preßt. Mit Hilfe dieser Komplexe, die er wie Einheiten behandelt, wagt er auszudrücken, wie sich dem okkulten Menschen die Vorgänge, die wir Krankheiten nennen, in ihrer Realität darstellen und was sie eigentlich bedeuten. Wer Hohenheim entziffern will, muß die Einheit auseinanderlegen in ihre Bestandteile; dann erst erhellt, wovon eigentlich geredet wird. Und diesem Präludium schickt er wiederum einen Prolog voran, in dem er die fünf Sekten der Ärzte abhandelt und ihr Verhältnis zu dem, was Paracelsus die fünf „entia“ nennt, d. h. die fünf Gewalten, die das Pentagramm Mensch ausmachen, deren Harmonie Gesundheit, deren Entartung Krankheit bedeutet. Er bildet das Wort ens von esse: sein. So daß es bedeutet: ein fünffaches Sein oder Wesenhaftes ist der Mensch; in einem jeden solchen Sein könne alle Krankheit veranlagt werden dadurch, daß innerhalb eines solchen Seins Entartung aus der gesetzmäßigen Harmonie eintritt, indem im Sein ein Sondersein, d. h. Krankheit entsteht.

Das fünffache Sein besteht:

1. aus dem sogenannten physischen Leib, der

sichtbaren Form, deren prägnantester Ausdruck das Knochengerüst ist;

2. aus dem Ätherleib, dessen Ausdruck das Drüsensystem ist;
3. dem Astralleib, dessen Werkzeug das Nervensystem darstellt;
4. dem Ich, das sich im Blutsystem ausdrückt;
5. dem höheren Selbst des Menschen, seinem Ewigen, das im Unterbewußtsein während der Inkarnation wirkt und von dort aus die Impulse des Ich färbt und bestimmt, und dasjenige ist, was als die alle Inkarnationen überdauernde eigentliche, durch die Arbeit seines Trägers, des Ich, sich immer stärker und reicher entwickelnde Individualität des Menschen ist.

Diese Einteilung im Sinne des Pentagramms widerspricht durchaus nicht der vielfach üblichen Einteilung in eine Siebenheit oder Neunheit. Die Neunheit stellt dar die Entwicklungsmöglichkeiten durch die Arbeit des Ich in den drei Leibern, wodurch zuerst die drei Seelenglieder, als Empfindungs-, Verstandes- und Bewußtseinseele entstehen, die wiederum die Operationsbasis bilden für die Entwicklung dessen, was die orientalische Theosophie manas, buddhi und atman nennt, und was die vom Ich eroberten Kräfte kosmischen Wollens, Fühlens und Denkens bedeutet. Das Schema der Siebenheit entsteht aus einer Betrachtung der Verschmelzung je zweier der neun Prinzipien im lebendigen Menschen.

Will man aber die Entstehung der Krankheiten verfolgen, so muß man das Schema der Fünfheit anwenden, denn nur in den drei Leibern und dem Ich, und der als Regulator und Regenerator wirkenden Individualität als Einheit können Krankheitsursachen entstehen.

Alle Körper und Seelenleiden haben ihren Ursprung in Sünden oder Schwächen des Ich, sei es noch gruppenhaft oder bereits als Persönlichkeit wirkend. Diese Defekte entwickeln sich im Verlaufe der Inkarnationen, so daß derselbe Defekt je nach seiner Entwicklungsphase ein anderes Krankheitsbild zeigt: ob er vom Ich aus das Blut verdirbt, oder den Astralleib ergriff, und das Nervensystem schwächte, oder im Ätherleib die Lebens- oder Drüsenfunktionen störte, oder im physischen Leib als Anlage zu einer besonderen Infektionskrankheit auftritt, oder ob die vom Unterbewußtsein gefärbten Impulse den Menschen innerlich so dirigieren, daß er einer Krankheit zum Opfer fallen muß: eine Ursache, ein ens, ein Defekt ist der Ursprung, aber je nach Zeit und Entwickelung in fünf Arten sich darstellend. In diesem Sinne spricht Hohenheim von fünferlei Pest, Krebs, Fieber, Gelbsucht u. s. w. Ihm ist Pest nicht nur die Epidemie, Pest ist ihm schon die Sünde des Ich, die er wohl kennt als allererste Ursache der Pestepidemie. Und er kennt den okkulten Werdegang von der Sünde bis zum Zustandekommen des äußeren Infektionserregers, welcher Weg im Ens astrale geschildert wird. Und jede der verderblichen Wandlungen in

Psyche und Charakter und Leben sind ihm, je nach der zugrundeliegenden Entartung, Objektivationen der Pest, der Cholera u. s. w.

Da es also sich um fünf Entwicklungsphasen einer Sache handelt, welche Phasen sich abspielen in je einem der fünf Glieder der Gesamtwesenheit des Menschen, so hängt die Heilung der Krankheit ab von dem Wissen des Arztes über das Glied, in dem sie grade unterminiert. Ist z. B. der Astralleib das ergriffene Glied, so muß der Arzt eine umfassende Kenntnis vom Wesen des Astralleibes haben, dann ist er imstande, grade diese der fünf Entwicklungsphasen einer Krankheit zu heilen; hierhin gehörte eine der fünf Sekten der Ärzte im Sinne Hohenheims. Desgleichen teilen sich die vier anderen Sekten auf in die Wissensgebiete inbezug auf die absondernden Kräfte des Drüsensystems oder der formgebenden Kräfte des physischen Leibes, oder auf das Geheimnis des Blutes, oder des Unterbewußtseins und seines Wesens nach dem Tode. Der vollkommene Arzt, der Priester von Gottes Gnaden, müßte das Wissen der fünf Sekten als vollkommene Erkenntnis des Mikrokosmos Mensch beherrschen. In der vollkommenen Erkenntnis gibt es nicht Streit der Meinungen über die Ursache des Todes infolge einer Krankheit, Meinungsverschiedenheiten bedeuten Unwissenheit überhaupt oder Befangensein im Wissensgebiet einer Sekte. Angenommen, ein Mensch sei an der Cholera gestorben, und um den Toten ständen sechs Ärzte. Fünf davon gehörten je einer der angeführten Sekten an, der sechste verfügte, gleich dem Priester-Arzt Paracelsus über umfassende Erkenntnis.

„Ja“, sagte der Repräsentant von Sekte I (Wissensgebiet physischer Plan), „an der Infektion durch den Cholerabazillus ist er gestorben.“

„Nein“, sagt Vertreter von Sekte II (Gebiet des Ätherischen), „an seiner schwächlichen Konstitution, die nicht Widerstandskräfte genug besaß, um die Infektion zu überwinden, daran ist er gestorben. Hätte er über mehr Heilkräfte in sich verfügt, so lebte er noch.“

„Oh nein,“ lächelt Arzt Sekte III (Gebiet des Astralischen), „saht ihr denn nicht die Stellung der Gestirne im Himmel seines Mikrokosmos? Da war alles vorherbestimmt! Da war zu lesen, daß der Verblichene grade, weil die Konfiguration seiner Seele es bedingte, diesem Tod prädestiniert war!“

„Ach was“, spricht nun Arzt Sekte IV (Gebiet des Wesens des Ich), „ein schwaches Ich war er! Feig war er! Ich hatte Gelegenheit zu beobachten, welche Furcht er vor der Cholera hatte. Furcht ist der Nährboden der Infektion! Da haben körperlich Schwächere als er die Cholera überwunden; aber die hatten auch, was er nicht hatte, nämlich Courage im Leib!“

„Oh“, sagt der Fünfte (ens deale), „was redet ihr doch töricht! Wißt ihr nicht, daß alles Leiden von Gott als Flagellum verordnet ist? Hätte Gott Überwindung der Krankheit gewollt, so hätte er den rechten Arzt zur Zeit gesandt. Krankheit ist Fegfeuer auf Erden; jener war irdischer Genesung noch nicht wert!“

Der Sechste, Repräsentant des umfassenden Paracelsischen Wissen hat schweigend zugehört. **Nun** wenden die andern sich an ihn und fragen:

„Herr, was meinst du? Wer von uns hat Recht?“ Der sieht sie an und spricht:

„Recht habt ihr alle. Aber ihr habt auch alle Unrecht! Recht habt ihr in dem, was ihr bejaht und konstatiert. Unrecht in dem, was ihr verneint und mißachtet an der Meinung der anderen. Der dort ist am **Arsenik***) gestorben, dessen letzte Entwicklungsphase auf dem physischen Plan der Infektionserreger der Cholera darstellt. Letzte Entwicklungsphase! Das heißt, daß dieser Tod gleichsam den Schlußakt eines Dramas darstellt, das sich durch frühere Inkarnationen vorbereitet hat. Langsam hat es Glied um Glied ergriffen, bis endlich die Schuld in der Gestalt des Infektionserregers diesen Kampf hier herausforderte. Also muß die ganze fünfgliedrige Wesenheit in diesem Falle die Spuren des Arsenik tragen. Ihr habt jeder in seinem Gebiet durchaus richtig diese Spuren konstatiert. Jawohl, er war feig, dieser Mensch! Aber, was bedeutet Feigheit? Feigheit ist Eingeständnis von der Schwäche des Ich! Dies Eingeständnis macht sich der unterbewußte Mensch, der weiß, wie wenig er Herr in seinem Mikrokosmos ist; in Form des Gefühls von Zaghaf-

*) Okkult-Technischer Ausdruck.

tigkeit und Furcht reflektiert sich dies Wissen um die eigene Schwäche im Tagesbewußtsein. Der innere Mensch tönt hinauf: du bist noch schlecht gerüstet zum Kampf; daher füllt sich das Bewußtsein mit bedrückenden Vorstellungen: der Mensch fürchtet sich. Furcht ist also Beweis von Schwäche des Ich in Seele oder Leib, oder in beiden zu gleicher Zeit.

Wohl las der Astronom richtig: im Astralleib war die Stellung der Gestirne so, daß aus ihr zu sehen war die Bestimmung zu dieser Erkrankung. Im Astralleib weben dem Geistesauge sichtbar die Kräfte, welche wesensgleich sind den Kräften der Planeten, und welche die Regenten sind der inneren Organe des Menschenleibes. Dieser Astralleib enthält, was der Mensch an Fähigkeit und Mangel aus früheren Inkarnationen erwarb, bevor er dieses letzte Leben begann: er enthält das geistig-seelische Soll und Haben des Menschen. Diesem Konto entsprechend vollzieht sich die neue Inkarnation und der Bau der Organe. Von den Mitteln des Bauherrn hängt ab und ist vorausbestimmbar die Art des Baues und die Güte des Materials, infolgedessen auch Haltbarkeit und Widerstand gegen Luft, Feuer und Wasser. Und mit Recht ist auch gesagt worden vom Arzt der II. Sekte: „er hatte zu wenig Heilkräfte.“ Er hatte sie nicht, der Bau war aus anbrüchigem Material, der Bauherr verfügte über geringe Mittel.

Aber warum hatte er so wenig Mittel: weil Gott ihn gestraft hat, wie er den Untätigen straft, von dem im Evangelium Lukas spricht, der sein Pfund vergrub, anstatt es zu vermehren durch Arbeit: Gott nahm ihm, was er noch hatte! Darum hast du recht: die Krankheit kam von Gott! Dies Gericht vollzog sich zwischen Tod und neuer Geburt, und die Konstitution ist das Resultat des Gerichts!"

„Ja aber, Herr", so spricht der erste der Ärzte, — „er starb doch an der Cholera! Die ist doch außerhalb seiner Konstitution! Das sind doch Bazillen! Und du sprichst von Arsenik!"

Der Lehrer lächelt: „Bazillen? Die eben sind eine der Objektivationen des Arsenik! Der Geist des Metalls und der Cholerabazillen ist eines Wesens; dieser Geist offenbart sich in mancherlei Daseinsformen, in mancherlei Entwicklungsphasen im Mikro- und Makrokosmos. Aber was weißt du davon? Du weißt ebensowenig von der Bildung des Arsenik im Haushalt der Natur als im Haushalt des Menschenlebens. Was weißt du von der Entstehung der Infektionserreger? Woraus werden sie denn?

Du schweigst. Aber schau hin: Wenn dieser Tote an einer Arsenikvergiftung gestorben wäre, was hättest du wahrgenommen? Du hättest ihn unter denselben Krankheitserscheinungen sehen verscheiden wie sie die Cholerainfektion bot. An seinen Früchten sollt ihr ihn erkennen: Arsen und Cholera: dieselben Symptome, dasselbe Bild. Hinter der Wirkung derselbe bewirkende Geist. Und jeder von euch konstatierte die Wirkung desselben Feindes und die Stellung, die Gott gegen ihn nimmt jenseits des Lebens. Aber um das einzusehen, müßt ihr lernen, wie der

Mensch in Wechselwirkung steht mit seiner Mutter Natur in diesem und jenem Leben. Das ist nicht zu lernen aus den Mitteln irdischer Sinnesbetrachtung und Kombination des Verstandes allein, sondern aus der okkulten Weisheit, die da quillt aus dem Lichte der Natur."

„Herr, lehre uns die! Lehre uns: was ist Natur, was ist der Mensch? Was ist Krankheit, Leben und Tod?"

„Wenn ihr das Pentagramm Mensch entziffern wollt, dann müßt ihr lesen lernen, was die okkulte Sprache dem Schüler entschleiert und dem Laien verhüllt in meinem Volumen Paramirum: de quinque entibus!"

Ens astrale.

In der, diesen Abhandlungen vorangeschickten Broschüre „Der esoterische Christ Paracelsus“ ist der Versuch gemacht worden, genügend nachzuweisen, aus welcher Quelle das okkulte Wissen des Paracelsus stammte; an der Hand der theologischen Schriften Hohenheims wurde dargestellt, wie er sich selbst als ihr angehörend bekennt zur Blüte christlicher Esoterik, zu Rosenkreuzerei.

Und es wurde hingedeutet, bei der Erklärung, die Hohenheim gibt vom Leibe und Blute Christi, von Brot und Wein des Abendmahls, daß das Geheimnis des Rosenkreuzes in sich schließt die Erkenntnis vom Wesen des Logos. Das heißt: die Erkenntnis vom Wesen des Karma, das heißt: die Erkenntnis, die den Schleier hebt vom letzten Geheimnis, vom Entstehen des Schicksals. Und Schicksal verstehen heißt den Schlüssel zur Beherrschung des Schicksals berühren. Das Schicksal-Verursachende begreifen, das heißt Gott begreifen. Und Gott begreifen heißt Gott sein, denn nur Gleiches wird vom Gleichen begriffen. Das Wort „Gott“ ist hier im Sinn des Wortes „Logos“ zu nehmen, des „Wortes“ an sich, das da „im Anfang war: Im Anfang war das Wort, und das Wort war bei Gott, und Gott war das Wort.“ (Joh.-Ev. 1, 1.) Das Wort begreifen heißt also das Licht in die Finsternis herabtragen, in Menschenbewußtsein das Geheimnis der Schöpferkraft hinabziehen. Man glaube nicht, daß in anderen Kreisen als denen, aus welchen sich seit dem Erscheinen des Logos im Jesus von Nazareth nach und nach die Gemeinschaft bildete, welche heute die des Rosenkreuzes genannt wird, jemals ein solches Wissen im Menschenwachbewußtsein, begrifflich ausdrückbar, existiert habe! Eine kurze prüfende Überschau über die vorchristlichen Religionen kann diese Behauptung durchaus bekräftigen. Man lese nach, wie noch H. P. Blavatsky, östlicher Lehre und vorchristlicher Geisteswissenschaft dienend, von den Kräften, die Karma bestimmen, von den Lipikas, den Schreibern des Karma, spricht Seite 153 des ersten Bandes ihrer Geheimlehre.

Daß die Bestimmer des Schicksals existieren, das Geheimnis hüten, indem sie den Ring „Überschreite mich nicht“ ziehen, das wird gewußt. Fernab jedoch liegt der Gedanke auch nur, daß Erkenntnis dieser Wesenheiten dem Menschenbewußtsein möglich sein könnte. Und bis zur letzten, dem Aufblühen der Persönlichkeit gewidmeten, der griechischen Kultur, bleibt tiefverhüllt des Schicksals Urgrund: über allen Göttern waltet die unerforschte Macht der Moira, des Schicksals. Was das Schicksal bestimmte, die herannahende Zukunft kann des Sehers Auge in Bildern schauen; das Wesen der Moiren bleibt verhüllt. Sie werfen des Lebens Lose, sie spinnen den Faden des Lebens, sie zerreißen ihn . . . . . ; warum? was lenkt ihre Hände? Das bleibt unerforscht und verhüllt.

Und dies Unerforschte, Letzte grade ist es, was durch die Tat auf Golgatha dem Menschenbewußtsein erreichbar gemacht wird; da ward für die zur Nachfolge Willigen ein Weg in Höhen angebahnt, der dem Menschenbewußtsein bis dahin unbetretbar hatte scheinen müssen. Ein Weg, den liebeerfüllt viele zu schreiten begannen; ein Weg, den zu verfolgen bis zu den kühlen Höhen nur ganz wenige bisher vermochten. Aus dem Wissen dieser Wenigen ist entnommen, was Paracelsus in technischen Ausdrücken darlegt über die Ursachen der Krankheiten. Er spricht von fünf Ursachen aller Erkrankungen:

1. durch die Einflüsse von Klima und Infektion;
2. durch Gifte, die der Organismus durch die Ernährung und Atmung und Wahrnehmung aufzunehmen genötigt ist;
3. durch die Veranlagung seiner Körperlichkeit bei der Geburt;
4. durch Magie und geistige Beeinflussung;
5. durch den Willen Gottes, d. h. des Karma.

Durch alle diese Ausführungen klingt eines hindurch, auf das an den entsprechenden Stellen hingewiesen werden soll, nämlich die Hindeutung auf den seelischen Entwicklungsprozeß des Menschenwesens, der dies Wesen zu einem zwiespältigen macht, es zum Leiden und zum Sieg über das Leiden bestimmt. Dies Zwiespältige würde, sollten dafür Ausdrücke der modernen Psychologie gebraucht werden, das Wachbewußtsein und das Unterbewußtsein genannt werden.

Es ist an jedem Menschen zu unterscheiden ein Doppeltes, das sein Tun bestimmt: das eine stellt sich dar als Ausdruck alles dessen, was ihn von seinen Volksgenossen unterscheidet, ihn zur Persönlichkeit macht; das andre als der Ausdruck dessen, was er gemeinsam hat mit Kaste, Stamm, Volk. Hier Volkstypus in Eigentümlichkeiten der Körperbildung, der Sitten und Gemütsanlagen. Dort das Ich, das sich selbst Initiativen geben will, und zum Feind alles Herkommens werden muß. Diese Tatsache, im Sinn der Geisteswissenschaft betrachtet, ist folgendermaßen zu erklären: Aus dem Vater, dem Logos, als Geist der ganzen Menschheit gedacht, denn aus ihm ist sie entsprossen, hat sich im Verlauf der Erdentwicklung die Menschheit differenziert zuerst in Erdteil umfassende Gruppen verschiedenfarbiger Rassen, dann in immer kleiner werdende Volksverbände. Zuerst herrscht innerhalb der Verbände Seelengleichheit; dann in dem Maße, als sich das Wachbewußtsein entwickelt, in dem Maße, als innerhalb des Leibes durch Sinne die Seele sich erlebt als abgesondert von der Umwelt, da wird die alte Gleichartigkeit zerstört. Je mehr im Menschen das Ich-Bewußtsein sich bildet, umsomehr löst er ab vom Gruppenseelentum. Was heißt, als Ich sich bewußt werden? Das heißt fühlen, mehr oder minder dumpf fühlen: In mir ist ein Schöpferisches, ein Abglanz des Logos, das sich selbst Gesetze geben kann; dies ist das Wertvollste in mir, das muß zur Blüte und Frucht gedeihen. Dies zu höchster Kraft, Reinheit und Güte zu entwickeln, ist Nachfolge Christi, die zum Vater führt. Alle, die Entwicklung der geistigen Individualität anstreben sind Brüder in Christo; müssen aber naturgemäß als Feinde des alten Gruppenseelentums dastehen, wie alles Neue Feind des Alten sein muß. „Wer nicht Vater und Mutter verläßt, kann nicht mein Jünger sein." In einem jeden Menschen wirkt verhüllt ein Abglanz Gottes, ein Funken der Logoskraft; im Ich spiegelt sich zuerst ein Reflex jenes Ewigen, das die Kreatur zum Menschen macht. In diesem Ewigen, dessen Träger das Ich ist, und in seinem Verhältnis zum Ich liegt die Ursache aller Erkrankungen und Heilungen, alles Glückes und Leidens, alles Karmas. Aus dem individuellen Verhältnis dieses Ewigen zu den die Weltentwicklung leitenden Mächten, den älteren Brüdern im Geist — ein Verhältnis, das sich dem sogenannten normalen Wachbewußtsein entzieht —, entsteht alles Menschenschicksal.

In diesem Sinne beginnt nun Paracelsus im ersten Kapitel seines Volumen Paramirum das Wesen des Menschen auf dem physischen Plan darzustellen und zu lehren, inwiefern die Einflüsse der Mutter Erde in Luft und Wasser und Erdausdünstungen unseren Organismus schädigen können; was das ist, das Wesen dieser Einflüsse und wie es entsteht. Und so beginnt er mit einer großen Verneinung, einem großen Hinwegfegen abergläubischer Vorstellungen. Wenngleich dies erste Kapitel Ens astrale benannt ist, so behandelt es dennoch den physischen Plan und physischen Leib des Menschen, indem es der Erklärung des Astralischen gewidmet ist, das eben diese Einflüsse ausmacht.

Das Astralische! Das heißt, das Wesen der Gestirne, des Zodiakus und im besonderen der Planeten. Und der Leser muß den Versuch machen sich zurückzuversetzen in die Zeit der ersten Hälfte des sechzehnten Jahrhunderts und der Vorstellungen, die in weiten Kreisen herrschten über das geheimnisvolle Ineinanderwirken von Makro- und Mikrokosmos. Alte Mysterienüberlieferung klingt noch hinein in jene Zeit und der Glaube lebt noch, daß es Menschen gäbe, deren Wissen den Schlüssel zum Geheimnis der Natur bewahrt. Der Glaube lebt noch, daß Geistiges, daß regierende Kräfte wirken in den Planeten, und daß diese Wirksamkeit auf Erden verspürt werde. Der Glaube lebt noch, daß in geheimnisvollen Büchern, in okkulter Schrift höchstes Wissen verborgen ruht. Es gibt eine alte Gelehrsamkeit, die im Erlöschen ist, und eine neue, die im Entstehen ist. Die Alte beruft sich auf Autoren ferner Vergangenheit, die selbst wieder sich auf Mysterienweisheit berufen; und die Diener des Alten versuchen dies alte zu kommentieren, und dem Verstand zugänglich zu machen. Aber es bleibt beim Versuch, denn sie vermögen dem Buchstaben nicht den okkulten

Geist zu entringen und ihn in Begriffe ihrer Zeit zu bannen. Sehr energisch wendet sich Hohenheim im Buch Paragramm gegen solche Gelehrten, die Überliefertes nacherzählen, ohne es zu verstehen. Ihnen gegenüber standen jene, welche die Bahnbrecher sind unserer heutigen materialistischen Wissenschaft; jene, die wie Ballast die Überlieferung bei Seite schoben, sich kühn der Sinneserfahrung überließen, und mit den Mitteln des Verstandes sich selbst Theorien bauten über Natur und Mensch auf der Grundlage des durch eigene Beobachtung Erforschten. Eine Synthese beider bildet Paracelsus, der diese Erfahrung und Beobachtung mit den Mitteln okkulter Weisheit erklärt.

Seine Verneinung bei Beginn des Ens astrale besteht darin, daß er Begriffe schafft, die den realen Tatsachen entsprechen, und nicht mißverstandener Überlieferung. „Also, ihr sagt, daß der Himmel den Körper macht, das ist das astrum: **welches nit ist.** Der Mensch ist **einmal** beschaffen Corporaliter und weiter formiert ihn nichts, denn allein Ens Seminis, **ohn alle Gestirn.**“

„Wir zeigen einem jeglichen Arzt an, daß er verstahn soll zwei Entia im Menschen: Ens Seminis und Ens Virtutis.“ „Das ist ein Notdurfft euch zu erklären, daß ihr anfänglich wissen sollet, daß die Gestirn, von Planeten, von Sternen und allem Firmament nichts machen an unserm Leib, nichts an unserer Schöne, nichts an unserer Farben, nichts an unserer Geberde, nichts an unseren

Tugenden und Eigenschaften. Und sollt euch der Meinung entschlahen, das ihr so lang gemacht habt und Judicia gesetzt dem Menschen, auf die Natur der Sternen, also auch den Menschen: welches wir wol belachen mögen." Und er schließt das vierte Kapitel mit den Worten: „Das Gestirn wirkt gar nichts, allein das Blut: wirdt es aber wie die Planeten auf sein Stund, so hat es das aus dem Blut. Es kommt oftmal gut und gut zusammen, und böß und böß: aber nur das ein ist ein Ursacher, das ander nit, und das ist Ens Seminis."

Wer nun lange, mundgerecht gemachte Erklärungen erwarten würde über Ens Seminis und Ens Virtutis, der möchte im Ens Astrale vergeblich suchen. Zur Erklärung stellt Hohenheim Gleichnisse hin, die dem Laien nicht minder unverständlich sein müssen. Für die Schüler, zu denen der Esoteriker spricht, steht aber genug in diesen Gleichnissen und technischen Ausdrücken. Denn das sind sie: Ens Seminis und Ens Virtutis; ein jeder enthält einen Komplex von Begriffen. Ens Seminis ist der Ausdruck für alles, was wir dem Gruppenseelentum verdanken, Ens Virtutis alles, was sich das Wachbewußtsein unter dem Einfluß des Christusprinzipes im Laufe der Inkarnationen errungen und dem Geist der Menschheit als Fähigkeit einverleibt hat. Somit fegt Paracelsus das heute noch so beliebte Gebäude der Astrologie mit rücksichtsloser Hand wie ein Kartenhaus zusammen: Alles, was wir sind als Körper, haben wir durch Ens Seminis, d. h. aus dem Samen von Vater und

Mutter, d. h. aus dem Blut, das geistig sein Gesamtwesen auf den Samen überträgt. Alles, was er an Fähigkeiten hat, hat er selbst erarbeitet einst, und bringt in seinem Astralleib, der sich dem Samen verbindet, mit ins Erdenleben die Frucht von einst. „Das Glück kommt aus der Geschicklichkeit, die Geschicklichkeit kommt aus dem Geist: danach ein jeglicher Mensch einen Geist hat, danach ist er geschickt auf ein Ding; und danach er geschickt auf dasselbige Ding ist, danach hat er Glück.“

Damit bleibt von der ganzen Astrologie, so wie sie damals war und heut noch beliebt ist, — nichts übrig. Nichts übrig, was direkte Einwirkung der sichtbaren Planeten auf das Schicksal des Menschen betrifft.

Aber damit ist nur die Afterastrologie, nicht die wahre Sternenlehre zerstört. Unter den Planetengeistern versteht Paracelsus Hierarchie schöpferischer Wesen, die ihre Rolle in der Entstehung und Erhaltung des Sonnensystems spielten und noch spielen. Aus ihrem Kreise hat sich der Geist der Menschheit herausgesondert, um die kleine Welt, den Menschenleib zu bauen. Diesen Leib, dessen Organe nach den Planetengesetzen gebaut sind, aber hingeordnet auf ein neues Ziel: dieser Leib soll dem Ich das Instrument zur Erkenntnis der Welt werden. Nur gleiches kann gleiches erkennen: wer durch okkulte Entwicklung zur Erkenntnis des Wunderbaues und der Kräfte des eigenen Leibes gelangt, — der versteht auch das Wesen und die Weisheit der himmlischen Planeten-

Hierarchien. Darauf wird im Ens naturale zurückzukommen sein.

Was heißt „der Mensch ist „einmal“ beschaffen corporaliter und weiter formiert ihn nichts?“

Da gibt es ein schönes Gleichnis im opus Paramirum S. 248 (De matrice), das geeignet ist zu erklären, was Hohenheim meint. Drei Mütter gibt es, so sagt er. Die erste Mutter ist das Wasser, darüber der Geist Gottes schwebte bei Erschaffung der Erde. Hier ist nun „Wasser“ als terminus technicus zu nehmen, als die Summe aller astralisch-ätherischen Wesenheiten und Kräfte, die unter dem Einfluß des Logos sich verdichteten und Form annehmend auf ein gemeinsames Ziel hinarbeiteten, um im Gestalteten sich selber auszudrücken: zum Ziel der Bildung unser irdischen Welt.

Diese in unzähligen Formen sich unserm Auge darstellende Welt ist die zweite Mutter. Aus ihr heraus, emporwachsend über Pflanzen- und Tierreich, bildete sich der Menschenorganismus, sich differenzierend in Mann und Weib.

So ist als ein Auszug aller Kräfte aus dem Planetensystem herausgeschieden und gesondert die Erde. Dann wiederum ist als ein Auszug aller Erdenkräfte herausgeschieden der Mensch. So aus dem Kosmos wie einst kann nie wieder der Mensch entstehen; er ist so einmal geschaffen corporaliter. Will er jetzt ins Leben treten, bedarf er der dritten Mutter: des Weibes. Der Organismus des Weibes stellt dar okkult alle wachsenden Kräfte, wesensgleich dem „Wasser“, aus dem die Welt entstand, als der Geist Gottes über ihr schwebte. Der Mann stellt dar auf Erden die Richtung gebende Kraft, die den „wachsenden Kräften“ die fest umrissene Form vorschreibt, innerhalb welcher sie bleiben und bilden müssen. Des „Weibes“ Leben ist darin beschlossen als Wiederholung, als Erinnerung. Des „Mannes“ Leben ist ein beständiges Entstehen neuer Impulse zu neuen Formen.

Es stellt dies Gleichnis, das ein Bild der Wirklichkeit ist, den Weg in drei Stationen dar, den Weg der Absonderung des Mikrokosmos vom Makrokosmos; stellt dar, wie das Größte aus sich heraussondert im getreuen Ebenbild das Kleinste, wie aus der ungeheuren Welten-Aura, dem Welten-Ei sich gestaltet das Ebenbild im Menschen-Samen. Ens Seminis! Im Blut ist alles enthalten. Im Blut, das den ganzen Leib durchgeistigt und im Keim in einen Punkt alle Möglichkeiten zusammenzieht. Und deshalb vergleicht Paracelsus den Keim mit einem Pflanzensamen, der in die Erde gesenkt wird. Was ist denn der Same des Baumes? Es ist die Erinnerung des Baumes. Die Erinnerung an alles Erlebte hat die Kraft, wiederum ein solches Erleben aufzuzaubern. Wie das? Durch digerieren. Was ist das, digestio? Das ist nun wiederum ein technischer Ausdruck. Es bedeutet den Auflösungsprozeß, den der Keim in der Erde durchzumachen hat einerseits, und anderseits den auf der Basis der Auflösung entstehenden Prozeß einer Neubildung. Digestio bedeutet: Sterben um zu leben.

Der Samenkern stirbt als solcher; aber durch dieses Hinabsterben in die Erde vermögen die Erinnerungskräfte die Stoffe der Erde, des Wassers, vermögen sie die Sonnenwärme sich zu Dienern zu machen und, sie anziehend, mit ihnen die Form der Erinnerung irdisch neu aufzubauen: aus dem Keim wächst die Pflanze. So liegt alles im Keim und Kern: Leben und Form; nur die Bausteinchen gibt die äußere Welt in Form der Nahrungsstoffe. Ebenso ist's mit dem Menschen. Der mütterliche Organismus ist dem Embryo die ernährende, wärmende Umwelt; ihr entnimmt er die Stoffe und das Leben. Der Keim der Mutter birgt die Erinnerung, der des Vaters erweckt diese Erinnerung zum Eigenleben. Was geben da die Planeten? Nichts. — Im Blut des Menschen leben im Mikrokosmos die Kräfte, welche bei Entstehung der Welt die Brüder der Planetenkräfte des Sonnensystems waren. Darum sagt Hohenheim: „Ob Mars grimmig ist, — deshalb ist Nero nicht sein Kind gewesen; seht, Venus und Helena ist eine Natur, und ob schon Venus nie gewesen wäre, noch wäre Helena ein Hur' gewesen.“ (Hier sind wieder die Worte Venus, Helena etc. als Ausdruck bestimmter esoterischer Gedankenkomplexe zu nehmen, siehe Ens Naturale.) „Also verstand das: zween Kriegsmänner, die da beide zornig, welcher naturt den andern? Keiner. Zween Zwilling, die einander gleichsehen, welcher hat's vom andern, daß er dem andern gleich sieht? Keiner.“

Wenn also die astra den Menschen nicht bilden

noch bestimmen, wozu denn das ganze Ens astrale? Wenn die astra den Menschen auch nicht machen, so lebt er doch mitten in ihrem Werk! In die Elemente erstreckt sich ihre Wirksamkeit, ihr Wesen webt in den Naturreichen um uns, in Licht und Luft. Wir atmen, wir essen, — unsere Sinne nehmen begierig die Eindrücke der Umwelt auf, riechend, sehend, hörend, fühlend, — und damit beginnt ihr Einfluß auf den Menschen. Sie schaffen den Menschen nicht, aber das Geschaffene kann ihrem Einfluß in der eben erwähnten Weise unterliegen, und zwar n u r in der eben erwähnten Weise. Man gedenke der Beeinflussung des menschlichen Organismns durch die Salzluft des Meeres und die künstlich hergestellte der Salinen, durch den Dunst der Sümpfe, den Gluthauch des Südens, den Frost des Nordens; durch die Verschiedenheiten des Wassers in den verschiedenen Gegenden und die Einwirkung von Luft und Wasser wiederum auf die werdenden Nahrungsmittel. Man gedenke, wie Luft und Wasser Träger von Infektionserregern sein können, Träger der Gespenster der Pest, der Cholera u. s. w.

Da liegt der Einfluß der Gestirne.

Nun beginnt Paracelsus auf eine scheinbar recht seltsame Weise zu erklären, was denn eigentlich diese Infektionserreger sind, und wie sie entstehen. Sehr verhüllt gibt er das preis, nur in Gleichnissen, gestützt auf technische Ausdrücke, als da sind Meteoron, Arsenik-Sterne, Salz-, Quecksilber-, Schwefel-Realgar- und Auripigment-Sterne, Liquor vitae. Ohne Erfassen dieser Begriffskomplexe aus dem Wissen der Rosenkreuzerei ist garnicht einzusehen, **wovon** Paracelsus überhaupt spricht. Im sechsten Kapitel seines Ens astrale beginnt er seine Erklärung, indem er den Begriff des Meteoron hinstellt. Das ist etwas, aus dem alles lebt, aus dem alles entspringt, Luft, Firmament und Kreaturen; ein Einheitliches, das allen Daseinsformen zu Grunde liegt. Wenn wir uns hier begnügen wollten, zu sagen: nun ja, da meint er dasselbe, was die Inder unter atman verstehen, so würden wir doch nur vage erfassen, um was es sich handelt. Es handelt sich hier nicht nur um die einheitliche Grundlage alles Existierenden, sondern um die Substanz dieser Grundlage selber. Um von Bekannterem hinüberzudeuten zu dem, was hier gedacht ist als Substanz, müßte man sich vorstellen, wie z. B. dem Prozeß des Denkens ein Substanzielles zu Grunde liegen muß, wenn auch für die Beobachtung unsichtbar Substanzielles. Die Gase sind auch unsichtbar und dennoch als Substanz Träger von Eigenschaften. Desgleichen liegt ein Substanzielles dem Prozeß des Fühlens, ein Substanzielles dem Prozeß des Wollens zu Grunde; wenn von drei Substanzen gesprochen wird, so wird es getan in dem Sinne, daß die Dreiheit als Entwicklungsgrad zu nehmen ist. Und will man zum Begriff der Substanz an sich gelangen. so muß man schon von dem aller Energie zu Grunde liegenden, von der Substanz des Willens sprechen. Denn auch der flüchtigste Hinblick auf das zuletzt Entstandene, auf die beseelten Formen lehrt: zuerst offenbarte sich in der Kreatur das willensartige Element, viel später das Fühlen, zuletzt das Denken. Die Substanz des Willens also, die Energie an sich ohne alle Eigenschaft wäre das Meteoron. Diese Energie an sich nimmt durch die Einflüsse, die sie beherrschen, Tendenz an, — das weiße Blatt der Kraft an sich bleibt nicht unbeschrieben. Das Beschriebene, Tendenz-Erfüllte bleibt unverloren, so lange wirkend, bis durch noch stärkeren Einfluß die Tendenz verändert wird. „Demnach, wie angezeigt ist das Meteoron, so merkt am ersten ein Exempel: ein Stub, die da vermacht ist und beschlossen, dieselbige empfängt in ihr einen Geschmack, wie du ihn machest in sie: desselbig Geschmack kompt nit aus ihr, sondern von dir. Auf das merke, wie du denselbigen machest, also müssen ihn die schmecken, die darin seindt: und ist möglich, daß du alle Krankheiten und die Cur dergleichen darin gebierst, denen, die darin wohnen; darauf merk, die Luft, die darin ist, kompt nit von dir: aber der Geschmack kompt von dir.“

Und weiter spricht er von den Sternen, die ihre Eigenschaften haben in gut und böse, wie die Menschen; daß die Sterne die Welt umgeben „wie eine Schale ein Ei“, und daß sie von der Peripherie ihre Einflüsse nach dem Zentrum, der Erde zu senden. Denn die Erde steht recht eigentlich, vom Standpunkt der Betrachtung dieser Strömungen, also im Sinne okkulter Sternenweisheit, in der Mitte, wo sich die

Einflüsse kreuzen: die vom Sonnenherzen zur äußersten Planeten-Kreisbahn und von der Saturnsphäre zurück zur Sonne gehen. Auf der Erde kreuzt sich das. Der cursus astrorum beweist, daß die Astra mit ihren Ausdünstungen das Erdenklima beeinflussen. Die Gestirne beeinflussen das Meteoron aller Dinge, aller Wesen, wenn sie in ihrer „Exaltation" sind. Das heißt, wenn ihre Eigenart sich so entwickelt, daß sie stärker ist, als die Harmonie des Gesamtsystems es vertragen kann. Nicht wahr, Mut ist eine gute Sache; Mut in der Exaltation wird Tollkühnheit. Pietät ist auch eine gute Sache; Pietät in der Exaltation wird Kultus der Schablone, wird dumpfes, stumpfes Kleben am Vergangenen, das jeden Fortschritt hindert. In diesem Sinn spricht Paracelsus von der Exaltation der Sterne. Wenn sie in der Exaltation sind, vergiften sie mit allen Giften die Substanz, in der alles Sein beruht, das Meteoron. Hohenheim gibt hier ein Beispiel, ein tiefes und schönes Beispiel, das so recht geeignet ist, dem Nachdenklichen zu zeigen, wie die Begebnisse in der Natur ihr genaues Gegenbild im Menschenorganismus finden, nach dem alten okkulten Axiom: es ist alles oben so wie unten und unten so wie oben. Folgendes Beispiel: Wenn die Exaltation der Arsenik-Sterne das Wasser vergiftet, so empfinden das die Fische und suchen andere unvergiftete Stätten, kommen empor an die Oberfläche, an die Ufer. Dann gibt es für die Menschen überreiche Beute, die Netze fassen die unerhört große Menge kaum. Diesem seltenen Überfluß folgt an solchen Orten ein großes Sterben. Denn die Fische sind vergiftet vom Arsenik, der sie aufscheuchte, und die Menschen genießen den Arsenik der Fische und das Resultat ist eine Seuche. Und Paracelsus fährt nun fort: „Also in der Gestalt auch unser Leib wie ein See ist und die Glieder darin wie die Fische.“ Der Nachdenkliche möge der Analogie nachsinnen von dem See des Leibes und der Fische und sich erinnern, daß der Fisch das Sinnbild der Erlöserkraft den ersten Christen war. Diese Erlöserkraft wird vernichtet durch den Arsenik.

Um nun zur Sache selbst zu kommen, — was ist denn okkult-technisch Arsenik?

Es wurde bereits in der Einleitung bei der Zwiesprache des Wissenden mit den fünf je eine Sekte repräsentierenden Ärzten darauf hingewiesen, daß es sich bei solchen Ausdrücken um das Wesen, den Geist handelt, der sich in Entwicklungsgraden äußerlich verschieden offenbart, dem Wesen nach aber in den scheinbar so verschiedenen Daseinsformen doch derselbe ist.

Es ist dort hingedeutet worden auf die Gleichartigkeit der Symptome der Cholera-Erkrankung und der Arsenik-Vergiftung; hier wie dort richtet sich der Angriff gegen die Funktionen des Ernährungs- und Verdauungssystems. Aber es gibt noch eine andere Parallele zwischen dem Metall Arsenik und dem seelischen Arsenik.

Es ist bekannt, daß Arsenik als Schönheitsmittel

geschätzt ist, da, wo eine gewisse Üppigkeit der Formen dem Schönheitsfreund unerläßlich scheint. Da wirkt Arsenik, in bestimmten Dosen genommen, nicht tödlich, aber es macht fett. Dies sei als Tatsache einmal hingestellt. Und nun sei daran erinnert, daß so ungefähr um die Zeit des 35. Lebensjahres bei Mann und Weib jene Lebensphase beginnt, wo von der Göttin der Fettleibigkeit ein gewisser Tribut jedermann abverlangt wird. Und nachweisbar hängt dies nicht etwa mit Unmäßigkeit im Essen und Trinken zusammen. Daß bei vielen die Körperlichkeit sich sehr früh zu runden beginnt, daß manche dürr ihr Leben lang bleiben, das muß auf das Konto der Stammeserblichkeit, welche stärker ist als das Seelenleben einer Inkarnation, geschrieben werden.

Warum nun beginnt der Mensch um die Mitte der Figur zuzunehmen in jener Epoche, gerade als genösse er Arsenik?

Weil er zwar nicht Arsenik körperlich genießt, wohl aber es seelisch produziert. Alte okkulte Weisheit verstand einst das Menschenleben in Perioden von je sieben Jahren; das spiegelt sich heute darin, daß im 7. Jahre das Kind zum Lernen sich bereitet, im 21. Jahre der Mensch mündig erklärt wird. Näheres über diese Einteilung und ihre Gründe ist in der Broschüre Dr. R. Steiners: «Die Erziehung des Kindes» nachzulesen. Hier sei nur betrachtet, wie das Erlöserprinzip, dessen Sinnbild der Fisch ist, von sieben zu sieben Jahren im Menschen wirkt und seine Wirkungssphäre erweitert. Da wirkt in dem ersten Jahre das ewig Schöpferische in uns bildend am Knochenbau, an der Verfestigung, eine gewisse Grenze seiner Arbeit andeutend im Zahnwechsel um das 7. Jahr. Dann bewirkt es die Grundlage des Verstandes, in dem durch Lernen die Fülle der Begriffe, das Material zum Denken, gebildet werden. Dann, vom 14. Jahr, dem Zeitpunkt der Geschlechtsreife, in der Periode der Jugendstürme, erlebt sich das ewig Schöpferische wiederum auf neue Art. Mit dem 21. Jahr beginnt die Zeit der Willkür; da erlebt das Ich sich als Suchender, als einer, der sich seinen Platz zu erobern hat in der Welt, die Zeit der Berufswahl im engeren Sinn, des Auf-sich-selbst-gestellt-werdens in der Welt. Vom 28. Jahr an beginnt das Wirken im geschaffenen Kreise, das sich Hineinarbeiten in eine der vielen Daseinsschablonen, wie sie der heutige Staat dem Menschen darbietet. Mit dem 35. Jahre müßte der Mensch — ja, was müßte er denn nun noch? Ei, er müßte nun etwas neues aus sich selbst schaffen, etwas, das die Schablone noch nicht enthält! Er müßte alles Werden betrachten können als nur Vorbereitung, als notwendiges Nach- und Durcherleben alles dessen, was die Väter produzierten und als Daseinsformen uns ließen. Er müßte nun aber sich sagen können: Nachdem ich das alles erlebt habe, nun ist's Zeit, daß auch ich mein Wort spreche, daß ich in mir selbst die Kraft und den Trieb finde, mich mit den Rätseln des Lebens auseinander zu setzen, auch meinerseits etwas mehr als Diener der Schablone zu sein. Tun die Menschen das? Tun sie das aus tiefster Inbrunst? In glühender Sehnsucht nach Erkenntnis?

Nein. Sie beharren in der Schablone. Sie dienen dem Staat, der sie bezahlt. Sie gehen in einer vorgeschriebenen Richtung; darin verbrauchen sie ihre Schöpferkraft. Der Jurist, der Arzt, der Landmann, der Pastor etc., lauter fest umrissene Daseins-Horizonte. Für den scharfen Intellekt, der sie ausfüllen will, große Horizonte, gewiß. Aber dennoch vom Geist des Zeitalters scharf umrissen in ihren Grenzen. Und es ist der Mensch berufen von diesem Lebensalter an sich mit dem Geist der Zeit selber auseinanderzusetzen und nun ein immer geistigeres, immer innerlich regsameres Leben, über der Schablone stehend, zu beginnen. Statt dessen versinkt der Mensch vom 35. Jahr immer mehr in ein Gewohnheitsleben, das streng sich den Gesetzen seiner Kaste beugt. Jede Kaste, jeder Stand drückt auf die Persönlichkeit, belastet sie mit ungeschriebenen Gesetzen: Hier fühlt man Pietät. Dort fühlt man Abneigung. Dies tut man. Jenes tut man nicht. Dies denkt man. Jenes denkt man nicht. „Man" ist der unsichtbare Herrscher: die Gewohnheitsbegriffe der Kaste. Mit diesem „man" wird der Keim des göttlichen, des freien schöpferischen Selbstes erstickt. Nun sind Begriffe, Gedanken nicht etwa nichts, sondern ätherische Bildungen. Wenn der Mensch denkt, schafft er dem, was er begrifflich erfassen will, eine ätherische Bildung, eine Gedankenform. Denken ist eine Technik, die erst vom 7. Jahre an systematisch betrieben werden kann, weil erst dann der Ätherleib des Menschen zu dieser Tätigkeit bereit und frei geworden ist. Nun ist das Drüsensystem des Menschen der sinnenfällige Ausdruck des Ätherleibes, der Wachstums-, Fortpflanzungs-, Ernährungskräfte. Nun wird wohl niemand bestreiten, daß des Menschen ganzes Wachsen, Fortpflanzen und Ernähren sich nicht nur im sichtbar Leiblichen abspiele. Dann wäre er nur eine Art Pflanzentier mit unerschlossenen Sinnen. Der Mensch ernährt sich seelisch durch Wahrnehmen, das im Gefühl und Gedanken sich auslebt: er wächst und pflanzt sein Geistesleben in andern Seelen fort. Eine Tätigkeit des Geistes stellt sich dar in einer Bewegung und Formung einer Substanz. In meiner Arbeit «Die germanischen Heldensagen als Entwicklungsgeschichte der Rasse» wurde dargetan, wie den Esoterikern aller Zeiten Äther — Wasser — Gefühl Parallelbegriffe waren. Denn allen Gefühlsprozessen des Menschen gehen parallel die wässerigen Prozesse des Drüsensystems. Es sei nur erinnert an den Schmerz, der die Tränen; die Angst, die den Angstschweiß herauspreßt. Die Verbindung zwischen Wasser und Gefühl liegt dem hellsehenden Blick des geschulten Okkultisten offen da, in der ihm sichtbaren Wechselbeziehung zwischen Ich-Blut, Astralleib-Nervensystem und Ätherleib-Drüsensystem. Um so mehr das Ich kraftvoll, regsam, unermüdlich jung und frisch sich den Ereignissen des Lebens gegenüber erhalten kann, um so weniger wird es von Alltags-Gedanken, Gewohnheits-Gefühlen beherrscht sein. Dann wird ein solches Ich ein Haupt-Faktor in seinem Organismus bleiben, der erneuernd, verjüngend auf Blut-Drüsen- und Ernährungssystem wirkt. Wie es einen Stoffwechsel des Leibes gibt, so gibt es einen der Seele; immerfort denkt und fühlt der Mensch, aber es kann das Gedachte nicht alles gegenwärtig im Bewußtsein sein. Sobald Gefühl und Gedanke dem Horizont des Wachbewußtseins entschwinden, der Mensch vergißt, sogleich tauchen sie ins Unterbewußtsein, das heißt, sie werden zum Bestandteil der Ätherkräfte, die sich im Drüsen- und Blut- und Ernährungssystem offenbaren. Der Gewohnheitsmensch denkt immer dasselbe, produziert täglich dieselbe ätherische Dutzendware, die in seine Lebenskräfte täglich übergeht. Damit gleicht er jemand, der einem klaren, leichtrinnenden Wasser täglich Schlamm zusetzt, bis es trübe und schwerfließend wird. Der Schlamm setzt sich immer mehr an zu beiden Seiten, immer mühseliger wird das Fließen. Der Schlamm, das ist Arsenik, — der Mensch wird dick. Der Mensch hat seine Denkkräfte hergegeben, Bildungen zu schaffen, in denen der Geist des Arsenik sich ausleben kann. Wie lebt er sich aus? Indem er mit seinen Bildungen, die neuem Leben sich verschließen, den Ätherleib verdickt, verhärtet. Was ist denn nun der Geist des Arsenik? Burschikos ausgedrückt: Der Geist des alten Zopfes. Aber das ist doch kein Gift?

Nein, ist's kein Gift? Und wie viele gehen daran täglich zu Grunde! Man lese die Selbstmordrubriken der Zeit: Selbstmord von Liebenden, denen Kastenvorurteil die Vereinigung unmöglich machte. Schülerselbstmorde, von armen Jungen begangen, denen nur der Mensch lebensfähig schien, der ein Examen bestehen konnte; Tod im Duell im Dienst des Zopfes „Ehrbegriff" etc. Alle diese Leute sind am Arsenik gestorben. Der Mikrokosmos Mensch produziert Arsenik grade so wie seine Mutter, die Erde. Sie sonderte als Metalle und Minerale das Entwicklungsunfähige aus zu Gunsten organischen Lebens. Auch der Mensch muß aus sich heraussondern alles, was geistiger Weiterentwicklung ein Hemmnis ist. So sind der Arsenik der Erde und der im Menschen Brüder. Und jeder, der als Reformator, als Bahnbrecher neues, frisches Leben, neue Quellen der Erkenntnis den Völkern erschließen wollte, er hatte einen harten Kampf gegen den Arsenik zu bestehen. Und gar mancher, so reich und kühn auch seine Seele war, so warm sie dem Logos erglühte, ging dennoch unter im Kampf gegen den Arsenik und seine tausend kleinen Pfeile und Nadelstiche, gegen die er sich nicht zu feien vermochte.

Ein solcher war Friedrich Nietzsche.

Wie selten einer empfand er bis zur tiefsten Qual den Zopf des Alltags nicht nur als seinen persönlichen Feind, sondern als den Feind aller Geistesentwicklung. Weil er am Alltag erstickte, stellte er das Bild seiner Sehnsucht nach Menschengröße vor die Menschen hin: Das Ich, das „Chaos genug in sich hat, um einen Stern zu gebären“, das dem alten „Du sollst“ ein neues „Ich will“ entgegenstrahlen kann, das sich selbst Gesetze gibt „und Richter und Rächer seines Gesetzes sein kann“, — den Übermenschen. Und als Feind des Übermenschen alles, was Schablone heißt, „dem leidenden und verhüllten Gott“, eben dem Menschen, sein Höchstes, die Schöpferkraft des Ich, lähmen will. Aus Schmerz geboren ist der Spott, mit dem Nietzsche-Zarathustra in „den Lehrstühlen der Tugend den ewig geistig-wiederkäuenden Menschen“ geißelt, „im neuen Götzen“ Staat die käuflichen Seelen; all seine Reden entquellen dem Jammer seiner Seele über die Seelen-Ärmlichkeit und -Faulheit und -Schmutzigkeit, und er birgt seinen Jammer und die Pein, mit der er dies alles empfindet unter dem Mantel des Hohnes. Er litt am Arsenik der andern. Und er starb auch daran. Was ihm die Alltagswelt an Haß und Spott nun ihrerseits entgegenschleuderte, dagegen war er zu schwach. Wie denn zu schwach? — Es war ihm nicht gleichgültig. In der Theorie konnte er wohl sagen: „Was liegt an dir, Zarathustra? Sprich dein Wort und zerbrich!“ Aber in die Lebenspraxis konnte er diese erhabene Gleichgültigkeit gegen das eigene persönliche Empfinden nicht übersetzen. Er konnte den Arsenik der andern, der seiner Wahrnehmung unablässig entgegentrat, geistig nicht verdauen, er brachte ihn aus dem Gleichgewicht. Denn

Kopf und Magen entsprechen einander und die geistige Verdauungsstörung findet ihren Reflex, ihre Übertragung auf das körperliche Gegenbild, die Arbeit in Magen und Darm. Und so beeinflußt ward Nietzsches Magen immer unfähiger zur Arbeit durch den Arsenik, während seine Seele sich in der Mission des Kampfes gegen ihn aufrieb. Durch ihn siechte Nietzsche hin an Seele und Leib, er zerbrach ihm die Instrumente Gehirn und Magen. Wie sehr Sorge, Gemütsaffekte — die ja alle bloß besagen, daß die Seele gedanklich mit etwas nicht fertig wird — den Magen beeinflussen, wie sehr eine in Aufregung genossene Mahlzeit „einem auf dem Magen liegen bleibt“, das kann jedem als Beleg zu dem eben Dargestellten das eigene Leben genügend zeigen. Da mag gar mancher nun denken: wie hart, wie erbarmungslos scheint das alles! So viel Seelen- und Körperleiden, weil einer zu schwach ist in seiner Seele? Ist denn Schwäche Schuld? Ja, Schwäche ist Schuld. Schuld von einst, aus früheren Inkarnationen, und diese Schuld heißt Faulheit in Sachen der Kultur und Entwicklung des Wollens, Fühlens und Denkens, Faulheit, Indolenz, laisser-aller. „Es gibt sich“ — das ist auch eine Lehre der Ergebung. „Aber ich sage euch, ihr Behaglichen, es nimmt sich und wird immer mehr noch von euch nehmen“, so spricht Nietzsche, weil er es kannte, davon im Kapitel „Von der verkleinernden Tugend“. Behagen auf Kosten der Selbstzucht ist auch Faulheit und gebiert auch Schwäche, das heißt in einem späteren

Leben Empfindlichkeit. Wer leicht gekränkt ist, dokumentiert damit, wie schwach, wie abhängig er persönlich von der Meinung anderer ist.

Wiewohl diese Lehre hart ist, so ist sie doch nicht neu. Vor nun bald zweitausend Jahren ward sie den Menschen gegeben, und im Lukas-Evangelium ist sie zu finden. Nur gilt den Evangelien vor allem jenes Mahnwort, das Philippus an den Kämmerer der Königin Kandace (Apostelgeschichte 8, 30) richtete: „Verstehst du auch, was du liesest?“ Kannst du entziffern, was die okkult-technischen Ausdrücke jener Mysterienschriften des Christentums meinen? Es wird viel gepredigt über das Gleichnis vom vergrabenen Pfund; was das Pfund wohl sein mag, mit dem gewuchert werden soll? Da stelle sich nur einmal der Evangelienleser vor die Seele: wer verteilt als Herr an die Seinen je ein Pfund? Der Christus, der Logos, das Wort, das von Anbeginn war. Er will die Seinen verlassen, sie werden lange Zeit sein Angesicht nicht sehen können. Aber er gibt jedem etwas von dem, was seinen Reichtum ausmacht, einem jedem gleichviel. Das sollen sie haben während seiner Abwesenheit. Das ist ein Bild, ein Gleichnis der Wahrheit! Die alte Fähigkeit, der letzte Rest natürlicher Hellsehergabe erlischt, wodurch das Schöpferische — das Übersinnliche — das als Aura, als astralische Bildung und Strömung die irdische Form durchbebend und belebend wahrgenommen werden konnte — diese Fähigkeit wird durch die Entwicklung des Verstandes ins

Unterbewußtsein hinabgedrängt. Das Weben des Logos ist nicht mehr wahrzunehmen. Und damit zerreißt das Band zwischen diesseits und jenseits, der Mensch hat keinen sichtbaren Beweis mehr dafür, daß in der ganzen Natur Gott sich offenbart. Der Mensch ist sich selbst überlassen, ob er Gott dienen will oder nicht. Nun wendet sich der Logos im Jesus nicht an die, die von ihm abfallen werden, sondern an die, die ihm treu bleiben. Sie sollen statt seiner jeder ein Pfund seines Reichtums verwalten. Nun, was ist denn der Reichtum des Logos? Die Schöpferkraft! Die Kraft, Materie mit Geistesleben zu erfüllen, die Kraft, in tausend und in Ewigkeit abertausend Gestaltungen sich ewig jung und neu auszuleben. Das Pfund ist das Ich und das Ich ist der Träger des Göttlichen im Menschen. Aus dem Menschen-Ich quillt nun alles, aus dem Reichtum der Persönlichkeit, die dem Ideale dient, quillt alles, was Menschenleben bereichern und in neue Bahnen lenken soll. Nicht mehr von außen, im eigenen Innern soll der Abglanz der Gottheit erlebt werden. Und was nun das Evangelium weiter erzählt im Gleichnis, das ist Menschenzukunft. Es wird eine Zeit kommen, da die Menschen den Logos wieder sehen werden, eine Zeit, in der sich langsam hellseherische Fähigkeiten wieder einstellen werden. Da wird der Mensch beginnen, wiederum nicht nur zu fühlen und zu denken, sondern inneres Erleben objektiv wahrzunehmen. Und nicht nur, was er fühlend in der eigenen Seele gestaltet — auch was die Seele der Welt in der Natur gestaltet, wird sich der Wahrnehmung wiederum erschließen. Das wird dann nicht mehr Täuschung der Halluzination genannt werden, denn in der „Täuschung“ werden dann alle leben. Die Halluzination von heute ist ein durch Disharmonien im Körper verursachtes, unzeitgemäßes Erwachen zur inneren Wahrnehmung. Sie werden also, die Menschen, im Übersinnlichen wiedersehen die Logoskraft in ihrer Wirksamkeit. Und es wird dann abhängen von dem, was sie mit ihrem Pfund gemacht haben, ob sie verstehen werden, was sie sehen? Denn nur dann können sie die Frucht der neuen Zeit ernten, nur dann als Entwicklungsfähige dem Herrn entgegentreten. Lukas erzählt, wie viel der eine, wie viel der andere aus dem Pfund gemacht hat, wie es zehnfach und fünffach vervielfältigt ward; darin liegen Zahlengeheimnisse. Nur einer hat aus lauter Furcht vor dem strengen Herrn gar nichts gemacht. Sein Pfund lag vergraben, 's ist grad noch wie damals. Ganz brach gelegen hat die Kraft der Ichheit. All' die Zeit über hat dies Ich stumpf und feig dem alten Zopf gedient. So wie es geblieben ist, paßt es in die Vergangenheit, und die neue Gegenwart kann es nicht brauchen; es blieb ein blödes Kind, während zu Jünglingen und Männern die anderen heranwuchsen. Die Zeit, die Willkür im Geist dämmert heran und das blöde Kind hat keinen eigenen Willen, keine Initiative entwickelt. Und die Zeit zu solcher Entwicklung — die Abtrennung vom Göttlichen —

ist vorüber. Niemand leugnet mehr Gott – sie sehen ja alle sein Weben. Etwas merkwürdiges läßt Lukas den Logos zu dem Arsenikmenschen sagen: „Hättest du das Pfund doch wenigstens auf die Wechselbank gegeben!“ Das heißt: Hättest du doch wenigstens deine Kraft hingegeben dort, wo sie der Entwicklung genutzt hätte. Hättest du wenigstens als Diener der Meinen gelebt. Hättest du den Mut gehabt, dich dahin zu bekennen, wo für das Neue kühn geschaffen und gewagt und geopfert wird. Aber auch dazu warst du zu feig. Und Lukas läßt den Logos richtend sagen: „Nehmt ihm das Pfund und gebt es dem, der 10 Pfund hat.“ Da wundern sich alle ob der Härte. Und das große Wort der Zukunft ertönt: „Wer hat, dem wird gegeben, von dem aber, der nicht hat, wird auch das genommen werden, was er hat.“

Die andern haben ihr Ich entwickelt, das kann nun nicht nur Stand halten dem, was in das Wahrnehmen einzudringen beginnt aus der übersinnlichen Welt, nein, immer reicher, immer machtvoller wird das Ich in dem Verständnis dessen, was sich ihm erschließt. Der Träge, der nichts entwickelt hat, verliert sein Ich-Bewußtsein, das nicht gelernt hat, sich dem Astralischen gegenüber zu behaupten. Er verliert nicht das Bewußtsein, sondern das Ich-Bewußtsein unter dem Ansturm der astralischen Welt, der Welt der Zukunft, ihm wird genommen, was er hat. Seine eigene Faulheit hat es ihm genommen. Nicht gnadenlose Härte eines göttlichen

Richters drückt sich hierin aus, sondern Karma: der Rückschlag des Getanen auf den Täter.

Es könnte nun scheinen, als ob die Aufforderung zur Nachfolge Christi im Sinne des Gleichnisses aus dem Lukas-Evangelium zu gleicher Zeit eine Aufforderung enthalte zur Nichtachtung alles Bestehenden; zur Nichtachtung des Herkommens, der Kasten, des Staates, der Stände, der Sitten. Das ist jedoch durchaus nicht der Fall. Wer sich die Anordnungen, die aus dem Geiste der Vergangenheit erwachsen sind, vom Standpunkte esoterischen Christentums zu betrachten bemüht, der wird vor allem sich innigst bestreben, das Wesen dieses Geistes der Vergangenheit zu verstehen. Er wird sich vor Augen halten, wie und warum das alles einst entstehen mußte, daß es das Resultat der Reformatoren von einst darstellt. Die stürzten damit um, was noch älterer Vorzeit entstammte. Sie taten es, damit das Leben nicht zum stagnierenden Sumpf würde, damit es regsam, ewig beweglich in neue Bahnen sich ergießen könnte. Und der Geist der Reformatoren der Vergangenheit spricht zu den Ohren derer, die ihn vernehmen wollen: Folge uns nach! Wir stürzten das Alte, wir bahnten neue Wege, wir erschlossen dem Bewußtsein neue, weitere Horizonte! Willst du uns, den Geist der Vergangenheit, verehren, so verehre ihn, den Schaffenden, in Wahrheit und nicht des von ihm Geschaffenen entseelte, abgenützte, jetzt nicht mehr taugliche Form! Das vorwärts drängende Leben von heute ist dieser Form entwachsen, sie hat für dieses neue Leben nur noch den Wert des Hindernisses. Den Wert des Hindernisses? Den Wert des Bösen? Gewiß, denn das Gute von gestern ist das Böse von heute. Und der Wert des Hindernisses besteht darin, deine ungestüm vorwärts verlangende Kraft so lange zurückzudämmen, bis sie reif genug ward, dem Menschenbewußtsein eine neue, dem Ideal der Höherentwicklung taugliche Form des Erlebens zu schenken. Mit der Nichtachtung des Bestehenden ist gar nichts geleistet; wohl aber alles mit objektivem Studium dieses Bestehenden, und der Erkenntnis, warum es auf die Dauer nicht genügen kann, und mit dem Bemühen, einen Plan zu einer brauchbareren Form zu schaffen. Das ist Sache der Größten im Geist. Aber was jeder können sollte, das ist, umgeben vom Zwang der Verhältnisse, sich des Rechtes auf innere Freiheit nicht zu entäußern. Das sollte jeder trachten, nicht zum Knecht der Schablone zu werden, ein Suchender und aufwärts Strebender zu bleiben, sich vom Arsenik die innere Flamme nicht ersticken zu lassen. Dann hätte er sein Pfund wenigstens auf die Wechselbank getragen, denen dienend, die Suchende zu führen vermögen.

„Das sollet ihr erkennen“, sagt Paracelsus, „daß dem Arsenik mehr denn fünfzig Krankheiten, und noch fünfzig zu geben sind, da keine der andern gleich sieht, und sind doch alle aus arsenico: noch viel mehr aus sale, noch mehr aus mercurio, noch mehr aus realgar und Schwefel.“ Und der

Arsenik-Schwefel-Verbindung realgar fügt er gegen das Ende des 11. Kapitels noch eine zweite, das auripigment, hinzu. Das alles sind Gifte der „Exaltation der astra“ entsprungen.

Die Krankheiten aus dem realgar schaden dem Geblüt, die aus Quecksilber dem Haupt, die aus dem Salz dem Gebein und den Geädern, die aus dem auripigment verursachen Geschwülste und Wassersucht etc.

Das Krankheitsbild Friedrich Nietzsches stellt dar, wie eine geheime Verbindung besteht zwischen der Tätigkeit des Intellektes und der Tätigkeit des Magens; Nietzsches Intellekt konnte den Arsenik der andern nicht verdauen.

Wenn nun Hohenheim von der Arsenik-Schwefel-Verbindung realgar spricht, so deutet er hin, daß die Beschaffenheit des Blutes abhängt von der Beschaffenheit des Ich und seiner Stärke oder Schwäche gegenüber dem Arsenik. Und hier handelt es sich nun nicht um das Denken, sondern um das Wollen, um die Kraft zu selbsteigenen Willensimpulsen und um Willensausdauer. Da nun das Ich sich im Wollen, Denken und Fühlen offenbart, so muß es auch sein Gefühlsleben gegenüber dem Arsenik zu schützen wissen; und es gibt eine okkulte Entsprechung zwischen Gefühlsleben und dem Lymphsystem des Menschen, das seinen Feind im auripigment zu suchen hat — der Arsenik zeigt seine Macht in seinem Einfluß auf Chylus, Lymphe und Blut. Und wenn Hohenheim von Leiden aus Salz, Quecksilber und Schwefel spricht, so redet er von den Verfestigungsprozessen, den Wasserprozessen und den Verbrennungsprozessen des physischen Leibes. Auf alle drei hat in hohem Maße das Seelenleben des Menschen Einfluß.

Nun aber ist die Brücke zu schlagen zwischen den Seelenschwächen und Sünden des Menschen, ihren Resultaten im physischen Leibe und den Infektionserregern, die dem Menschen von außen entgegen kommen. Bis jetzt ward vom lebendigen Menschen gesprochen, nun muß vom sogenannten toten Menschen geredet werden.

Der Mensch stirbt: der Astralleib mit seinem Stern löst sich vom ätherischen und physischen Leibe, in demselben Maße erkalten und erstarren die irdischen Reste. Der Stern des astralischen Leibes? Dieser Stern ist das, was dem Astralleib, also dem Bewußtsein, sein eigentümliches Gepräge gab, was ihn unterschied von andern Menschen; dieser Stern ist das, wodurch alles Schöpferische sich aussprach im Menschen, dieser Stern ist der Gottesfunke, der den Menschen zum Menschen macht: das Ich. Dies Ich, das im wachen Tagesleben des Menschen zwar alle Dinge sehen konnte, doch nie sich selbst im Spiegel der Ewigkeit erschaute. Dies Ich, das sein Leben lang alle Dinge prüfend betastete und zu begreifen trachtete, doch nie sich selbst erfaßte noch begriff.

Das wie einer sein Leben hinbrachte, der als seine Aufgabe betrachtet, allen Dingen Namen zu geben, und dem gar nicht zum Bewußtsein kommt, daß er seinen eigenen Namen nicht weiß. Dies Ich, das astrum, das konnte als Brennpunkt des Wachbewußtseins nicht sehen, welche Veränderungen es im Organismus bewirkte. Nun aber, nach dem Tode, kann es das. Die lange Bildergallerie der Erinnerungen des Ätherleibes wandelt der Blick des Geistesauges ab in der Zeit, während sich auch der Ätherleib langsam vom Leichnam löst und die ersten Andeutungen des beginnenden Zersetzungsprozesses sich bemerkbar machen und die Materie sich anschickt, ihre Form zu verlieren. Und dann? Die Maya des sichtbaren Leibes teilt sich auf in die Maya der Elemente: Luft zu Luft, Wasser zu Wasser, Erde zu Erde. Der sichtbare Mensch ist dem Kosmos wieder einverleibt. Oder richtiger gesagt: die Elemente, die der Mensch durch Atmung und Ernährung täglich in das Gesetz seiner Form zwang, die sind dem Zwang der Form entronnen. Um mit Paracelsus zu reden: das Opfer der Elemente in Form der Ernährungsstoffe, „das Brot der Barmherzigkeit“, das war unser sogenannter physischer Leib. Nahrung ist „Formerstattung“! „So wir nichts hinzutäten und mehrten die Form unseres Leibs, so stürb's in verlassener Bildnuß.“ Wenn wir auch betasten, uns betrachten, ja wenn wir auch den Toten sezieren und das Innere betrachten — wir sehen nie „ins Innere“, wir sehen nur die Maya der Elemente nach den Gesetzen der Form in bestimmten Wirbeln und Kreisen und Strömen sich unablässig bewegend im Leben — oder im Tode sich anschickend, die Form zu brechen, nachdem der Regent entschwand, welcher der Geist dieser Form war. Das ist sein Name. Im Brennpunkt des Ichbewußtseins spiegelte er sich. Aber dies Ich ist noch viel zu arm und klein, um diese Quelle seines Daseins als seinen Vater zu erkennen. Zu diesem Vater kehrt es nun zurück, in ihm löst sich, was Ich als Sonderwesen war; nun aber, mit dem Geistesauge kosmischen Bewußtseins schaut das Ewige nun auf das Tatenfeld des Ich, auf das, was es nun objektiv wahrnimmt: auf die Form, darein es die Elemente bannte, und schaut, was es aus dem Leben der Natur gemacht hat. Was der Mensch veredelte, durchgeistigte, ist sein Eigentum geworden, ist unverlierbare Fähigkeit in der Beherrschung der Elemente, ist Schöpferkraft geworden. Was er entwürdigte, verdarb, beschmutzte — „vergiftete" mit einem Wort — das gibt er, teils nur unentwickelt, teils vergiftet der Natur zurück: Vergiftete Luft, vergiftetes Wasser, vergiftete Erde. Das Ewige des Menschen lebt dann, nachdem Täter und Tat einander gegenüberstehen müssen und im Schauder der Affekte die Tat zum Täter um Sühne schreit — das Ewige lebt dann, sich lösend von den Elementen, hinüber in das Geistesland. Und eine unauslöschliche Erinnerung nimmt es mit: den Plan zur Sühne der Tat, zur Neueroberung der vergeudeten Kräfte, den Plan der Menschenform, die Gelegenheit zu dieser Sühne, zu dieser

Wandlung des Vergifteten in Balsamvolles! Und das Vergiftete? Das harrt auf den Erlöser. Und ein innig Band bleibt zwischen Zeuger und Erzeugtem. Es gibt nun Grade der Umwandlung, durch Schwäche oder Sünde, des Balsams in tödliches Gift. Das ist ein Prozeß, der durch Inkarnationen hindurch sich abspielen kann in absteigender Tendenz. So lange das Erzeugte noch verwendbar ist zum Aufbau des werdenden Leibes, wird es hineinverwoben in den Organismus als Krankheitsanlage des astralischen oder ätherischen Leibes, d. h. der Gemüts- oder Lebenskräfte. Was aber nicht mehr einverwebbar ist, gleichsam das Endresultat der Degenerationskette der vom Menschen vergifteten Elemente, das tritt dem Menschen aus der Natur entgegen, aus der von ihm beleidigten Natur, die um Erlösung schreit. Das ist magisch hingezogen zum Menschen, das zieht den unterbewußten Menschen, den zur Sühne so tief bereitwilligen, magisch an, daß er's aufnehme in sich, daß er's umwandle, erlöse! Daß er sühne alte, harte Schuld. Daß er also sühnend sich und verlorene Kräfte kämpfend wiederfinde. Diesen Sühneprozeß, diesen Entsündigungsprozeß, diese heroische Anstrengung, Gift in Gut zu wandeln, das ist der Krankheitsprozeß durch Infektion und der Kampf der Natur, d. h. des unterbewußten Menschen die Krankheit zu überwinden: Gift in Gut zu wandeln!

Die Infektionserreger sind nichts anderes als einstige Wesensteile des menschlichen Organismus, die nun ein Sonderdasein in der Natur führen müssen, untauglich gemacht für den Mikrokosmos und degradiert durch des Menschen Schuld. Nach seinem Tode, der Natur zurückgegeben, entwickeln sie sich zu diesem Sonderdasein, das Feind und Gift dem Menschenleben sein muß.

Was geschieht nun aber, wenn der Mensch die Krankheit nicht zu überwinden vermag? Was gibt er dann nach seinem Tode der Natur zurück? War dann alles Leiden der Krankheit vergeblich?

Sicherlich nicht. Ein Weg in aufsteigender Richtung ist angetreten worden; die Kräfte, welche dem Menschen zur Vollendung des Werkes der Regeneration, d. h. zur Überwindung der Krankheit mangelten, wird er in den übersinnlichen Welten zu entwickeln vermögen.

Es ist zu Beginn dieser Schrift hingewiesen worden auf ein okkultes Verhältnis zwischen der Psyche der Völker und den sie überfallenden Epidemien. Nun betrachte man, in welchen Ländern die Cholera der beständig wiederkehrende Gast ist, und man wird finden, daß grade dort der Seelentypus allgemeiner, im Bann der Vergangenheit träumender Indolenz heimisch ist. Dort ist Defekt des Volkscharakters, was in den Kulturländern Europas Defekt einzelner ist. Wenn nun durch hygienische Maßregeln materiell die Ansteckung unmöglich gemacht wird, so leidet doch deshalb die Psyche des hygienisch behüteten Volkes nicht minder: was im Blut, im Organismus durch den Krankheitsprozeß nicht regeneriert wird, das lebt sich dann in anderer Weise aus zum Unheil des Menschen. Die Körperepidemien schwinden, im selben Verhältnis wachsen die Seelen-Epidemien und die Irrenhäuser füllen sich. Das schwache, indolente Ich schafft eine anbrüchige Seele, gegen alles unfähig zum Widerstand, aller Beeinflussung untertänig, durch alles aus dem Gleichgewicht zu bringen. Durch hygienische Maßregeln ist der Arsenik nicht wegdekretiert: er maskiert sich dann nur in ein anderes Gewand.

In langen okkult-technischen Abhandlungen ergeht sich Paracelsus über Entstehung und Wesen des schwarzen Todes, der Pest. (Siehe in den Sammelausgaben von Huser und Zetzner, De peste.) Wie im Volksausdruck „der schwarze Tod“ noch ein Bewußtsein dessen lebt, was die Pest bedeutet! Dasselbe Bewußtsein ließ gewohnheitsmäßig die Flucher das Wort „Pest“ ebenso gern gebrauchen, wie heute noch dem Franzosen das „Peste“! ebenso geläufig ist als das „Diable“! Warum flucht er nicht „Cholera“? Weil die Pest ihren Ursprung hat in „der strengen Imagination, welche ist eine Mutter aller magischen Werke“; weil sie die objektivierte Sünde der schwarzen Magie ist. Man verfolge, wo die Pest heimisch ist, und wann und wo sie ihre größten Triumphzüge durch Europa hielt. War's nicht dort, wo die Kunst der Giftmischerei und der Bezauberungen in Blüte waren? Es braucht sich der „gebildete“ Europäer nicht zu entsetzen ob des Wortes „Bezauberung“! Er setze dafür Hypnotismus und

Suggestion — das klingt vertrauter und gibt, wenn auch nur einen recht schwachen und wahrlich unzureichenden Begriff, aber doch immerhin einen Beginn des Begriffs, was das ist: die Mutter der Pest. Und wenn in unseren Tagen in Europas Kulturländern in Bezug auf Magie die Verhältnisse sich verändert haben, so ist diese Veränderung das Resultat der Entwicklung der Persönlichkeit, des Konsistenterwerdens des Ich, welches astrale Wirkungen von Mensch zu Mensch in solchem Umfange unmöglich gemacht hat. Nicht die Wirkungen der Magie überhaupt, sondern jener Art der Magie.

Paracelsus erwähnt, was der Talisman ist gegen die Gifte der Sterne, was Immunität verleiht: „es schadet dem nichts, der so viel edel und stark wider das gestärket ist, daß er das Gift überwindet, aus edler Natur seines Bluts." Was sich das Ich im Laufe der Inkarnation an Fähigkeiten errungen hat, an Stärke, an Güte, an Ausdauer, das ist der Talisman des edeln Blutes. Da liegt die Quelle des persönlichen Mutes, der sich nicht anbefehlen und anerziehen läßt, des Mutes, der Ansteckung nicht fürchtet. Und dieser Mut ist ja nichts anders als das Hinaufreflektieren des Unterbewußtseins in den Verstand. Der unterbewußte Mensch spricht zum Verstand durch Gefühlsimpulse; angesichts der Gefahr flüstert er in dem Feigen: du bist arm, du hast keine Widerstandskräfte, dein Feind ist viel stärker als du! Der Mensch fühlt das und fühlt eben Furcht, die mit keiner Logik zu überwinden ist.

Dort flüstert der Impuls: „O, du bist reich! Was dein Feind kann, das kannst du noch lange, das kannst du erst recht!“ Und der Mensch fühlt Mut und lacht und wagt alles. Und keine Logik mit „wenn“ und „aber“ kann ihn furchtsam machen. Velle non discitur, sagt Schopenhauer mit Recht; und auch Mut und Feigheit sind keine angelernten Dinge, es sind Früchte oder Mängel der Vergangenheit.

Paracelsus spricht am Schlusse seines Ens astrale eine Warnung aus: „Daß ihr nit gedenken sollt, eine astralische Krankheit zu arzneien, dieweil derselbige Stern regiert: wann er ist mehr als der Arzt.“ Das heißt, daß eine Krankheit dann heilen zu wollen durch Medikamente folgendem Unternehmen gleichen würde: Einer will ein Faß ausschöpfen und schöpft immerzu und das Faß bleibt voll! Er hat nämlich nicht bemerkt, daß eine Röhrenleitung unterhalb des Wasserspiegels dem Faß in dem Maß Wasser zuführt, als oben weggeschöpft wird.

Wenn das astrum regiert, wenn durch Schwäche oder Sünde des Ich die Prozesse des Organismus täglich neu beeinflußt werden, und dadurch Neigung zu gewissen Krankheiten erzeugt wird, so gleicht das durchaus dem beständigen Zufluß unterhalb des Wasserspiegels. Beständiger wiederkehrender Schnupfen z. B. würde radikal kuriert werden, wenn die okkulte Ursache, der Seelendefekt, um mit Paracelsus zu reden: der „weiße Schwefel“, nicht täglich neu erzeugt würde, so daß der

Organismus sich vom besagten Übel muß trachten, durch die Pforten der Nase zu befreien! Wer in einer Seelenverfassung lebt, die keinen „weißen Schwefel“ erzeugt, der hat auch keinen Schnupfen; der kann sich ruhig vom Regen durchnässen, von der so gefürchteten Zugluft durchwehen lassen, der braucht jähe Temperaturwechsel nicht zu fürchten — er ist immun. Und so lange das Ich den weißen Schwefel erzeugt, so lange dies „astrum“ regiert, so lange hilft **dauernd** weder Luftkur noch Medizin. Aber Erkenntnis hilft und intensive Arbeit an der eigenen Seele! Erkenntnis der Entsprechungen zwischen Natur und Mensch, Mikro- und Makrokosmus; Erkenntnis der Entsprechungen zwischen den Seelenprozessen und den Lebensprozessen des Menschenleibes, und aus dieser Erkenntnis geborener kraftvoller Trieb zur Selbstentwicklung! Ein Seltsames, Erschütterndes tritt hiermit in den Horizont des Menschenbewußtseins: Erkenntnis der Natur ist Erkenntnis des Menschenleibes, Erkenntnis des Menschenleibes ist Erkenntnis der Seele. Okkulte Pathologie ist Theologie! Die Lehre von den Leiden ist die Lehre von den Erziehungsmitteln der Gottheit — Arzt sein heißt Priester sein! Und somit wären wir auf dem Standpunkt des Paracelsus angelangt, auf dem Standpunkt des „esoterischen Christen“ Paracelsus. Er, der sich zum esoterischen Lehrer vieler berufen wußte, vermochte nun freilich anders seines Amtes zu walten, als es durch noch so guten Willen heute von der Kanzel geschehen kann. Dadurch — das empfand er tief, ist der Menschheit wenig geholfen, daß vom Lehrstuhl dekretiert wird: „der Mensch sei moralisch!“ Schon der Mensch des 16. Jahrhunderts war, und noch viel mehr der von heute ist zu sehr Verstandeswesen, zu sehr eben dadurch vom Kontakt mit dem Übersinnlichen abgeschnitten, als daß er mehr als die landläufige Moral, die durch die Drohung der Gesetze mühsam im Ansehen aufrecht erhaltene und täglich übertretene Allerweltsmoral zu üben sich anbequemen würde. Ja, er hat sogar Mühe, der ehrliche Verstandesmensch, beim Betrachten der Tugendideale nicht zu finden, daß es schwer ist, abzugrenzen, wo der Typus des so sehr guten Menschen aufhört und der Typus des so sehr dummen Menschen anfängt. Er **fühlt** wohl, es ist etwas Schönes um die Moral, aber er sieht nicht recht ein, warum; sein Intellekt wird nicht befriedigt: die Moral muß ihm begründet werden aus der Weisheit von den okkulten Zusammenhängen zwischen Güte und Stärke und zwischen Schönheit und Gesundheit. Wenn er das einsehen wird, wird er ohne Zureden von der Kanzel den Trieb fühlen, an seiner Seele zu arbeiten. Solch' eine Begründung ist ein tiefes Seelenbedürfnis der Menschheit geworden. Und weil Paracelsus wußte, wessen der Verstandesmensch so tief bedürftig ist, deshalb sind alle seine wissenschaftlichen Erklärungen auf den Ton der Predigt gestimmt, deshalb gibt er in der Hülle der okkult-technischen Begriffskomplexe dem suchenden Schüler die

Möglichkeit, den Geist hinter der irdischen Erscheinung überall als bewirkende Ursache zu finden. Welches Thema er auch behandelt, ein großer Grundton klingt überall durch: überall lehrt er Karma, Karma im höchsten Sinne, im Sinne der Erkenntnis in Christo. Und ein tiefes Bedauern erfüllte Hohenheim, daß diese Begründung der Moral, diese Befriedigung dem Intellekt, nur in geheimen Schülerkreisen mündlich, nach Fähigkeit der Schüler, und schriftlich nur in okkult-technischen Ausdrücken zu geben möglich sein konnte im 16. Jahrhundert. In seiner Vorrede zu der nur als Handschrift resp. Abschrift vorhandenen Vita beata spricht er von seinem Schreiben, das er mit viel Hoffnung wohl beschlossen. „Da ist eingerissen die Zertrennung des Reichs dieser Welt. So jetzt ist. Hab ich ein Auffzug genomben und ein Stillstandt. Verzogen bys auf ein andere Ärndt und Herbst . . . . . .“

Zertrennung des Reichs dieser Welt — was heißt das? Das bedeutet jene Zeit, da eine tiefe Kluft sich auftut zwischen Verstandesleben und religiösem Leben. Das Reich dieser Welt trennt sich in Kopf und Herz, und der Kopf spottet über das Herz und das Herz überwältigt den Kopf: keines versteht mehr das andere; die Harmonie zwischen dem Sinneswahrnehmen der äußeren Erscheinung und dem — im Bedürfnis des Gemüts sich ausdrückenden — unterbewußten Erinnern an die Existenz einer übersinnlichen Welt ist dahin. Sie mußte, ja sie sollte eintreten, diese Zeit der

Zertrennung, sie war notwendig im Weltenplan. So unumgänglich notwendig, als es dem Kind notwendig ist, einmal vom Gängelband loszukommen, ohne leitende Hand zu tasten, sich schreitend zu halten, allein zu stehen. So lernt das Kind seine Glieder gebrauchen. So, auf sich selbst gestellt, lernt des Menschen Ich seine Fähigkeiten gebrauchen, lernt durch Kampf und Sieg in sich selbst beruhen. Und dann erst, reif zur Freiheit, darf es die Hand ausstrecken, die Hülle zu lösen, das Wesen zu erkennen, das einst ihn leitete. Jene Zeit der geistigen Freiheit, wo, unbedroht von Galgen und Schwert und Folter, von religiösen Dingen gesprochen werden darf ohne Rücksicht auf Sekten und Parteien, sie dämmert nun empor; sie hat begonnen „die Zeit der andern Ärndte und des andern Herbstes . . . . . .“, die Zeit der Wissenschaft vom Geist, von Gott, die Zeit der „Theosophie“ bricht an. Es kann bis zu einem gewissen Grade geerntet werden, was in okkulten Begriffskomplexen einst gesäet ward. Bis zu einem gewissen Grade! Denn wie viele Seelen gibt es, die für die Wahrheit so heiß entflammt sind, daß sie das Angesicht der Wahrheit auch in seiner Strenge noch zu lieben vermöchten, wenn es sich ihnen enthüllt im Bilde der eigenen Krankheit? Wie viel Seelen gibt es, welche die Wahrheit tausendmal inniger lieben als alle süße, tröstliche Illusion über sich selbst? Es ist leicht zu bitten: Erlöse uns von dem Übel! Es ist schwer zu ertragen: Dies Übel schufest du selbst! In diesem Übel hast du dich selbst zu ertragen! Und von diesem Übel kann dich niemand erlösen als du selbst, wenn du an dir arbeitend läßt wirken den Christus in dir. Die Bitte: Erlöse uns von dem Übel ist „in Wahrheit“ ja nichts anderes als der Ausdruck der Sehnsucht des Ich, dem höheren, wahren, ewigen Menschen in sich, sich zu erschließen. Das starke Ich des Paracelsus vermochte das Angesicht der Wahrheit zu ertragen, deshalb enthüllte sich ihm, was real hinter den Ereignissen steht Auf anderen Einweihungsstufen und Einweihungsverhältnissen offenbarte sich dem Schauenden dasselbe, und dennoch — in wie so ganz anderer Form. Was Paracelsus restlos begriff, in Bildern sah es ein anderer, in Bildern stellte ein anderer Großer der Menschheit — Goethe — dar, womit Weisheit der Vergangenheit seine Seele inspirierte. Und er stellt es dar, ohne jeden Beigeschmack von Moral, als übersinnlich Geschautes, als Naturvorgänge. Er kann nicht Moral hineinmischen, weil ihm entgeht, was des Menschen Ich mit diesen Vorgängan in Bezug auf Reïnkarnation und Karma zu tun hat. Die Griechenweisheit schaute in umfassender Weise die Bilder kosmischen und mikrokosmischen Werdens, das Weben der Naturwesenheit; sie schaute die Lösung des Lebensrätsels im Tode in Gestalt der Aufteilung der Maya des irdischen Menschen in die Elemente und den Aufstieg des Ewigen mit den Früchten des Lebens zur Gruppenseele des Volkes. Aber die Bedeutung des Ich als Verursacher des Karma entgeht ihm.

Muß ihm entgehen, denn es ist ein anderer, süßerer Ton der Weltenharmonie, auf den Griechenweisheit gestimmt ist, als der herbe Klang, der zuerst in der Seele des jüdischen Volks angeschlagen wird, um zu voller Stärke im wahren, im esoterischen Christentum anzuschwellen.

Was bedeutet denn wohl das Ende der Helena-Episode im zweiten Teil des Faust?

Es ist Faust gelungen, zurückzutauchen in Zustände des Bewußtseins, die dem Tagesleben verschlossen sind. In jenen Zuständen durfte er wiedererschauen Bilder uralter Vergangenheit, durfte wiedererleben und wiederfinden seines Wesens bestes Teil, seines Wesens und Griechenlands Stern: Helena. In jenem Kontakt mit dem scheinbar längst Vergangenen, real jedoch ewig Seienden lodern, jäh aufflackernd alle Schöpferkräfte seiner Individualität empor: wie eine Spiritusflamme auf metallener Schale jäh aufschnellend, ins Unermessene zu züngeln strebt und in sich zusammensinkt, verlischt, sobald die Essenz verzehrt — Euphorion.

Nur ephemer kann ein Kraftbewußtsein sich einstellen, das unter der Kontrolle des Ich nicht erworben, das von den Kräften der Vernunft weder gemäßigt noch erhalten werden kann. Es erlischt — und mit ihm sinkt hinab in's dunkle Reich der Mütter alles, was in Helena erlebbar gewesen. Nur die Erinnerung als leitender Impuls des Erdenlebens bleibt. Das Griechenland von einst ist dahin, und auch in Faust's Seele dahin auf immer mit den alten Göttern. Eine neue Bahn eröffnet sich, irdischer Kampf und Sieg und ein Ende — nicht auf den Asphodelos-Wiesen des Hades, sondern unter den Rosen christlicher Mystik. Und weil es wirklich das Absterben einer Zeit- und Lebensepoche in der Seele der vorwärtsstrebenden Menschheit, und somit in Faust's Seele darstellt, deshalb kleidet Goethe die Vorgänge beim Scheiden der Helena in das Bild der Vorgänge des Todes. Da scheidet sich auch das Unsterbliche in seiner Dreiheit, Euphorion, Helena, Faust — „ein köstlich Drei“, „das schön errungene Mein, Dein, Sein“ — wie es Helena nennt, von der irdischen Maya des Leibes, den vier Elementen. Panthalis, die Chorführerin, folgt Helena zum Thron der Unerforschlichen: „nicht nur Verdienst, auch Treue wahrt uns die Person“. Das heißt, das persönlich Geleistete und Gelernte bleibt Fähigkeit, die dem Unsterblichen unverlierbar ist.

Was bleibt nun übrig? Der Chor der Mägde:

„Zurückgegeben sind wir dem Tageslicht;
Zwar Personen nicht mehr,
Das fühlen, das wissen wir,
Aber zum Hades kehren wir nimmer.
Ewig lebendige Natur
Macht auf uns Geister,
Wir auf sie vollgültigen Anspruch.“

Sie kehren nimmer zum Hades! Gewiß nicht. Der sogenannte physische Leib ist nichts anderes als diese vier Elemente, weshalb Goethe den Chor der Mägde in vier Teile trennt. Und diese vier Chöre läßt er am Schlusse des vierten Aktes erzählen, wohin sie denn nun gehen, wenn sie nicht zum Hades hinab, nicht ins Unsichtbare steigen, sondern in die Arme der Mutter Natur. Im pflanzlichen Leben gehen sie auf, in der Luft, im Wasser, und die vierte Abteilung im Feuer der reifenden Traube am Weinberg, dem Dionysos dienend.

Aus den Stoffen der Ernährung, vom ersten Keimesleben an, besteht der irdische Leib aus dem „täglichen Brot“! Und die Natur nimmt wieder, was sie zur Darstellung der Form dem Geiste lieh.

Welch' eine Kluft, welch' ein weiter Weg von diesem Gemälde der Tatsachen bis zu der, Einsicht in diese Tatsachen bringenden, Moral-Begründung des Paracelsus im Ens astrale! Es ist der Weg von den Göttern Griechenlands zum Herrn des Karma, zum Christus.

Ens veneni.

Wenn das Menschenwesen betrachtet wird, wie es im Sinne des Ens astrale in die Natur hineingestellt ist, so mag sich wohl dem sinnenden Beobachter ein Wort des alten Testamentes aufdrängen: Auge um Auge, Zahn um Zahn! In der Rolle des Kämpfers wider Willen, des Verantwortlichen wider Willen steht der Mensch da. Als Ich ist er in die Welt seines Leibes hineingestellt, und eine Verantwortlichkeit lastet schwer auf ihm, der sein Verständnis gar nicht gewachsen ist.

Einst regelten die Gesetze Jahwes sein Verhalten dem eigenen Leibe gegenüber; die Zeit ist verschwunden. Er ist frei von den alten Gesetzen in der Inkarnation von heute. Es ist ihm selbst anheim gegeben, wie gut oder wie schlecht er sein Verhältnis zur eigenen Natur regeln wird können. Wenn er denkt, fühlt, will und handelt, wenn er Körper und Seele in Hunger und Liebe zu befriedigen trachtet, immer tastet er wie im Halbdunkeln über verdeckten Schlingen und Fallgruben dahin. Er schädigt sich durch wilde Begierde, er schädigt sich durch Indolenz, er schädigt sich, wenn er mutlos, ebenso, als wenn er tollkühn ist. Ens seminis, dem der Mensch den Leib verdankt, richtet sich allüberall feindlich entgegen, raunt ihm überall zu: Vergiß nicht! Auge um Auge, Zahn um Zahn!

Was du verdirbst, wird ein Feind, den du dir selbst erzeugt hast; hier, auf Erden, wo du ihn erzeugtest, wird er dir einst in seiner letzten Gestalt entgegentreten als Erreger tödlicher Krankheiten, als ebenso unsichtbarer wie unbarmherziger Feind. Wer sinnend sich hineinfühlt in die Realität dieser rächenden, unausweichbaren Macht, die nur ein Interesse zu haben scheint: den Tempel des Leibes zu bauen, zu erhalten und die Schändung des Tempels zu rächen — wer sich da hineinfühlt, dem mag eine Ahnung der religiösen Grundstimmung des gläubigen Juden von einst aufgehen, der in Jahwe vor allem den Rächer der Gesetze sah. Im Ich, das im Blut sich auslebte, spiegelte sich Jahwe, und er rächt im Blut, was im Blut gesündigt ward. Wie aus Nachklängen alttestamentlicher Gefühle, wie aus jüdischem Leben heraus ist des Paracelsus Ens astrale in seiner Härte und Strenge, die keine Kompromisse zugeben, geboren. Da ist nur eine Hilfe wider so viel feindliche Natur, wider so viel Möglichkeit aus Unverständnis zum Verderber zu werden: „so viel edel und stark sein in der Natur seines Blutes“! Das heißt, so innig im Sinn der Gottheit gelebt zu haben, im Sinn heiliger Gesetze, ganz ein Diener Jahwes im Treuen gewesen zu sein — das ist die einzige Behütung vor dem Übel. Und Paracelsus läßt in seinen Vorreden durchblicken, daß er sich wohl bewußt ist, wie sehr ein jedes „Ens" eigentlich die physiologische Begründung je einer Religion ist. Deshalb spricht er davon, daß die Leser nicht befremdet sein möchten, wenn er als Christ erst im 5. Kapitel, im Ens deale auftritt, während er, um Realitäten geben zu können, in den ersten vier Kapiteln unchristlich zu sprechen scheine. Erst im Ens deale ist es an der Zeit Grundstimmung esoterischen Christentums zu geben; Ens veneni, Ens naturale, Ens spirituale, sowie das eben besprochene Ens astrale spiegeln Weistümer, die auch außerhalb des Christentums gefunden werden können im Grundton der darin enthaltenen religiösen Stimmung: unchristlich ist der Stil, „denn wir schreiben **allen Glauben** den Grund der Arznei; den Türken das Ihr', den Saracenen das Ihr', den Juden das Ihr', und den Heiden das Ihre". Hier wäre nun schöne Gelegenheit, von Verstandes Gnaden Kritik an Hohenheim zu üben, der eine Differenz zwischen der Religion der Türken und der Saracenen anzunehmen scheint, während doch beide den Islam bekennen. Es handelt sich hier aber weit weniger um das Bekenntnis, sondern um dasjenige, was die Eigenart hier der Türken und dort der Saracenen oder Araber im Dienst des Monotheismus für die Entwicklung der Menschheit bedeutet; und da ergibt sich allerdings eine große Differenz. Um sie zu ermessen, braucht nur daran gedacht zu werden, mit welcher Summe von Gütern alter Weisheit, im besonderen der Mathematik, Chemie, Astronomie, Heilkunde, die Araber, von Spanien aus wirkend, Europa beschenkt haben. Und dagegen ist zu halten, wie die Türken im Verhältnis zu ihren Glaubensgenossen eigentlich ein retardierendes Element darstellen, das wenig in die Wagschale zu werfen hat, wenn es gilt, Entwicklungsimpulse abzuschätzen. Es kommt darauf an, was ein Volk dem Gleichnis seines Dogma abzugewinnen versteht: das eine findet Gottes Weisheit und Wesen im Geheimnis der Gestirne, das andere sucht Gott in der Hoffnung auf Paradieses-Freuden ..... Und der Einfluß eines Volkes auf die allgemeine Entwicklung findet sein Analogon in dem Einfluß der dem einem oder dem andern Typus zugehörigen Seele auf den Körper. Man kann schon Monotheist sein, und dennoch als solcher mehr nach dem Mars-Typus oder mehr nach dem Merkur-Typus hinneigen, ein retardierendes oder aufwärtstreibendes Element repräsentieren. Und das ist's, was mit den Türken und den Saracenen Paracelsus hier meint. Um vier verschiedene Menschentypen handelt es sich und ihren besonderen Beziehungen zur vierfachen Natur des Menschen, die der Ausdruck der physischen, ätherischen, astralischen und der Ichkräfte ist, so daß recht wohl eine Verbindung zwischen dem Inhalt der ersten vier Kapitel des Volumen Paramirum und dem typischen Wesen der genannten Menschennaturen ersehen werden kann.

Wenn nun der Versuch gemacht werden soll, in den Gedankenkreis des Ens veneni verstehend einzudringen, so müssen wir uns der jüdisch-religiösen Stimmung entschlagen, so müssen wir nicht den Aspekt des dem Menschen feindlichen und des rächenden Elements im Kosmos suchen, sondern den Aspekt der Leben spendenden und Leben erhaltenden Gottheit und ihren Werkmeister im Menschen. Wir müssen zu verstehen suchen, nicht wodurch sich der Mensch vom Makrokosmos abscheidet, sondern grade das, wodurch er innigst mit ihm verbunden und in Wechselwirkung verwoben ist.

Wodurch ist er denn so innig mit der Natur verwoben? So innig, daß er ohne sie nicht sein kann?

Nun, durch die Atmung und durch die Ernährung. Täglich werden tierische und pflanzliche Stoffe und das Mineral Salz genossen, unablässig strömt die Luft in uns aus und ein. Die Ernährung ist nichts anderes als eine „Formerstattung“, wie Hohenheim es nennt; und er nennt den Menschen „ein Bildnus in eine Form gesetzt“.

Der astralische Mensch ist es, der die Bausteine dem Plan gemäß zur Form beständig sich fügen heißt, so daß die greifbare Erscheinung des äußeren Menschen entsteht.

Man bedenke — zurückblickend auf das unter Ens seminis gesagte — wie ja der Plan zur Form schon im Samen liegt. Wie der sich inkarnierende Menschengeist das Leben darin entzündet und durch seine Verbindung mit väter- und mütterlichem Keime das schlummernde Leben zu einem menschlichen Leben erhöht. Wie nach dem durch die Eigenart des sich Inkarnierenden modifizierten Plan der Keim sich zu entwickeln, d. h. sich zu nähren beginnt. Nähren! Das heißt soviel als anfangen zu bauen; nnd nun beginnt der Bau zu wachsen bis zur Geburt des Kindes. Die nach dem unsichtbaren Vorbild in lebendige Zusammenwirkung gestellten Nährstoffe, die der Embryo aufnimmt — das ist der sichtbare Leib. Und man mag den Leib zerschneiden und durchforschen, so viel man will, man sieht immer nur die nach einem bestimmten Muster zu Gliedern, Organen etc. angeordneten Nährstoffe, die täglich in Ausscheidung und Ernährung das Muster in der Substanz erhalten. Aber das Muster, das heißt den wahren, nämlich den astralischen Menschen, das wird nie gesehen. In dem Ausdruck «astralischer Mensch» ist der ganze unsichtbare Mensch begriffen, denn der physische und ätherische Leib sind nichts anderes als Altersunterschiede, respektiven Entwicklungszuständen entsprechende Verdickungen des Astralischen. Der astralische Mensch, wie er sich dem Geistesauge darstellt, wird durch irdische Augen nicht erschaut; die „Bildnus“ bleibt verschleiert. Im sichtbaren Leib wird also nichts als das Genossene — in Menschenfleisch umgebildet — gesehen: das tägliche Brod. Näher ist auf den Sinn des „täglichen Brodes“ in der Schrift „Der esoterische Christ Paracelsus“ eingegangen worden. Will sich der Menschengeist also irdisch im Menschenleibe objektivieren, so bedarf er alles dessen, was Tiere, Pflanzen und Minerale an Stoffen darbieten. Liebevoll, wie eine Mutter, ernähren die Naturreiche den Menschen; er ist körperlich aus ihnen herausgewachsen. Und mehr noch! Auch die Luft gibt sich dem Menschen hin; ein Wundervolles gibt sie ihm, indem sie ihr Wesen ihm hinopfert: die Vorbedingung des Selbstbewußtseins! Man betrachte, welch' eine Wandlung in der Entwicklung der Kreaturen sich darstellt von dem Punkt an, wo die Schwimmblase sich zur Lunge umändert und die Luft direkt in den Organismus aufgenommen wird im inneren Verbrennungsprozeß. Die Religionen stellen die Gottheit dar, sich im Feuer offenbarend. Und in Wahrheit kann sich das Göttlich-Ewige im Menschenleib nur bewußt werden im Feuer des Blutes, in dem beständig durch das Opfer der Geister der Luft unterhaltenen Lebensflamme. Denn es ist ein gar geheimnisvolles Opfer, das sich unaufhörlich, so lange der Mensch atmet, im Mikrokosmos vollzieht; ein Opfer, in dem die Luft — die ja nichts anderes ist als der Stoff des Astralischen — sich im Organismus aufteilt, sich des Eigenwesens begibt — und im okkulten Resultat dieser Aufteilung, im inneren Licht, ist dem Menschengeist die Möglichkeit zum Selbstbewußtsein gegeben. Das Ens veneni soll uns zu einem Verständnis der erhaltenden Geisteskräfte im Ätherleibe des Menschen führen, und das nicht etwa in abstrakter, sondern durchaus konkreter Weise. Wunderlich und widersprechend könnte anmuten, daß ein Kapitel, das von den Heilkräften des Etherleibes handelt, den Titel „Ens veneni“ führt, also das Thema „Gift“ zu besprechen haben soll. Aber gerade dadurch, daß der Begriff Gift vom okkulten Standpunkt erfaßt wird, wird das Wesen des Etherleibes, also Ernährungs- und Drüsensystem erklärt.

Was ist denn nun Gift? Da müßte die paradoxe Antwort gegeben werden: Alles — und nichts. Es kommt auf den Genießer an, ob es ihm Gift ist, was er zu sich nimmt. Es kann gar keinen relativeren Begriff geben als den Begriff Gift. Alles kann, je nach dem Umständen, zum Gifte werden, und je nach den Umständen das sogenannte Gift zum Heilmittel, zum „Gut“.

Und wiederum mag ein Rückblick auf die Menschheitsentwicklung zu einem besseren Verständnis der Gegenwart und des Begriffes Gift führen, und zwar auf die Entwicklung in Bezug auf die Ernährung. In Gedanken seien noch einmal flüchtig gestreift die bei der Betrachtung der Arsenikwirkung erwähnten fünf Lebensepochen zu je sieben Jahren bis zum 35. Jahre. Und ein jeder mag einmal zurückblickend auf sein eigenes Leben — so weit dies möglich — sich erinnern, wie sich sein Magen in diesen Epochen benommen hat. Wie der Mensch zuerst nur vom Produkt des Etherleibes, sei es des tierischen oder menschlichen, von Milch also, sich nähren konnte, wie dann langsam er sich anderer Ernährungsweise anpaßte, wie gewisse Nahrungsinstinkte das Kind vor Nahrungsmitteln warnten, d. h. es „mochte“ sie nicht, wie dann in der dritten Phase der junge Mensch auf der Höhe der Leistungsfähigkeit im Vertilgen stand, wie dann nach dem 21. Jahr die Forderungen des Daseins ernster an das Ich herantreten und intensive Anspannung der Fähigkeiten bis zur Eroberung einer Lebensstellung von ihm gefordert wurden, und allmählich das Jugendfeuer von Sorgen und Pflichten herabgedämpft wird.

Ganz unmerklich hat über alledem der Magen begonnen, sich anders zu verhalten als ehedem. Dem Menschen tritt das erst bei besonderen Fällen — wenn sich die Wandlung vollzogen hat — ins Bewußtsein, nämlich dann, wenn er nicht mehr fertig wird mit dem, was man ihm zumutet. Dann — und nun geht der Mensch über in die Zeit gegen das 35. Lebensjahr, dann konstatiert der Esser: „Wie merkwürdig! Wenn ich so zurückdenke, als ich zwischen dem 14.—21. Jahr stand, was konnte ich da alles ohne Beschwerden essen! Dies hier, was mir heute eine fatale Magenverstimmung verursacht hat, davon konnte ich die dreifache Portion vertilgen, ohne zu merken, daß ich überhaupt gegessen hatte. Damals bekam mir's gut, heute, ach — heute ist mir's Gift!“ Und der besinnliche Mensch wird vielleicht noch beobachten, daß er doch eigentlich gar nicht unvernünftig gelebt hat, kein ausschweifender Schlemmer gewesen ist und daß es etwas ganz anderes ist, was seinen Magen jener alten Leistungsfähigkeit beraubt hat: nämlich die anstrengende Kopfarbeit, die Unruhe des täglichen Lebens mit ihren Sorgen, das ganze umgewandelte Seelenleben des erwachsenen Menschen und Staatsbürgers. Als Beleg dafür wird ihm einfallen, wie Sorge, Streit, Erregung ihn unfähig machen, seine Mahlzeit zu sich zu nehmen; wie Trauer, intensive Erwartung, scharfe Gedankenarbeit in ihm sogar Widerwillen gegen alles Essen hervorriefen. Einen solchen Nachdenkenden wird das eigene Leben lehren, daß Kopf und Magen Gegenpole sind, daß einer auf den andern wirkt, einer vom anderen abhängt; ja daß die notwendige und immer stärker anzuspannende Gedankenarbeit unserer Zeit und die Seelen-Unruhe und -Haltlosigkeit unserer Zeit Feinde sind der Verdauungskraft des Magens. Ein Blick von sich fort und auf frühere Generationen, die solche allgemeine Anspannung und Unruhe ohne Ende nicht kannten, wird das bestätigen; dort waren die nervösen und anderen Leiden des Magens nicht so an der Tagesordnung wie heute. Und noch weiter zurück — da gibt's überhaupt nur den gesunden Magen für alle bis ins Alter; der alte germanische Vorfahre scherte sich wahrlich nicht um seinen Magen anders, als daß er ihm etwas zu vertilgen herbeischaffte. Gewiß, er scherte sich nicht, aber andere scherten sich darum: nämlich die großen Erzieher der Völker, die dem Volke Sitten und Gesetze gaben: „Dies ißt man! Jenes ist Sünde zu essen! Dies denkt man! Glaubt man! Jenes denkt man nicht, vor solchen Vorstellungen hütet man sich." Und die zum Selbstdenken noch unreife Seele hatte die Gedankenprozesse, die im richtigen Equilibrium standen zum Verdauungsprozeß. Aus ihrem Verständnis der Wesen und Kräfte, die den Verdauungsprozeß regieren, sowie der uns unsichtbaren, ihnen aber gar wohl sichtbaren Vorgänge des Vorstellungslebens schufen die priesterlichen Erzieher dem Volk die religiösen Vorstellungen und die Ernährungsgesetze. Da mag nun der hochgelehrte Mann der Wissenschaft mitleidig lächeln, wenn von Wesen und Kräften, die den Verdauungsprozeß leiten, gesprochen wird. Er kennt sie nicht. Aber wieviel Zeit und Mühe wendet er doch auf, um ihre Arbeit und Taten zu studieren! Und die Frucht alles Studierens ist eigentlich doch nur eine Beschreibung, eine Konstatation der beobachteten Tatsachen. Warum es da so sinn- und planvolle Bewegung, Aussonderung, Absonderung gibt, — wie da entstehen und wirken konnte und kann das ganze geheimnisvolle bißchen Leben, das sich da abspielt zur Erhaltung des Organismus, ja, was ist denn das? Wer bewegt, sondert so weise aus und scheidet ab?

Paracelsus antwortet: Das ist der Alchimist, dessen Laboratorium der Magen ist. Aber bevor auf den Alchimisten näher eingegangen werden soll, mag der Blick, ehe er von der Rückschau über die Vergangenheit scheidet, noch weiter schweifen über die Grenzmarke „Mensch“ hinaus, zu den unter der Grenzmarke stehengebliebenen Brüdern, den Tieren. Da kann wiederum nur der gesunde Magen gefunden werden, und noch etwas — die Ursache zu dem gesunden Magen —, nämlich der gesetzgebende Erzieher, deren jede Tiergattung einen hat, der ihr sagt, was sie sich einverleiben soll und was sie zu vermeiden habe. Dieser Erzieher ist auch wissenschaftlich anerkannt, und ebenso anerkannt als unerkannt. Er heißt „Instinkt". Was ist das, Instinkt? Ja — der ist eben da. Das ist alles, was man weiß; man fügt auch wohl hinzu: Es sind die vererbten Erinnerungen an die Erfahrungen der Gattung.

Paracelsus antwortet: Euer Instinkt, das ist der Alchimist der Tiere. Im Lebensanfange zeigt heute noch das Kind, wie es gleich dem Tier sich des Alchimisten bewußt ist, nämlich in gewissen Nahrungsinstinkten, die sich im Abscheu — z. B. gegen Spirituosen — ausdrücken. Aber je mehr das intellektuelle Bewußtsein in den Vordergrund des Daseins tritt, um so mehr übertönen die Vorstellungen, die von der Umgebung als sittliche Begriffe, als Begriffe dessen, was als gut, schön, angenehm, wünschenswert gilt, ins Bewußtsein eindringen, die Stimme des Alchimisten. Welch eine Wandlung der Begriffe von der Ehrfurcht der Vergangenheit vor den Nahrungsgesetzen und jenem merkwürdigen Ehrgeiz der Menschen von heute, möglichst alles zu essen. Nachdem — um ihn zur Freiheit durch ein Leben in selbstgeschaffenen Leiden und selbsterrungenen Einsichten zu führen — die Götter den Menschen vom alten Gesetze lösten, und das Menschentier begriff, daß man alles essen könne, wie hat es sich befleißigt, von den Nahrungsmitteln aller Zonen zu kosten! Ein eigentümliches Bild bietet sich dem sinnenden Betrachter, ein Bild, das eine eigentümliche Illustration eines der möglichen Begriffe von Menschenwürde gibt, wenn man die Mienen und das Gebaren der Leute vor den Schaufenstern und in den Läden der sogenannten auf der Höhe der Zeit und Großstadt stehenden „Delikatessen"-Geschäfte beobachtet. Angesichts der eßbaren Dinge aller Weltteile, die hier aufgestapelt sind, welch ein intensives Interesse, welch enorme Wichtigkeit gesteht man den Dingen zu! Welch tiefes Gefühl der Verpflichtung, mit all diesen Dingen Bekanntschaft machen zu müssen, drückt sich aus! Welch peinliche Verlegenheit, aus Gründen pekuniärer Unzulänglichkeit diese Bekanntschaft sich versagen zu müssen. Welche Kümmernis, etwas noch nie gegessen zu haben — und es vielleicht auch nie essen zu können! Wie beschämend, sich sagen lassen zu müssen: „Das hast du noch nicht gegessen!" So impotent dazustehen! Der Funke Gottes, des allumfassenden Geistes der Erde, wie dämmert im Menschen auch hier, in tiefster Dumpfheit und Verdunkelung von ihm ein Bewußtsein seines Wesens herauf: seines Geistes Ring und Horizont ist er berufen, verstehend auszudehnen über die ganze Erdennatur, als Herr, als Herrscher; sein ist alles. Das fühlt er dumpf. Und verurteilt den Magen zu tun, was die Vernunft nicht kann: alles zu essen, aufzunehmen, zu verdauen. Das ist ein böser Irrtum, der sich schwer rächt, dem Leib zuzumuten, was der Geist allein vermag. Das Resultat des Irrtums wird im Ens Veneni abgehandelt. Mehrere Abschnitte seines Ens Veneni, ja eigentlich das ganze, widmet Paracelsus der Beschreibung des Wesens und der Tätigkeit des Alchimisten. Es liegt ihm daran, so recht eindringlich dem Schüler vorzustellen, welche weisheitsvolle Kraft da rastlos wirkt in der Menschennatur, eine Kraft, die ein Vorbild dem Esoteriker sein sollte: „welcher Alchimist der Menschen so viel kann als der Alchimist im Menschen, dem gebricht keine Kunst!"

Die Alchimisten, auch unsere Chemiker von heute, haben als Ziel des Erkennens eines: verstehen zu können Sympathie und Antipathie in der Materie; das Gesetz der Wahlverwandtschaften unter Mineralien und Metallen und die Kunst, gleich der Natur durch die willkürliche Handhabung dieser Gesetze Bildner und Auflöser von Stoffen zu werden. Da mag nun vor dem Chemiker der Alchimist der Natur als höchstes Vorbild stehen: nicht sogenannte leblose Stoffe fügte er zusammen zu neuen Bildungen, er macht auch aus Erde, Wasser, Luft und Licht Pflanzen-, Tier- und Menschenfleisch! Da es hier sich im besonderen um die Menschennatur handelt, so mögen einige Augenblicke des Nachdenkens folgender Tatsache gewidmet werden: wie wunderbar ist es doch — und nachdrücklich weist Paracelsus darauf hin —, daß im Menschen die Natur — als Salz, Pflanzen, Tiere — die er in sich aufnimmt, durch eine geheimnisvolle Kraft ihres Wesens beraubt wird! Sie wird metamorphosiert, diese Natur, sobald die Zähne des Menschen sie fassen: es bleibt nicht Salz, Pflanze, Tier! Es wird Menschenfleisch und Blut und Knochen daraus gemacht! Da ist also einer drin, der weiß — wie der Koch zu einem Gericht —, welche Ingredienzien zum Menschen gehörten, welche nicht. Und nur die nimmt er von der Natur an, das andere wirft er als Exkremente heraus. Da ist einer, der da weiß um das Geheimnis des Lebens! Und Paracelsus weist darauf hin, wie jedes Tier solch eine Weisheit als Herrn ihres Lebens in sich fühlt, denn jedes Tier braucht andere Ingredienzien, um seinen Leib in der Substanz zu erhalten; und verschieden ist die Kunst der verschiedenen Alchimisten. Was nicht in das Reich ihres Könnens gehört, auf was sie sich nicht verstehen, das verbieten sie dem Tier: der Instinkt des Tieres erlaubt ihm nur eine bestimmte Art der Nahrung. Der Alchimist, dessen Wirken wir im Instinkt konstatieren, weiß wie das Wesen, das er lenkt, in die Natur hineingestellt ist, welche Kräfte in ihrer Zusammenwirkung und Verschmelzung die Erscheinung Stier, Pfau, Schwein, Löwe, Vogel zu erhalten am besten geeignet sind. Im Alchimisten ist die Erinnerung bewahrt an die Entstehung je einer Form oder Gattung im Lauf der Weltentwicklung; und es mag bedacht werden, daß also diese Erinnerung zurückreicht in Zustände der Materie, die sich sehr anders repräsentieren als das Weltbild von heute. Was heute als Tier dasteht, ist geworden, sah vor Urzeiten, da die Erde selbst die feste Gestalt noch nicht hatte, anders aus, und wenn man nur weit genug zurückdenkt am Faden der Entwicklung entlang, dann gelangt man zu Epochen, wo überhaupt irdisch gar nichts „aussah“, denn es gab kein „außen“, das man hätte sehen können, und keine Materie als gasige Zustände. Und dennoch war alles das vorhanden als wesenhafte Kräfte, was im Verlauf der Entwicklung, in „okkulter Chemie“ die Gase verflüssigte und das Flüssige Festes aussondern ließ, um aus alledem die Erscheinungen zu entwickeln, in denen das Wesen sich objektiviert. Und die Erinnerung des Alchimisten ist eine Erinnerung und Kenntnis der Kräfte, der Wesen, mit denen er in Beziehung stand, in Wechselwirkung; ein auf der Stufe des Bewußtseins, die jener Wechselwirkung entspricht, noch heute stehendes Bewußtsein. Ein Geistiges ist es, das in jeder Form, sei es Pflanze, Stein, Tier sich offenbart; die Offenbarung entsteht und vergeht — das Geistig-Wesenhafte, das besteht und beharrt. Von diesem Standpunkt betrachte man einmal die Kreaturen: so wie die Formen stofflich heute in Wechselwirkung stehen, steht der Geist dieser Formen miteinander in Beziehung.

Das ganze Reich der Tiere entspricht in einer gewissen Beziehung der Astralität des Menschen, die zu vergleichen ist einem Fächer mit vielen Stäben. Ineinander geschoben, zusammengeklappt schaut das Vielteilige aus wie eine Einheit: so hat die scheinbare Einheit „Mensch“ astralisch die ganze Tierheit in sich, in der Potenz alle Begierdenzustände, die im Tierreich auseinandergefaltet sind in die einzelnen Stäbe, die Tiergattungen. So stellt jede Gattung einen astralischen Typus dar; und Typen schaffende Kräfte anderer Art stehen als Bewirkendes hinter Pflanzen und Steinen. Alles Sichtbare ist der Ausdruck eines Ewigen. Und nun ist zu ahnen, welch' einen tiefen Einblick in das Wesen aller Dinge zu geben vermöchte ein Verstehen der Wahlverwandtschaften, z. B. zwischen Tier und Tier und Tier und Pflanze. O, es bedeutet etwas, warum gewisse Tiere sich von Aas nähren, andere nur von Pflanzen, und von welchen Pflanzen; es bedeutet etwas, daß die großen Schlangen die kleinen Vögel und die großen Vögel die kleinen Schlangen fressen; es bedeutet etwas, daß die Raupen die Blätter vertilgen, um sich als Schmetterlinge vom Honigtau der Blüten nähren zu können. Und so gewiß der Mensch das Wie und Warum alles dessen nicht versteht, so gewiß versteht er auch gar nichts von den Bewußtseinszuständen der nicht-menschlichen Wesen und ihren okkulten Beziehungen. Aber der Alchimist im Menschen, das Stück Urmenschengeist, das unterhalb der Bewußtseinsschwelle die Erinnerungen der Gattung Mensch birgt, der weiß um jene Beziehungen; das, was wir Wachbewußtsein nennen, umschließt nur die Erinnerungen des durch die Sinne Erfahrenen, durch die Eindrücke der Außenwelt Angeregten. Verschlossen bleibt, was im Inneren vorgeht, die Welt der in den Lebensvorgängen wirkenden Kräfte. Diese Welt, dieselbe als die äußere, aber mit dem Geistesauge im Inneren der Natur geschaut und erlebt, das ist die Welt des Alchimisten, das war einst unsere Welt auch, bevor der Organismus so hoch entwickelt war, daß Logoskraft ein Wachbewußtsein darin enstehen lassen konnte. In Formen und Figuren, er selbst eine Einzelform und Figur, sieht jetzt der wachbewußte Mensch die Welt; in Kräfte-Verbindungen als Sympathie, in Kräfte-Feindschaften als Antipathie erlebt der unterbewußte Mensch, atavistisch dieselbe Welt, atavistisch, im Sinne des Urgeistes, als Vorfahren. Hohenheim macht zwischen den Alchimisten der Tiere und dem Alchimisten des Menschen nur den Unterschied des Grades. Eine jede Tierart wird von der okkulten Weisheit seiner Gattung durch den Instinkt gelenkt, von jener Weisheit der Gruppenseele, die versteht, aus welchen wahlverwandten Wesen der Leib der Gattung erbaut ist und erhalten werden muß, und die als Abscheu das ganze Tierwesen durchschüttert und ihm schädliche Nahrung verbietet. Warum? Weil die Organisation des Tiers darauf nicht eingerichtet ist, der Alchimist seine Arbeit nicht würde leisten können. Und so ist der Alchimist des Menschen der Bruder des Alchimisten der Tiere: er, der im Verdauungsapparat des Menschen hauptsächlich waltet, stellt dar das Stück Menschenbewußtsein, das noch vollkommen gruppenseelenhaft geblieben ist und deshalb nur in seinem Wirken wahrgenommen werden kann. Den Alchimisten selbst kann der Mensch erst als Stück seines Urwesens erkennen, wenn er durch Initiation lernt eindringen in das Seelenreich unterhalb der Schwelle seines Bewußtseins. Weil unser waches, denkendes Bewußtsein nichts anderes ist als der höher entwickelte Teil des Bewußtseins von einst, deshalb stehen Magen und Kopf in sehr direkter Wechselwirkung mit einander. Denken und Verdauen ist derselbe Prozeß. Der Alchimist empfängt und sondert im Menschen die Nahrungsstoffe in sympathische und unsympathische und dem entsprechend verarbeitet er sie, d. h. er behält sie zur Ernährung des Blutes oder wirft sie als Exkremente heraus. Der Mensch als Wachbewußtsein empfängt alle Eindrücke der Außenwelt durch die Sinne als Wahrnehmungen; er muß sie dabei gefühlsmäßig in angenehme und unangenehme Eindrücke sondern, und dann ernährt er, indem er die Gefühlseindrücke in Begriffe wandelt, d. h. sie seinem Bewußtsein einverleibt, sein Seelenleben davon. Und um die Analogie vollständig zu machen: wie der Alchimist als Exkrement das Schädliche sich abzusondern bemüht, so sucht die gesunde Menschenseele nach Möglichkeit das Widerwärtige als Seelenexkrement abzusondern, nämlich zu vergessen! Je reicher die Seele, je stärker, um so besser wird sie im Stande sein, alles, was sie je an Schmach, Schmerz, Enttäuschung erlitt, aus der permanenten Erinnerung zu verbannen und sich der Lust zu leben und zu schaffen hinzugeben. Kann die Seele solche Erinnerungen nicht fortschieben, „kommt sie nicht darüber hinweg“, wie ein volkstümlicher Ausdruck lautet, so wird die Seele dadurch genau so vergiftet, teilweise gelähmt durch die darin erstarrte Erinnerung, wie der Leib vergiftet wird, wenn der Alchimist nicht im Stande ist, im Exkrement das Gift fortzuräumen. Der Begriff „Exkrement“ ist nun nicht nur auf die Vorgänge in den Gedärmen, sondern überhaupt auf alles zu beziehen, was der Alchimist als „Gift“, d. h. als nicht wahlverwandt dem Organismus, fortträumt, ausscheidet. Kopf und Magen sind Brüder und Söhne derselben Mutter, des Menschenurbewußtseins. Der eine Bruder ist fortgeschritten und hat sich höher entwickelt, der andere ist stehen geblieben; sie tun beide dasselbe, doch jeder auf einer anderen Daseinsstufe. Sie stehen im Mikrokosmos genau so wie im Makrokosmos der Mars steht im Verhältnis zu unserem Monde. Im Magen wie im Kopf wird gedacht, d. h. es werden „Unterscheidungen“ gemacht.

Und das Resultat dieser Unterscheidungen dient der Ernährung von Leib und Seele, dient den Lebensvorgängen, den Unterbewußten wie den Bewußten. Nun sind aber Wach- und Unterbewußtsein nicht durch eine undurchdringliche Grenze von einander zu scheiden; im Gegenteil überschreiten sie beständig ein jedes sein Gebiet. Wenn der Alchimist des Kopfes als Denker nicht Herr seiner Gefühle wird, schaden sie als Affekte, als Sorgen, als Erinnerungsqualen dem Magen. Und wenn der Alchimist des Magens nicht fertig wird mit der Absonderung des Schädlichen, dann fühlt der Kopf recht sehr des Bruders Qual. Mit verdorbenem Magen z. B. schaut uns die ganze Welt an als eine große Misere; ist das Übel behoben, erwacht die Lust zum Leben aufs neue.

Wenn Paracelsus von den Fähigkeiten des Alchimisten spricht, also von der menschlich-unterbewußten Erkenntniskraft, so fügt er hinzu: „so euch das nit wohl inreymen wolt, so werdet ihr den Grund darauff finden, im lernen, nach der Lehr eines Weysen, da solchs ausgelegt wird." Und nachdem er von den Alchimisten der Tiere gesprochen hat: „Also sollt ihr es auch verstehen von anderen, das wir hie auslassen, euch mit not, als vollergründten." Solche Hinweise finden sich sehr häufig in Hohenheims Schriften. Sie bedeuten: Hier, in einer der Öffentlichkeit preisgegebenen Schrift kann nicht expliziert werden die „Lehr eines Weysen", d. h. die Geheimlehre von Erd- und Menschenentstehung. Ihr, als „vollergründte", d. h. als Geheimschüler, braucht auch keine nähere Explikation; ihr erkennt genügend, was mit dem Alchimisten gemeint ist, auf Grund dessen, was ihr gelernt habt. In der „Geheimwissenschaft im Umriß" von Dr. R. Steiner, Verlag von M. Altmann, Leipzig, findet der Suchende „im Umriß", was die Lehr des Weysen war, welche die „Vollergründten" zu lernen sich bemühten.

Wir haben aus alledem ersehen, daß es ein „Gift an sich" überhaupt nicht gibt, sondern daß dies nur eine Art Gedanken-Rechenmünze ist, die auf Verhältnisse der Sympathie und Antipathie hinweist. Das Wahlverwandte, zum Aufbau von Seele und Leib Notwendige, gehört in das Reich des Sympathischen, das im Verlauf der Weltentwicklung aus dem Menschenreich Ausgeschiedene gehört ins Reich der Antipathie. Der Mensch nimmt atmend, essend, trinkend, wahrnehmend, fühlend und denkend permanent Sympathisches und Antipathisches in sich auf. Der Alchimist sondert das Antipathische sofort aus dem Organismus aus. Der wache Mensch tut in seiner Seele desgleichen. Und wenn er nicht fertig damit wird, macht er auch noch — wie z. B. beim Vorgang des Weinens alsdann erklärt werden wird — Anleihe bei der Kraft des Alchimisten. Wenn alles sich so abspielt, ist der Mensch gesund. Aber leider spielt es sich nicht immer so ab. Der Alchimist verfügt nicht immer über die nötigen Instrumente, d. h. über einen gesunden Organismus. Vererbung, Torheit und Leichtsinn und Genußsucht verderben ihm seine Instrumente, beschmutzen, verstopfen ihm die Orte und Kanäle, durch welche er die Ausscheidungsprozesse vollziehen muß. Und nun führt Hohenheim seine Schüler in ein außerordentlich interessantes Kapitel seiner Weisheit ein: in die Entstehung des Giftes, d. h. der Krankheit erregenden Stoffe im Leibe. Hohenheim sagt: die Krankheit kommt dem Menschen aus der „gefaulten „Digest“. Bei Gelegenheit des Ens seminis ward bereits auf den okkulten Begriff Digestio hingewiesen: Wie der Same in der Erde sich auflösen muß, um von den Kräften der Erde, des Wassers, der Sonnenwärme ergriffen, das neue Leben der Pflanze hervorzubringen, so muß ein Auflösungsprozeß, eine digestio im Verdauungsapparat des Menschen vor sich gehen, wenn Tier- und Pflanzenkräfte sich in Menschenkräfte durch die Metamorphose der digestio bilden sollen. Wie nun diese digestio in einer ganz bestimmten Art vor sich gehen muß, soll neues Leben entstehen, so muß auch die Arbeit des Alchimisten sich in einer ganz bestimmten Art vollziehen. Die digestio des Weizenkornes z. B. kann gestört werden durch zu große Nässe — dann verfault das Korn und es wächst kein Weizenhalm. Oder durch zu große Dürre — dann vertrocknet das Korn — und keine Nahrung, kein Brot der Zukunft keimt. So kann aber auch im Menschen die digestio gestört werden. Es kann, bevor der Alchimist im Stande ist, „Gift und Gut" von einander zu sondern — „Gift" ins Exkrement, „Gut" in die Lebenssäfte zu leiten — es kann „Verwesung", putrefactio, entstehen. Dies ist nun ein Hinweis auf Geheimnisse der Natur, dieser okkulte Begriff putrefactio. Er besagt: Was du Tod, Verwesung nennst, darin sehe ich die Entstehung eines neuen Lebens. Sieh doch den Menschenleichnam an, der verwest, wie er die Erde nährt und die Pflanzen, wie er unzähligen niedrigen Lebewesen Inkarnationsmöglichkeit gibt. Du, der Herr des Organismus, ziehst dich im Tode zurück. Und sobald der Ätherleib sich völlig herausgezogen hat, beginnt der Prozeß der Verwesung. Das heißt, das elementarische Leben geht seinen eigenen Weg, die Elemente Luft zur Luft, Wasser zu Wasser, Erde zu Erde. Die Mutter Natur absorbiert, was ihr gehört, und metamorphosiert atmet, trinkt und ißt es der Mensch aufs neue. Der Mensch glaube doch nicht, daß er etwas „totes" esse, wenn er Kalbfleisch oder Rindfleisch genießt, oder Gemüse sich einverleibt. Daß er nichts totes, d. h. etwas, dem Kraft und Eigenart geraubt ist, aufspeist, wenn er gekochtes Kalbfleisch z. B. zu sich nimmt, mag ihm folgendes beweisen: Das Kalbfleisch hat, wie andere Fleischsorten auch, roh ein eigentümliches Aroma; dies wird durch das Kochen zwar modifiziert, aber nicht aufgehoben: ein ganz typischer Geruch haftet dem Fleisch wie der Brühe an. Und darin lebenspendende Kräfte; denn sonst würde der Mensch ja nicht so oft betonen, daß Fleischkost Kraft verleiht. Der Mensch nimmt also, so gewiß wie Kalbfleisch anders riecht als Schweinefleisch, nicht bloß Lebenskräfte, sondern sehr verschiedenartige Lebenskräfte in sich auf; in Geruch und Geschmack macht der Mensch Bekanntschaft mit der elementarischen, typisch gefärbten Eigenart dieses Lebens.

Wenn nun der Alchimist nicht im Stande ist, zur entsprechenden Zeit zu scheiden Gut und Gift, so bleibt Gut und Gift eben beisammen, und der Verwesungs- oder Inkarnationsprozeß geht vor sich. Er geht vor sich auf Kosten des Organismus, ein Parasitenleben entwickelt sich da. Alles stoffliche Leben, das der Arbeit des Alchimisten entschlüpft, wird Parasitenleben im Menschenleib, wird Störung;

wird „Krankheit“. Wer überlegen lächelnd meinte, dies wäre doch ein rechtes Fantasiegebilde, dem wäre zu antworten: Da schau doch hin: gibt es nicht Krankheiten als Blutzersetzung und Blutverdickung, gibt es nicht Leber- und Gallenleiden, gibt es nicht Steinbildungen und Arterienverkalkung? Gibt es nicht Hautkrankheiten, äußere und innere Geschwüre vom harmlosen bis zum perfidesten, dem Krebs? Das sind einige wenige der unzähligen Krankheiten des Leibes; und wie diese, so sind sie alle, alle nichts anderes als Parasitenleben, entstanden aus der mißglückten digestio!

Es würde jedoch der Begriff digestio gar nicht erfaßt werden, wenn man ihn allein auf die Unfähigkeit des Magens — dies oder jenes in Gut und Gift zu sondern, das Gute zu behalten, das Gift auszuscheiden — beschränken wollte. Nein, die Tätigkeit des Alchimisten erstreckt sich über den Gesamtorganismus; sie hat aus allen Organen stofflich das Störende zu entfernen. Unaufhörlich wird dem Organismus Störendes eingeführt: durch das Atmen, das Trinken, das Essen. Und mehr noch: zerstört wird unaufhörlich durch das Wollen, Fühlen und Denken des Menschen. Seine Sorgen, seine Affekte, seine Begierden sind ebenso Realitäten im Haushalt des Organismus als das Geatmete, Getrunkene, Gegessene. Daß Sorge und Angst den Menschen abmagern lassen, daß Indolenz und Denkfaulheit ihn fett machen, daß ein permanent ungezügeltes, von Affekten erschüttertes Gemütsleben, wie man es nennt, „nervös“ macht, wird man ohne weiteres zugeben. Aber wie geschieht denn das? Das geschieht durch einen unaufhörlichen Stoffwechsel zwischen Seele und Leib. Dieser Leib ist dem Okkultisten eine Summe der verschiedenartigsten wesenhaften Kräfte, die in die Harmonie des Systems gebracht worden sind, die wir Menschenform nennen. Wir sehen ja mit dem irdischen Auge diese Kräfte nicht; dieses Auge ist in Wahrheit das Fenster der Seele. Es ist der Apparat, der unserer Seele gestattet, sich auszustrahlen in die Welt, astralisch mit unserem Wesen hinauszutasten aus dem Bereich des Körpersystems. Und wenn sie hinaustastet, trifft sie auf Widerstände, diese unsere Seelenstofflichkeit. Und die Erfahrung des Widerstandes nennt man Wahrnehmung, die mit dem Gefühl der Sympathie oder Antipathie aufgenommen wird, und dementsprechend zum Gedankenbild, zum Begriff verarbeitet wird. Wir leben im Reich der Maya unserer Begriffe, unserer selbstgemachten Bilderwelt, die wir uns auf der Grundlage der durch die Sinne übermittelten Eindrücke aufbauen lernten. Weil er diese Wahrheit so intensiv empfand, schuf Kant seine Theorie von der Unmöglichkeit eines direkten Welterkennens. Dadurch jedoch, daß der Mensch die rohe Erfahrung der Sinne durch die Kraft des Fühlens und Denkens zu einem plastischen Begriff formt, der genau und restlos das Wesen dieser Erfahrung darstellt, bewegt er sich als Erkennender auf dem physischen Plan, und in seinen Gedanken kann sich ihm das

Wesen der Welt offenbaren, offenbaren sich ihm die Verhältnisse des physischen Planes. Und wie sich Wahrnehmung in Gefühl, Gefühl in Begriff metamorphosieren kann, so kann die Seele sich durch Entwicklung ihrer Fähigkeiten also metamorphosieren, daß sich dem tastenden Blick das Leben und Wesen der Widerstände, auf die er trifft, enthüllt. Der „tastende Blick“ als ausgesandter Strahl mag nun vor dem Forum der Wissenschaft von heute als nonsens gelten, nichtsdestoweniger ist es dieser ausgesandte Strahl aus dem Auge des Hypnotiseurs, der die Hypnose verursacht, insofern sie durch Anschauen hervorgebracht werden soll, da sie ja auch auf andere Weise hervorgebracht werden kann.

Aus dem soeben Dargestellten jedoch erhellt die magische Wirkung des Blickes und das Bedürfnis oder die Abneigung, den Blicken eines anderen zu begegnen. Sowie der Blick etwas feinstoffliches, wesenhaftes ist, so sind alle Seelenprozesse Bewegungen und Umwandlungen von Stoffen, die nichts anderes sind als elementarisches Leben, das sich in den Elementen Feuer, Wasser, Luft und Erde, also im Verbrennungsprozeß und den drei Aggregatzuständen der sogenannten Materie dem irdischen Blick darbietet. „Man *brennt* vor Begierde, man *kocht* vor Wut“, man *zerfließt* in Rührung, in Wehmut, in Dankbarkeit, man schmilzt in Hingebung. Mit brennen und schmelzen soll der Denkprozeß nichts zu tun haben; Denken ist ein Vorgang des coagulierens, ähnlich dem Erstarren des Flüssigen. Je kühler, je kälter, um so besser wird gedacht. Als „kühler“ Denker *verhärtet* man sich in Vorurteilen, man *erstarrt* in Denkgewohnheiten. Der Geist der Sprache, der ihre Bilder aus der Realität der Vorgänge einst formte, legte in diesen Bildern dem Menschen auf die Zunge das Geheimnis seiner Seele — aber der Mensch weiß nicht, was er spricht, und wie sehr wörtlich wahr ist, was er spricht. Im Verbrennungsprozeß, im Blute, spielt sich das Willensleben des Menschen ab, in den Wasserprozessen sein Gefühlsleben, in Koagulierungsprozessen sein Vermögen Formen zu schaffen, d. h. zu *denken*. Weil die Seelentätigkeiten okkulte Umwandlungen von Stofflichkeiten sind innerhalb des Organismus und weil der Mensch diese Tätigkeiten nicht in Harmonie mit den Lebensvorgängen seines Leibes vollführt, sondern grade sich durch sein wachbewußtes Seelenleben emanzipiert von der Mutter Natur, deshalb wird der Mensch müde, deshalb muß er *schlafen*!

Er wird müde, weil das, was er wollend, fühlend und denkend bildet, seinen Lebensvorgängen etwas beimischt, was diesen Vorgängen nicht angemessen ist, was sie hindert und stört. Die Wissenschaft nennt diese Beimischung „Ermüdungsstoffe“; durch den Schlaf werden diese „Ermüdungsstoffe“ weggeräumt. Wenn der Mensch schläft, dann taucht seine Seele in die Bereiche des Unterbewußten und gibt das eigenwillige Wirken im Organismus auf. Dann stört sie nicht mehr, sondern unterstützt den Alchimisten in seiner Arbeit: dann wird alles, was durch das Tagesdenken koagulierte, nach Bedarf aufgelöst. Ja, aber dann werden ja alle Gedanken zerstört? Wie kann dann der Mensch heute denken, wiederdenken, sich erinnern des gestern Gedachten? Das kann er ja auch nicht; er kann sich nicht jedes Gedankens erinnern. Aber all das, was er geistig — gedanklich — gut „verdaut" hat, das, was sein geistiges Eigentum ist, das gehört ihm. Das jeden Augenblick in eine Gedankenform zu bringen, ist — weil er es geistig verdaut hat — eine Fähigkeit geworden. Das ist der Segen aller wahren denkerischen Arbeit, daß das Resultat dieser Arbeit die Erzeugung von Fähigkeiten ist! Denkend lernt der Mensch die Kräfte der Natur beherrschen und formen, daß sie sich ihm fügen zu Bildern, mit denen seine Seele spielt und baut . . . Wie ein körperlicher Stoffwechsel, ein beständiges Sichauflösen und Sichverdichten, ein Aufnehmen und Ausscheiden das Leibesleben ausmacht, durch Atmen, Trinken und Essen unterhalten, so geht ein beständiger geistiger Stoffwechsel vor sich, durch Wollen, Fühlen und Denken, das von der Sinnenwahrnehmung hervorgerufen wird, und macht das Leben des Wachbewußtseins aus. Geist ist Stoff und Stoff ist Geist, und die Unterschiede aller Stofflichkeiten bedeuten Entwicklungsgrade des Lebens, vom elementarischen Leben, das unser Leib darstellt, bis zum höchsten Seelenleben, das der Leib des Logos ist. Das ist nun eine harte Nuß, daß Wollen, Fühlen und Denken Vorgänge der Blutwärme, der Säfte, der Stoffbildung sein sollen. Aber man gedenke nur, wie sehr Gefühl „Wasser“ ist, da doch der Mensch den Prozeß des Schwitzens zum Beispiel an sich aus Gründen des Leibes, sowie aus Gründen der Seele beobachten kann: die Sommerhitze, die starke Arbeit rufen den Ausgleichungszustand des Schwitzens hervor; aber die große Aufregung und die große Angst tun dies ebenso! Ja, wieso schwitzt denn der Mensch vor Angst? Warum weint er vor Schmerz? Weil das eine Prozedur des Ausgleichens ist, welche der Alchimist hervorruft. Auf das Weinen wird später noch zurückzukommen sein. Da nun der Alchimist nicht das Gute, sondern das dem Leben des Menschen Verderbliche ausscheidet, so wären nun die Tropfen des Schweißes wie auch die Tränentropfen — „Gift“? Das sind sie auch. Sie würden die Harmonie des Leibes zerstören, wenn der Alchimist sie nicht entfernte. Und Paracelsus zählt sieben Kategorien von Giften auf, die, welche durch die Aufnahme von Luft und von Nahrungsstoffen sowie durch die in der Seele verarbeiteten Eindrücke der Außenwelt erzeugt werden, und diese Kategorien kann der Mensch erkennen lernen und unterscheiden, wie der Alchimist sie sondert. Im intimsten Verhältnis stehen die Leibesorgane zu den Seelentätigkeiten, und es gibt sieben Organe, welche die Aufgabe haben, Instrumente des Alchimisten zu sein: 1. die Haut, 2. die Nase, 3. die Ohren, 4. der Mund, 5. die Augen, 6. und 7. die Apparate zur Aussonderung des Harns und der Exkremente.

Hohenheim lehrt folgendermaßen die Namen der Gifte, welche das Geheimnis der Krankheitsursachen enthalten. Der Alchimist scheidet aus „substantialiter“:

Durch die Haut: einen resolvierten Merkurius;
durch die Nase: einen weißen Schwefel;
durch die Ohren: den Arsenik;*)
durch die Augen: einen zergangenen Schwefel, der da resolviert ist in ein Wasser;
durch den Mund: einen resolvierten Schwefel;
als Harn: eine Resolvierung vom Salz;
als Exkremente: einen gefaulten Schwefel.

Wer nun eiligst in den Ohrgängen nach Arsenik oder im Speichel nach Schwefel suchen wollte, würde schwerlich auf seine Rechnung kommen und müßte dies alles einen Unsinn schelten. Wer aber die Ursachen der Ohrenkrankheiten in dem Geist des Arsenik, wie er im Ens astrale dargestellt wurde, aufzufinden sich bemühte, der würde ein Verhältnis entdecken zwischen dem Wunderbau des Ohres und seinem Zweck und dem Wesen des Arsenik. Er würde sich sagen: Das feine Kunstwerk des Ohres ward von Kräften gebaut, die dem Logos, als dem „Wort“ der Welt, dienen. In den Tönen, die als Melodie oder Rede der Kreatur entströmen, klingt die innere Schöpferkraft, die ein Ausdruck ist des „Wortes, das im Anfang war“. Im Arsenik wurde

*) Paracelsus schreibt der Arsenik, weshalb hier dieser Artikel entgegen dem Gebrauch der neuesten Rechtschreibung beibehalten worden ist.

die Kraft erkannt, die parasitisch im Menschen sich auslebt, wenn der Träger des Logos, das Ich, faul im dumpfen Gewohnheitsleben versinkt. Hier das Organ, das quellende Leben des Wortes aufzunehmen; dort die Kraft, die gedeiht, wo dies Leben in der Seele erlahmt. Und ein solcher Denker würde ahnen, daß Ohrenleiden mit der seelischen Arsenikbildung zusammenhängen. Solch ein Zusammenhang dehnt sich aus über dies Leben von heute; es können mehrere Inkarnationen zwischen der Seelensünde und dem letzten Resultat, der Taubheit, liegen. Nicht umsonst steht im Evangelium: „Wer Ohren hat zu hören, der höre.“ Dort ist die geistige Aufnahmefähigkeit gemeint. Das tätige, suchende, rastlose Ich hat sie. Und zuerst erlischt in der Dumpfheit des Alltags dieses geistige Hören, und zuletzt wird aus dem Seelendefekt das defekte Organ, das nicht mehr hörende Ohr. Erbliche Veranlagung zu Ohrenleiden in einer Familie würde nichts gegen diese Theorie sagen, sondern bedeuten, daß Karma das Ich zu den Eltern führt, die ihm geben, was er zu seiner Entwicklung bedarf: die herbe Korrektur eines Lebens in Taubheit, um in der Seele die glühende Sehnsucht aufflammen zu lassen nach dem im Klange hinströmenden Weltenwort.

Diese sieben Organe nennt Paracelsus Emunctoria, Ausscheidungsorgane. Schweiß, Harn und Exkremente sind in der Hauptsache Ausscheidungsprodukte körperlicher Vorgänge; doch in Zuständen starker Erregung — z. B. der Angst — wirkt auch da hinein direkt das Wachbewußtsein — Gift produzierend aus Unfähigkeit. Dieser Widerspruch in sich ist nur scheinbar. Er findet sein Analogon in den Unterlassungssünden: grade, weil man nichts tut — (wo man tun sollte) — entsteht etwas. Die Emunctoria der Nase, der Augen, des Mundes jedoch sondern stoffgewordene Seelengifte aus. Die Augen sind das Organ der Empfindungsseele, die Nase das Organ der Bewußtseinsseele, der Mund das Organ der Verstandesseele. Es würden also mit Schwächen oder Sünden der Bewußtseinsseele die Zustände des Schnupfens und der Nasenleiden, mit Schwächen der Verstandesseele die Hals- und Lungenkrankheiten, mit Schwächen der Empfindungsseele die Augenkrankheiten in Verbindung zu bringen sein. O, welch merkwürdige Tabelle der Charakterdefekte entrollt sich da! Wie könnte der Mensch — dafern er es zu ertragen vermöchte — in seinen Leiden erkennen, was er erstreben sollte! Der Leib spricht eine schonungslose, offene Sprache: dies bist du nicht. So wie du gebaut bist in den Verhältnissen deines Knochengerüstes, in deinen Formen, Farben, Gebärden, in deiner Rede und im Ausdruck deines Angesichts liegt das Fazit aller bisherigen Leben: dein eigener Leib ist das Bild der Isis, deren Schleier der Unberufene nicht heben darf, weil ihm die Kraft fehlt, zu ertragen, was er schauen würde. Der Hellseher und Initiierte Paracelsus sieht nun, wenn er den lebendigen Menschen betrachtet, dies enthüllte Bild, er sieht in das Laboratorium des

Alchimisten, er sieht, wie beständig Geist sich zu Stoff verdichtet und Stoff sich zu Geist auflöst. Und er erkennt und unterscheidet die bauenden und zerstörenden Naturkräfte oder Wesen, und erkennt den Einfluß des Ich mit seinen Fähigkeiten, Sünden und Schwächen auf die Arbeit der Geister der Organe. Mehr noch — er erkennt, daß dieselben Kräfte oder Wesen Brüder sind der Wesen, die da beständig schaffen und vernichten in allen Reichen der organischen und unorganischen Natur. Schwefel, Quecksilber, Salz sind ihm technische Ausdrücke für Weltenkräfte, die in der Gesamtnatur wirken.

Das schöne Wort, das den Schluß des Goetheschen Gedichtes „Bei Betrachtung von Schillers Schädel" bildet, ist so recht auf die hohe Kunst des Paracelsus, die Kunst Spagyrica anzuwenden, die wie ein Ideal vor dem Arzte stehen soll:

Was kann der Mensch im Leben mehr gewinnen,
Als daß sich Gott — Natur ihm offenbare,
Wie sie das Feste läßt zu Geist verrinnen,
Wie sie das Geisterzeugte fest bewahre.

Wie sehr das ganze Volumen Paramirum, ja, wie sehr überhaupt alle Werke Hohenheims sich eigentlich nur an das Verständis von Geheimschülern wenden, ward schon hervorgehoben durch die Hinweise auf jene Stellen, wo er die Leser anredet als „Wolergründte" und sagt, daß nähere Erklärungen „in der Lehre des weisen Mannes" zu finden wären. Eine Voraussetzung zum Verständnis des Volumen ist die Bekanntschaft mit der „Drei-Prinzipien-Theorie" des Paracelsus.

Denn was in den ersten beiden Teilen des Opus Paramirum abgehandelt wird in: De causis et origine morborum ex tribus primis substantiis ist die Spezialisierung einer Lehre, deren Anfangsgründe als bekannt vorausgesetzt werden.

In der Neuausgabe der Paramirumschriften, welche im Verlag von Diederichs; Jena, erschienen sind, wird in erklärenden Fußnoten von den drei Substanzen Sal, Sulphur und Mercurius gesagt, daß Paracelsus damit auf die Dreiheit Leib, Seele und Geist habe Beziehung genommen. Nun ist damit wirklich gar nichts erklärt, ja — es ist damit nur die Möglichkeit des Verständnisses erschwert worden. Denn was soll wohl der Leser sich vorstellen, wenn Paracelsus ihm auseinander setzt, daß alle Dinge aus Sal, Sulphur und Mercurius bestehen, organische sowie unorganische; wenn er als Beweisobjekte ein Stück Holz, einen Stein anführt und sagt, daß zwar des Bauern Augen nicht sehen, daß die scheinbare Einheit eine Dreiheit ist, daß man es aber sogar den Bauernaugen vorführen könne, daß drei in einem verborgen seien. Alle Dinge, alle Materie ist zum Brennen zu bringen; auch Stein und Metall, wenn nur die notwendigen hohen Grade der Erhitzung angewandt werden. Alsdann offenbart jeder Stoff seine Dreieinigkeit, weil diese Einigkeit eben dann zerstört wird: im Akte des Brennens offenbart sich der Schwefel, im Akte des Rauchens, der Verflüchtigung des Stoffes offenbart sich das Quecksilber, im Reste, der als Asche übrig bleibt, offenbart sich das Salz.

Und ausdrücklich betont Hohenheim, daß er von Substanzen spricht, von Substanzen, die Träger sind von Fähigkeiten; daß diese Substanzen grade das sind, was wir als Materie ansprechen, als Materie in irgend einer Daseinsform, gleichviel, welchem Naturreiche angehörig. Diese ganze Maya der Welt ist eben deshalb Maya, Täuschung, weil wir sie nur in ihrer Wirkung, in dem Eindruck, den sie in Menschensinn- und Seele auslöst, wahrnehmen. An sich ist sie keine Materie, in dem Begriff, den wir dem Wert beilegen, sondern sie ist eben Mercurius, Sulphur, Sal, die nach gewissen Gesetzen miteinander verbunden sind. Vom Standpunkt moderner Wissenschaft ist überhaupt an das, was Paracelsus meint, gar nicht heranzukommen; denn wie sollen wohl die Begriffe Leib, Seele, Geist modern wissenschaftlich in Bezug auf ein Stück Holz, auf einen Stein angewandt werden? Nein, mit dem, was der Verstand vage unter Leib, Seele, Geist meint, wird die Brennbarkeit, das Rauchen, der Aschenrest des in Brand gesetzten Holzes nicht begriffen. Zu einem Begreifen ist notwendig eine andere Weltanschauung, nämlich die aller Mysterienstätten und Geheimschulen. Als ein erster Unterricht, preisgegeben aus jenen Weisheitsschulen, ward in der Teosophie von heute wiederum von der Dreiheit des Leibes gesprochen, der aus physischem Leib, Ätherleib und Astralleib zusammengesetzt ist. Es schließen sich die folgenden Ausführungen, ausschließlich aller sonstigen Darstellungen okkulten Wissens, nur an die Geheimlehre an, welche der Ausdruck rosenkreuzerischer, christlich-esoterischer Weisheit ist. Aus ihr allein ist auch nur der christliche Esoteriker Paracelsus zu verstehen. In diesem Anfangsschema wird von Leib, Seele und Geist gesprochen, als von drei Dreiheiten: drei **Substanzen** bilden den sichtbaren Leib: die physische, die ätherische, die astralische Stofflichkeit. Das Wachbewußtsein, die ichbewußte Seele, hat vom Leib dreifach Besitz ergriffen, in Wollen, Fühlen und Denken: wollend im Astralischen, fühlend im Ätherischen, denkend im Physischen. Auf der Grundlage dieser noch rohen Besitzergreifung kann das Ich zum Verständnis des Ergriffenen, d. h. der Maya des Leibes und der Welt, des Makro- und Mikrokosmos aufsteigen, durch Arbeit, durch Entwicklung zum göttlichen Wollen, Fühlen und Denken. Dann tritt es hinein in den Kreis der schaffenden Weltenmächte, ein Stück göttlicher Weltenmacht selber. Dann hat es aus den Keimen der Seele den Geist entwickelt, dasjenige, was Blavatsky als manas, budhi und atman darstellte. Und dann? Dann wird in ferner Welten-Zukunft aus dem Gott gewordenen Menschengeist die stoffliche Grundlage einer neuen Welt entstehen: entsprechend dem Sal, Sulphur und Mercurius von heute wird die Maya eines neuen Weltendaseins gewoben werden, wird Stofflichkeit der Ausdruck göttlicher Gesetze sein. Wie die Seele sich umgibt mit der unsichtbaren, unvollkommenen Welt ihrer Gedanken, Gefühle und Willenswärme, so wird die Innenwelt des Gott gewordenen Menschengeistes die Außenwelt, die Maya der Zukunft werden: kosmisches Wollen, Fühlen und Denken wird die Substanz erregen, bewegen und verfestigen. So ist einst unsere den Sinnen sich offenbarende, objektive Welt entstanden aus dem kosmischen Wollen, Fühlen und Denken der göttlichen Hierarchien schöpferischer Mächte; deshalb sind alle Gestaltungen der Naturreiche weisheitsvoll gefügt, schön in der Harmonie der Einzelform und mit geheimnisvollen Kräften begabt, die wir Heilkräfte oder Gifte nennen. So offenbart sich in der dem Astralischen innewohnenden Gesetzmäßigkeit der kosmische Sulphur, in der dem ätherischen innewohnenden Gesetzmäßigkeit der Mercurius, in der dem physischen innewohnenden das Sal. Und es kommt ganz darauf an, wie die drei Substanzen miteinander verbunden sind; von diesem „wie" hängt es ab, ob die drei Substanzen ein organisches oder unorganisches Gebilde darstellen. Auch zum Stein gehört ein Astralisches, gehört ein Bewußtsein; nur ist es nicht derart, daß es direkt sinnlich beobachtet werden könnte, wie man Tier- und Menschenbewußtsein am Gebärdenspiel der Kreatur beobachten kann. Was aber z. B. sich im Metall Quecksilber objektiviert, dessen Eigenart offenbart sich in der Anwendung des Quecksilbers als Medikament; da wirkt der Geist, der da denkt, fühlt und will in dem Sal, Sulphur und Mercurius, der das Quecksilber bildet. Denn nicht ein gleichartiges Wollen, Fühlen und Denken schuf und schafft in den Prozessen, die sich im Gasigen, im Wässerigen und in der Kongelation abspielen, diese sichtbare Welt, schafft sie jeden Tag aufs neue in der Bildung von Pflanzen, Tier- und Menschenleibern und wirkt in den chemischen Prozessen im Reich der Erde: Soviel der Arten und Gattungen in den formbildenden Reichen der Natur, so viel des verschiedenartigsten göttlichen Wollens, Fühlens und Denkens. Und da der Menschenleib der Kosmos im Kleinen ist, so spricht Paracelsus davon, daß jedes Organ des Leibes seinen besonderen Sal, Sulphur und Mercurius habe; so das Blut, das Fleisch, das Mark, die Hauptglieder usw. Was nicht verwundern wird, da ja jedes Organ ein besonders geistvoll konstruiertes System darstellt, das eine besondere Aufgabe im Mikrokosmos Mensch zu erfüllen hat. Will man den Sal, Sulphur und Mercurius eines Steins, einer Pflanze, eines Tieres oder eines Organes im Menschen — z. B. des Blutes, der Leber, des Lymphsystems — erkennen, so hat man zu fragen: wessen Wollen, Fühlen und Denken hat da Gestalt angenommen? Es gehört also die Kenntnis vom Wesen der schöpferischen Hierarchien und ihrem Wirken in den Naturreichen zur Beantwortung dieser Frage. Deshalb erklärt Paracelsus: ein Birnbaum wächst auf aus den drei Substanzen Sal, Sulphur und Mercurius, aber die objektivieren nur eins: nämlich das Wesen des Birnbaums. Goethes Wollen, Fühlen und Denken objektiviert sich in seinen Werken, dasjenige Schopenhauers in den seinen. Wollen, Fühlen und

Denken, Sulphur, Mercurius und Sal hier wie dort! Und dennoch, wie verschieden! Deshalb betont Hohenheim: Wer die Birne kennt, kennt auch die drei Substanzen des Birnbaumes. Darauf kommt es an, in jeder Form zu erkennen, wer dahinter steht, und in jeder Krankheitsform, wer der Verderber ist. Wie der Bauer sagt: Das ist eine Birne, das ist ein Apfel, so sagt der Okkultist angesichts der Cholera: Das ist Arsenik! Angesichts der Pest: Das ist Sulphur! D. h. es sind Sünden des verbrecherischen Willens, der schwarzen Magie! Aus der Weisheit des ganzen Kosmos ist der Menschenleib zusammengesetzt; aus dem Sal, Sulphur und Mercurius des Leibes entsteht keine Krankheit, die entsteht nur durch die Einwirkung der Menschenseele als Träger des Ich. Ohne das, was aus dem unreifen Wollen, Fühlen und Denken des Ich entsteht, würde der Mensch so wie die Pflanze, so wie das Tier inmitten der Natur werden, sich fortpflanzen und vergehen — ohne Krankheit!

Krankheit entwickelt sich nur durch die Wirkung auf den Leib, welche die drei Substanzen in ihrem Rythmus stört, ihre Harmonie zerbricht und Parasitenleben auf Kosten ihres zerstörten Lebens zeitigt. Und es wurde bereits erwähnt, das ein Werdegang des Übels zu verzeichnen ist, welcher vom Ursprung — den Schwächen und Sünden des Ich — bis zum Ende — der Krankheit mit tödlichem Ausgang — in seinen Entwicklungsstufen die verschiedenartigsten Krankheitsbilder darbietet und sich über mehrere

Inkarnationen ausdehnen kann. Das ist gemeint in jener merkwürdigen, schwer verständlichen Stelle des Evangeliums, wo Jesus gefragt wird, als man ihm einen Blindgeborenen bringt: Wer ist schuld, daß dieser blindgeboren ist, er oder seine Eltern? Man sieht aus dieser Frage, wie dem jüdischen Esoteriker ganz selbstverständlich eine Frage nach dem Ursprung von Krankheit nur eine Frage nach der Schuld sein konnte. Gott rächt die Übertretungen bis ins dritte und vierte Glied! Auch hier hat der Evangelist altes und neues Wissen, jüdische und christliche Esoterik scharf gegenübergestellt. Jüdisch ist die Frage, christlich ist die Antwort: Es handelt sich nicht um Rache und um Schuld. Es handelt sich darum, daß die Weisheit Gottes sich offenbare! Sich offenbare in der Tatsache des Blindgeborenwerdens. Die Leiden des Auges sind in Verbindung zu bringen mit dem Zustand der Empfindungsseele. Dies Blindgeborenwerden ist der Schlußakt des langen Dramas: diese Seele ist nicht mehr fähig, sich das Fenster der Seele zu bauen. Während des vorgeburtlichen Lebens, während der Zeit der Leibesbildung bietet sich ihr das Material dar, das sie selbst einst verdarb, und so verdorben der Natur sterbend zurückgab. Das gehört zu ihr und im Auftrag des Karma dient es zum Bau des Auges, das nicht mehr lichtempfänglich noch lichtausstrahlend sein kann. Die Weisheit, die der Seele Ewiges retten will, befiehlt den Bau des arbeitsunfähigen Auges. Das ist nicht Rache einer Schuld, das ist die Weisheit, die Karma lenkt! Die die Seele ins Dunkel des Leibes sperrt, um in ihr Sehnsuchtskräfte nach dem Licht zu entwickeln. Hier wirkt nicht der Wille zur Bestrafung, sondern der Wille zur Erlösung! Es wird nach diesen Betrachtungen verständlicher geworden sein, warum Paracelsus von drei Hauptgruppen von Krankheiten spricht, die aus den Zuständen der drei Substanzen zu erklären sind; warum er von sieben Giften spricht, welche aus Salz, Quecksilber, Schwefel und Arsenik und Arsenikverbindungen bestehen. Stärke oder Schwäche der Ichkraft, Wollen, Fühlen und Denken stehen in ihrer verhüllten Wirksamkeit hinter alle dem. Wie ein guter Genius, dessen rastlose Wachsamkeit der Bildung des Leibes und Erhaltung des Leibes gilt, insofern er unaufhörlich den Geistern der Leibesorgane den sortierten Nahrungsstoff zur Leibesbildung übermittelt und hinwegräumt, was stören würde, lebt der Alchimist im Menschenleibe. Lokaliter und Emunctorialiter bilden sich Gifte: Was aus der „zerbrochenen digestio“ in den Organen des Leibes liegen bleibt, was der Alchimist dort nicht fortschaffen kann oder was sich an den betreffenden Pforten der Seele und des Leibes, den Emunctorien ansammelt und dort nicht ausgeschieden werden kann. Der Krebs, der sich am Emunctorium der Haut bildet, und derjenige, der sich lokaliter im Inneren des Leibes entwickelt, ist derselbe; aber die Stelle, das Organ, das er angreifen durfte, verrät die besondere Schattierung, spezialisiert gewissermaßen aus der Gesamt-Ursache die besondere Ursache. Der Hang zum Stehlen ist ein Seelendefekt. Ein Dieb ist ein Dieb, aber das Diebestum kann sich spezialisieren: der eine stielt Börsen als Taschendieb, der andere silberne Löffel, der dritte Kleidungsstücke, ein vierter nur wertvolle Antiquitäten und Gemälde. So ist auch Krebs eben Krebs, aber es bedeutet etwas, ob Krebs des Magens oder des Kehlkopfs oder der Haut etc. Mit alle dem soll jedoch durchaus nicht etwa auf einen geheimen Zusammenhang zwischen dem Hang zum Stehlen und der Entstehung des Krebses hingedeutet werden.

Das wäre ein idealer Zustand, wenn der Alchimist ungehindert im Leibe seines Amtes walten könnte! Dem ist nun leider nicht so, denn der Alchimist kann nur arbeiten, wenn die Instrumente gut sind. Dazu würde aber gehören, daß alle fünf Entia gut wären: ein gutes Karma, ein edles und starkes Ich und vollkommene Harmonie des physischen, ätherischen und astralischen Leibes. Und selbst dann, da doch der Mensch nicht isoliert, sondern in innigstem Kontakt mit der Natur leben muß, ist jeden Augenblick die Bildung eines neuen Karmas möglich, denn immerfort, indem das Ich wirkt, schafft es Ursachen, und deren Wirkungen bleiben mit ihrem Erzeuger verbunden; und Feuer, Wasser, Luft und Erde wirken auf den Organismus. In der Tartarustheorie des Opus Paramirum ist das Feld der Tätigkeiten des Alchimisten beschrieben. Dort erhellt auch und wird ausgeführt, was Hohenheim im Ens veneni nur im Umriß andeutet. Wenn gesagt wird im Ens veneni, daß der Alchimist als Laboratorium den Magen habe — so ist nicht leicht einzusehen, wieso er auch als Aussonderer seelischer Gifte, deren Emunctorien Nase, Augen, Ohren und Mund sind, zu betrachten sei? In der Tartarustheorie, der Theorie von der Entstehung der Steinbildungen, gibt Paracelsus erst den umfassenden Begriff dessen, was er den „Magen als Laboratorium" des Alchimisten nennt. Magen sind ihm alle Orte, wo im Leibe die okkulte Chemie betrieben wird, wo Gut von Gift gesondert wird. Sowie der Verdauungsprozeß selbst dem Nicht-Okkultisten schon sich darstellt, als bereits im Munde beginnend, also gar nicht auf den Magen zu beschränken ist, so zeigt sich dem okkulten Arzt ein jedes Organ als im Besitz der Fähigkeit zu sondern und auszuscheiden: die Leber, das Herz, alle Organe — das Fleisch, das Mark, das Gehirn — sie alle haben ihren sogenannten „Magen". Sie alle scheiden aus — das Gift! Den Tartarus! Sehr bezeichnend ist dies Wort: Tartarus. Die Mythologie erzählt von einem Orte unterhalb des Hades, an den untersten Enden der Erde und des Meeres. Neun Tage und neun Nächte müßte ein eherner Ambos fallen von der Höhe des Himmels bis zur Erde; und wieder neun Tage und neun Nächte müßte er fallen, um von der Erde herab im Tartarus anzulangen. Der Tartarus ist nicht die Welt der Entkörperten, ist kein Fegefeuer: der Tartarus ist der Abgrund, der Abgrund, der alles das aufnimmt, was unbrauchbar für die Entwicklung geworden ist, das Exkrement der Erde, das Ausgestoßene. So ist der Tartarus Mikrokosmi alles das, was unbrauchbar für das Leben, was Gift dem Leben ist. Die vielen Magen aller Leibesteile beschreibt nun Hohenheim, und recht bezeichnend für die Schwierigkeit, ohne okkulte Schulung das Wesen des Menschen einsehen zu wollen, ist das, was Paracelsus über den „Magen" des Gehirns sagt. Wie ein „Wunder" — wie ein dem Verstand wahrlich unerklärbarer Vorgang — steht vor dem Menschen, dem nur das Irdische sichtbar, die Entstehung der Gedanken. Da hat er vor sich die geheimnisvolle Nervensubstanz, eingeschlossen von der Kapsel des Schädels. Wie ein zusammengeknülltes Tuch, wie materiell gewordenes Gewölke liegt es da. Und darin soll die bunte, beständig wechselnde Welt der Gedanken hausen? Diese Gedanken, die — wenn der Mensch sinnend das Auge schließt — aufsteigen und entschwinden, beweglich, vielgestaltig? Die bunte Welt, die wir dann im Traum so real empfinden? Wir können konstatieren, wenn wir das eigene Seelenleben aufmerksam beobachten, wie wir unaufhörlich Gedanken-Alchimie treiben: Wie wir durch die Sinne als Seelennahrungsstoff die Tageseindrücke aufnehmen, sie aber nicht bloß hinnehmen, wie etwa eine photographische Platte es tut, sondern etwas damit machen: nämlich den Begriff, die Rechenmünze des Denkens. Wie der Magen die Nahrungsstoffe sondert in das, was Menschenfleisch werden kann, und das, was dem

Tartarus bestimmt ist, so sondert der „Magen“ des Gehirns auch aus, was **dieser** Magen verdauen kann und was nicht. Die Fähigkeit, dies oder jenes zu verdauen, ist sehr verschieden, und es sei hier erinnert an das, was Hohenheim über die Alchimisten der Tiere sagt, deren Kunst je nach der Gattung ein anderes Ding „Gift“ nennt. Die physische Nahrung enthält „Gift“ und Gut, der Wahrnehmungsstoff ebenso. Und der Alchimist des Gehirns nimmt in den Begriff auf, was die Seele verdauen kann, was für sie paßt. Daß dem so ist, erhellt sofort daraus, daß ja doch von derselben Wahrnehmung unzählige Begriffe gemacht werden, die alle voneinander verschieden sein können. Man lasse sich nur einmal von zehn Menschen zehnmal den Begriff Mensch, oder den der Liebe, oder den Begriff Sonne definieren; oder auch den Begriff Tod. Da wird man finden, wenn man Begriff und Begreifenden vergleicht, daß jeder Grad nur das zu seiner Seelennahrung in die Begriffsform gegossen hat, was er imstande ist auszuhalten. Das ist „gesunde“ Seelentätigkeit. Und wie man den Magen ruinieren kann durch unpassende Nahrung, so kann man das Equilibrium der Seele — denn das ist es, was man Gesundheit der Seele nennt — zerstören, indem man den Menschen in eine Sphäre von Eindrücken versetzt, denen seine Verdauungskraft nicht gewachsen ist.

Dann wird im Magen des Gehirns die digestio gebrochen und seelisches Parasitenleben entwickelt sich dort gerade so verheerend, wie im übrigen

Organismus es sich aus der gestörten digestio entwickeln kann. Dann erwachsen die Seelenkrankheiten, die Depressionen, die Angst- und Wahnzustände, die fixen Ideen etc. Der Magen des Gehirns, in dem geschieden wird, was man imstande ist zu denken und was nicht, liegt nicht im physischen Gehirn; sondern die Vorgänge der Gedankenentstehung sind in dem, was man ein ätherisches Gehirn nennen könnte, zu beobachten. Wirklich wie ein stoffgewordenes Gewölk liegt das Gehirn, das wie die Wolken des Himmels, wie die Atmosphäre, von zwei Seiten unaufhörlich beeinflußt wird: Vom Firmament mit seinen Impressionen und von den aufsteigenden Dünsten der Erde. Was im Firmament der Aura, in den Prozessen der Ätherströmungen geboren wird, beeinflußt das Gehirn; was in den Säften des Leibes sich abspielt, was in der warmen Blutwelle emporströmt, beeinflußt es ebenfalls. Wenn der Mercurius des Leibes, aus seiner Art getrieben, sich „sublimieren“ will, so ist die Wirkung seiner Entartung in jenen Fieberzuständen, die das Bewußtsein herabdämpfen und mit Wahnvorstellungen erfüllen, zu finden. Im Ätherkopf des Menschen vollzieht sich die Arbeit des Alchimisten, aber das Resultat seiner Arbeit wird der Materie des physischen Gehirns überliefert. „Wisset“, sagt Hohenheim im „Opus Paramirum“, „daß also des Hirns Magen außerhalb dem Hirn ist, und vor dem Hirn wird es bereitet, und bereitet zu dem Hirn gezogen in die beschließenden Zellen, darin es liegt.“ Unaufhörlich verdichtet sich im Menschen Geist zu „Stoff“ und zerrinnt Stoff zu Geist. Das Emunctorium des Gehirns ist die Nase; stofflich wird aus der Nase der Tartarus der Seelennahrung ausgesondert: der „weiße Schwefel!“ Darin wird ausgesondert, was der Mensch mit begehrlichem Interesse wahrnahm und sich als Vorstellung einverleibte. Die Menschenseele hält gar manches, was das Leben der Außenwelt ihr als Wahrnehmungsstoff darbietet, großen Interesses wert, — der Alchimist aber, dessen Standpunkt nicht der des Begehrlichen nach Sinnengenuß und äußerem Tand ist, er, der nur das Interesse an der richtigen Zubereitung des Lebensstoffes des Leibes hat, er scheidet als Exkrement aus, was der Mensch sich mit so viel Begehrlichkeit einverleibte. Ebenso wirft er hinaus, was der Mensch mit ebenso viel Genuß als Unverstand an Reizmitteln und Unverdaulichkeiten auf seinen Küchenzettel setzt und hinunterschluckt. Und Verdauungsstörungen ebenso als Schnupfenzustände bezeugen die großen Anstrengungen, die der Alchimist machen muß, um das Gleichgewicht wenigstens einer relativen Gesundheit aufrecht zu erhalten. Denn es handelt sich auch im Fall des Seelenlebens um die Gesamtgesundheit, da das Vorstellungsleben erregend und umbildend auf die drei Substanzen des Leibes wirkt.

Ja, es gibt für jeden Menschen eine Grenze dessen, was er als Vorstellung assimilieren kann; es muß für jeden eine Grenze der Wahrheit geben. Mit seiner Illusion muß der Mensch alles das verdecken, was er in seiner Realität nicht ertragen könnte. Wenn derjenige, der mit Eifer und Wichtigkeit im Interesse des Menschenbehagens seinen Verstand arbeiten ließ sein Leben lang und in der Illusion der Nützlichkeit solchen Tuns seinen Menschenwert und seine Menschenwürde suchte; wenn ein solcher plötzlich zu begreifen vermöchte, was er eigentlich getan hat vom Standpunkt des Ewigen, wenn ihm der Schleier der Illusion jählings zerrisse und er sähe, wie all sein Gewirktes der Tartarus verschluckt, — er müßte daran zu Grunde gehen. Und verzweifelnd zu Grunde gehen müßte der glühend Begehrende, der sein Begehren Liebe nennt und darin aufgeht, wenn er plötzlich im Zauberspiegel sich selbst sehen müßte, in seiner egoistischen Brutalität, der im geliebten Objekt nur das Mittel zu jenem schönen Rausch sucht, den er braucht, um sich darin eine Illusion über sich selbst zu machen. Denn ungeliebt — wie arm fühlt er sich! Arm mit Recht, denn bettelhaft und unproduktiv ist seine Seele, und kann nichts, das geistig beseeligt, aus sich selbst erblühen lassen.

Und weil dem so ist, daß das Ertragenkönnen der Wahrheit abhängig ist vom Grade der Seelenentwicklung, weil ein Durchbrechen der angemessenen Grenze der Wahrheit ein Durchbrechen des Gleichgewichts in Seele und Leib, also Krankheit, bedeutet, darum hegten die Erzieher der Völker in den Grenzen von Religion, Gesetz und Sitte die Völker ein. Innerhalb solcher Grenze wird dem Menschen die

Lust an sich selbst durch die Illusion erhalten, welche Lust die Nahrung ist, die der Wille zum Weiterleben braucht. So kann dieselbe Wahrheit Gift und Gut zu gleicher Zeit sein, Gift der unreifen, Gut der reifen Seele. Und es ist ein Anzeichen der sich vorbereitenden Reife, wenn die Seele vermag in dem Maße ihren Eigenschaften objektiv gegenüberzustehen, daß sie einsieht, daß das Recht auf Wahrheit erst erworben werden muß. So daß die Frage nach dem Geheimnisse des Daseins sich wandelt in die Frage: Was muß ich tun, um mich der Einsicht in diese Geheimnisse würdig zu machen?

Da gibt dem, der so fragen will, die eigene Organisation die Antwort, wenn er sich Mühe und Opfer nicht hat verdrießen lassen, die Sprache seines Leibes zu lernen. Die Gesamtwesenheit des Menschen drückt sich aus in der Gesamtheit des Leibes, und jedes Organ ist das Instrument einer Fähigkeit. Und jedes Leiden der Ausdruck eines Verlustes an Fähigkeit. Vor der Sprache des Leibes, welche Sprache in Gesundheit und Krankheit ihr Ausdrucksmittel hat, hält kein Selbstbetrug stand. Wer die geheimnisvolle Bedeutung der Organe kennt, dem erzählt die Körperformation, Miene und Gebärde und Leiden und Krankheitstendenzen des Körpers die ganze Seelengeschichte dieses Menschen. „Diese Krankheit z. B. ist der Ausdruck deines Egoismus", sagt das erkrankte Organ. „O, ich bin doch nicht egoistisch!" antwortetet der Mensch. Er möge nur suchen, und er wird finden, daß die Krankheit recht hatte: er wird finden, wie in irgend einer Verhüllung, vielleicht unter der Maske der Selbstlosigkeit oder der Hülle geistigen Strebens die ganze Tendenz seines Wesens die des unberechtigten Egoismus ist. Denn es gibt auch einen sehr berechtigten Egoismus, und ohne ihn würde die Seele sich geistig nicht bereichern noch entwickeln können. Es gibt eine notwendige Härte gegen sich selbst, wie es eine notwendige Härte gegen andere gibt, welche Anwendung der Härte die Seele lernen muß, sonst verliert sie sich an die eigenen Begierden oder an die Anforderungen des Alltags mit seinen Denk- und Gefühlsgewohnheiten. Täglich muß neu die Grenze gezogen werden: Dies bin ich mir selbst schuldig; dies bin ich anderen schuldig. Nach dieser Entscheidung hat man zu leben. Und wer mit dem mutigen Willen zur Verantwortlichkeit diese Entscheidung fällt, wird schwerlich Krankheiten des Egoismus in seinem Leibe heranzüchten.

Schopenhauer schickte einer seiner Abhandlungen das Motto voran: „Moral predigen ist leicht, Moral *begründen* schwer.“ Das ist immer die *okkulte* Weisheit der Religionen gewesen, daß sie Moral begründete; nicht nur dekretierte: Sei moralisch! sondern hinzufügte, warum man es sein sollte. Und die umfassendste Begründung der Moral gibt Paracelsus in seiner Preisgabe der okkulten Ursachen der Krankheiten. Wohl allen Theosophen sind die Worte bekannt, mit denen die Schrift „Licht auf den Weg“ von Mabel Collins beginnt: „Bevor das Auge sehen kann, muß es der Tränen sich entwöhnen.“ D. h. die übersinnliche Welt erschließt sich nicht dem Blicke dessen, der noch die Gewohnheit des Weinens hat. Es wird eine gewisse Reife und Stärke der Seele hiermit gefordert. Da ist nun interessant, aus dem Wissen des Paracelsus das Moral begründende Stück okkulter Physiologie des Weinens hinzuzufügen. Was geschieht denn eigentlich im Organismus, wenn der Mensch weint?

Man beobachte, daß eine gewisse Lust mit dem Weinen verbunden ist; daß ein Gefühl der inneren Befreiung durch den Akt des Weinens herbeigeführt wird. Man beobachte ferner, daß mit der Befestigung des Charakters das Weinen abnimmt, das zu den Hauptbeschäftigungen kleiner Kinder gehört. In der Zeit, welche der Ichentwicklung vorangeht, schämen sich sogar Männer nicht zu weinen, und die Menschen, getrieben von göttlichen Affekten, die Helden Homers, weinen leicht und gern, wie sie leicht und gern überschäumen im gerechten Zorn. Der Typus des Übergangsmensehen, in dem der göttliche Zorn und die Furcht Gottes nicht mehr sprechen, des Menschen, in dem die Willensimpulse gelähmt worden sind durch öde Verstandsgrübelei, den stellt Shakespeare als Gegensatz zum Altertum in seinem Hamlet dar. Der, kalt in seinem entgötterten Ich, hat nur ein Staunen dem Schauspieler gegenüber, der da noch weinen kann aus der Extase seiner Künstlerseele heraus „um Hecuba!“ „Was ist ihm Hecuba?“ Der

Ichmensch begreift höchstens die Tränen, die einer aus Mitleid mit sich selber weint. Die Tränen sind, sagt Hohenheim, ein Schwefel, der da resolviert ist in ein Wasser. Das heißt: dem Willensleben des Menschen, das sich abspielt im inneren Verbrennungsprozeß (man glüht in Liebe und Zorn und Haß! glüht wirklich körperlich!), stellt sich ein Hindernis entgegen. Ein Hindernis, mit dem der Mensch gedanklich nicht fertig wird. Man weint immer über Tatsachen, deren Existenzberechtigung man nicht vermag einzusehen: Unglück, Kränkung, Tod etc. überwältigen das Gemüt. Die erregten Fluten des unbeherrschten Gefühls schäumen auf in der Seele immer gewaltiger, daß der Mensch vermeint, das Herz müsse ihm brechen vor Leid, und endlich — damit das Wesen des Menschen erhalten bleibe — entstürzen den Augen die Tränen. Buchstäblich „substantialiter" spielt sich das ab im Menschen, in den Substanzen Sulphur und Mercurius, in den Wärme- und Wasserprozessen des Leibes. Deshalb erleichtern die Tränen, weil „substantialiter" der Schmerz herausgeschleudert wird in den Tränen. Deshalb erleichtert ein Wutausbruch, weil in den heißen Worten des Zornes, in dem erregten Gebärdenspiel sich das gehinderte Willensleben Luft macht. Es sind die Taten des Alchimisten, der den Organismus von Stoffen der mißglückten gedanklichen digestio befreit. Denn alle solche Emotionen entstehen, wenn der Intellekt des Menschen den Wahrnehmungen nicht gewachsen ist. Je mehr die Seele lernt von den Geheimnissen des Werdens und Vergehens, vom Sein und Ziel des Menschengeistes, um so weniger hat sie nötig, an den Alchimisten zu appellieren; sie wird allein — einsehend und billigend das Warum — mit allen Geschehnissen fertig. Sie weiß sich in allen Lagen des Lebens zurechtzufinden und schöpft Lust am Leben aus dem Reichtum an Fähigkeiten, aus der Kraft der Initiative zu Erschaffung neuer Möglichkeiten, wenn scheinbar das Leben seicht im Sande zu verrinnen droht. Diese reife Seele ist nicht mehr Knecht, sie ist Herr ihrer Wahrnehmungen. Der aufsteigende Dunst unbeherrschter Gefühle trübt nicht mehr die Fenster ihrer Seele; sie hat — indem sie objektiv gegen ihr eignes Wesen zu sein lernte — „sich der Tränen entwöhnt". Eine solche Seele ist dann auf dem Wege des Lernens dahin gelangt, sich des Druckes der falschen Vorstellungen über Welt und Gottheit zu entledigen, die Einsicht besiegt dasjenige, was in der Rosenkreuzer-Theosophie unter dem Wesen des Ahriman verstanden wird.

Daß man als unentwickelter Mensch dennoch als Instrument den Weltenmächten dienen kann, daß man bei völlig undiszipliniertem Willensleben und im Bann gruppenseelenhafter Gefühle aus unterbewußten Impulsen heraus gewaltig in das Getriebe der Menschengeschicke einzugreifen imstande ist, das zeigt die Historie von Martin Luther. Unterbewußtem Impuls gehorchend, bricht er die Kette römischer Sklaverei und gibt der Seele die Freiheit auf Grund der allem Volke preisgegebenen Mysterienschrift der Bibel, von Gott zu glauben, was sie kann. Er ist kein Esoteriker, er kann keine göttlichen Mysterien erklären, er kann aus seinem Bauernblut heraus nur kämpfen und glauben: deshalb muß er am Buchstaben des Evangeliums festhalten, deshalb muß er als vermessen und sündhaft betrachten, Gott verstehen, göttliche Dinge erklären zu wollen. Wie immer, so auch hier, wird das Unverstandene verdammt. Und weil der Impuls in ihm gewaltig groß, der Mensch selber aber gar klein ist und seine ganze Größe im Gehorsam des Impulses besteht, deshalb hat Luther auch so viel mit dem Teufel zu schaffen. Ahriman steigt ihm in unzähligen bedrückenden, beängstigenden Vorstellungen auf, denn Luthers denkerische Kraft und Einsicht ist dem okkulten Impuls nicht gewachsen. Deshalb tut er, wie alle unreifen Seelen dem Willenshindernis gegenüber tun, mit dem sie gedanklich nicht fertig werden, er macht sich Luft im Zornesausbruch: er wirft dem Teufel nach das Tintenfaß an die Wand. Damit hat sein Alchimist Luther momentan vom Resultat des Schwefelprozesses befreit, aber — und das werden ihm selbst seine unbedingten Verehrer nicht nachsagen: Durch das Schleudern des Tintenfasses hat er weder das Wesen des Teufels noch das Wesen Gottes erklärt; wie er ja überhaupt zwar die Reformation begründet, aber kein Christentum in seinen wahren, esoterischen Werten dem Seelenverständnis näher gebracht hat. Was er ja nicht vermochte, da er kein Esoteriker war.

Der Zornige wütet immer wieder, der Sentimentale hat immer wieder Tränen, weil Wut und Tränen momentan befreien vom verdorbenen Stoff, aber nicht von der Seelenschwäche, die den Stoff verdirbt. Am Zorn und an den Tränen ist der kürzeste Weg zu beobachten, auf dem sich Seelenerlebnis als stofflicher Prozeß offenbart.

Da lächeln die klugen Gelehrten über die Naivität, welche an eine Hölle glaubt, wo da sein wird „Heulen und Zähneklappen". Ebenso wie dem christlichen Esoteriker die Tränen das Zeugnis der Seelenunfähigkeit sind, ebenso denkt und weiß er was, wenn er das Symbolum „Zähne" in seiner okkulten Sprache gebracht. Wie alles, was Leib ist, Ausdruck von Geisteskräften ist, so sind die Zähne der stoffliche Ausdruck einer Fähigkeit. Und zwar einer Fähigkeit, die nur auf dem physischen Plan ihren Wert hat und als Seelenfähigkeit auf Erden in den Dienst des Geistes gestellt werden sollte. Denn im Jenseits braucht man keine „Zähne", die man ja auch erst als Kind erwirbt und als Greis verliert. Die Inder wissen wohl, warum sie den Gott der Weisheit im Bilde des Elephanten, Ganesa, des Tieres der gewaltigen Zähne verehren. Sehr geistvoll ist der Esoteriker, der den Seelenzustand des Sünders nach dem Tode in seiner ganzen Hilflosigkeit darstellt im Heulen und Zähneklappen, in seiner Seelenimpotenz und der Unzulänglichkeit der bloßen Verstandeswerte, die der Lebenskraft im Geiste bar sind. Und nicht deshalb opfern die Inder dem Ganesa, weil sie die Zähne verehrungswürdig finden, sondern weil die okkulte Einsicht der Priester weiß, was der Mensch dem Tier verdankt: auf Kosten der Tierheit hat der Menschengeist sich über das Tier hinaus entwickelt, in den physischen Tieren leben sich alle die Seelenkräfte aus, die den Menschen gehindert hätten, seine Menschenform zu bilden. So ist er dem Elephanten Dank schuldig, deshalb opfert er ihm.

Diese tiefe Dankbarkeit des Inders, die er der Tierwelt in Gestalt von Verehrung und Schonung angedeihen läßt, ist der Ausdruck der Einsicht in das Verhältnis zwischen Mensch und Natur. Aus dieser Einsicht heraus ist auch die Abhandlung über das Ens veneni geboren. Alles schuldet der Mensch der ihn umgebenden Natur: sie gibt ihm als Brot der Barmherzigkeit ihre Elemente, ihre Geschöpfe als Nahrungsstoffe, daraus täglich neu der physische Leib in der Substanz ergänzt wird. Sie gibt ihm das Seelenleben, das sich aufbaut aus den zu Vorstellungen gewordenen Wahrnehmungen, welche die Natur den Sinnen darbietet. So ganz aus ihr und in ihr und mit ihr lebend ist der Mensch ein Glied der Natur! In diesem Menschen aber webt etwas, das höher ist als alle Natur, weshalb sich ihm die Natur auch darbietet als Ernährerin; im Menschen webt, was die Natur aus der Form erlösen, sie über sich selbst erheben soll: das Ich, das Kind Gottes, das er der Welt gab und das in dieser Welt zum Bewußtsein seiner Erdenmission kommen soll.

Doch wenn es zum Erlöser der Natur, zum Arbeiter am Bau einer höheren Welt — deren Plan auf der Grundlage aller nur möglichen Erfahrung im Erdendasein entstand — werden will, so muß dies Ich lernen. Lernen, was sie ist, diese Natur; lernen, wie es entstand; lernen, seine Keimkraft entwickeln. Und Paracelsus stellt ein Vorbild für des Schülers Seele: „Welcher Alchimist der Menschen also viel kann, als der im Menschen, dem gebricht keine Kunst. Dann laß ihm das ein jeglicher ein Exempel sein, wie der Alchimist der Natur werket, also sollt ihr auch werken."

Also soll der Esoteriker „werken" lernen: das Gift und Gut in einer vollkommenen digestio in seinem Vorstellungsleben zu scheiden, auf daß er zum Herrn seiner Vorstellungen werde. Alsdann, wenn er dies eigene Wesen erhoben hat, kann er als erhebende und läuternde Kraft wirken im Umkreis als „ein Alchimist der leidenden Natur".

Ens naturale.

Bei Gelegenheit der Ausführungen über das Ens astrale wurden wörtlich einige Stellen zitiert, welche dartun, wie sehr wenig Hohenheim von der Astrologie seiner Zeit hielt. Nicht daß er überhaupt die Möglichkeit einer Astrologie — im Sinne der Lehre eines Verhältnisses, einer Wechselwirkung zwischen den Himmelskörpern und der Erdenwelt — hätte leugnen wollen. Aber die Deutung dieses Verhältnisses, die damals allgemein üblich war und in sogenannten okkulten Astrologiebüchern heute noch üblich ist, die leugnet er, gegen die legt er Zeugnis ab. Er verneint, daß die Planeten das Schicksal des Menschen auf Erden beeinflussen, weil der Mensch sein Schicksal, sobald er einmal inkarniert ist, in seiner **eigenen** astralischen Konfiguration trägt. „Ihr heißet den Menschen Mikrokosmum. Der Name ist gerecht; aber ihr habt ihn nie in keinem Verstand gehabt und euer Auslegung ist dunkel und geblendt. Also sollt ihr uns verstehen, wie wir Mikrokosmum auslegen: Wie der

Himmel ist an sich selbst mit allem seinem Firmament, Konstellationen, nichts ausgeschlossen, also ist auch der Mensch konstelliert in sich, für sich selbst gewaltiglich. Wie das Firmament im Himmel für sich selbst ist und von keinem Geschöpf geregiert wird, also wenig wird das Firmament im Menschen, das in ihm ist, von andern Geschöpfen gewaltigt, sondern es ist allein ein gewaltig frei Firmament ohne alle Bindung. Also merket zweierlei Geschöpf: Himmel und Erden für eins, den Menschen für das andere."

Und Paracelsus geht nicht darauf ein, wie denn nun eigentlich das wahre astrologische Verhältnis zwischen Himmels- und Menschenfirmament sei. Das Wissen davon hält er nicht angemessen preiszugeben. Aber in der alten Huser-Ausgabe ist eine merkwürdige Abhandlung, die im Verzeichnis „Vexierbuch" genannt wird, zu finden unter dem Titel „Coelum philosophorum". Da hinein hat er geheimnist, was Geheimnis damals bleiben sollte. Das Ens naturale enthält nun das Gemälde der übersinnlichen Menschennatur, es ist die Darstellung vom Wesen des Astralleibes, des Sternenleibes. Stufenweise führt Hohenheim in „de quinque entibus" den Schüler ein in das Verborgene der fünffachen Konfiguration des Menschen. Was dem physischen Leib auf dem physischen Plan als physisches Wesen entgegentritt in der Gestalt der Infektionserreger im Ens astrale, das verborgene Wirken der Kraft des Ätherleibes stellt er dar im Ens veneni, im heilsamen Schaffen des Alchimisten, in den Prozessen der Assimilation und der Absonderung. Im Ens naturale jedoch führt Paracelsus noch eine Stufe höher hinauf: aus den Lebensvorgängen, die der Alchimist überwacht, zu den Bewußtseinsvorgängen, welche die Ursache sind, daß der Alchimist überhaupt etwas zu überwachen hat als Hüter der Gesamtharmonie. Alle die Organe des Leibes, deren jedem Paracelsus seinen „Magen“, d. h. seine Kraft aufzunehmen und abzusondern zuschreibt, sind Resultate, sichtbare, physisch wahrnehmbare Resultate von Entwicklungszuständen, also von Bewußtheitszuständen, deren Weisheit und Können sie ausdrücken und offenbaren. Somit sind die Organe, denen der Alchimist die Stoffe für ihre Tätigkeit zuführt, die er vor „Gift“ zu schützen sucht, Bewußtseinswelten im Kleinen, und der Alchimist ist diesen Welten, deren Lebensprozessen er dient, innigst verwoben: ihr Interesse ist das seine, er will sie im irdischen Dasein erhalten, denn im Kontakt mit ihnen kann er sich selbst erleben, sich selbst bewußt werden. Der Alchimist — das heißt das Jahwe-Prinzip im Menschen, der unterbewußte Mensch selber, insofern er gruppenseelenhaft ist. Form, Leben und Bewußtsein sind — wohl in der Theorie — aber niemals in der Wirklichkeit zu trennen, sie sind die „Dreieinigkeit“, in der sich, gleichviel auf welcher Daseinsstufe, der Logos allein offenbaren kann. Damit jedoch Form, Leben und Bewußtsein in die Erscheinung treten können, muß überall, wo sich in Formen die Natur offenbart, kosmisches Denken, Fühlen und Wollen vorangegangen sein. Und nun muß die Frage entstehen: Wer hat gedacht, gewollt, gefühlt? Antwort: Der Makrokosmos, der himmlische Mensch! Sal, Sulphur und Mercurius der großen Welt! Aus dem Firmament heraus haben sich Erde nnd Erdenmensch gebildet. Damit aus dem Begriff „himmlischer Mensch" mehr werde als ein Kling-klang von leeren Worten, deshalb gibt Hohenheim die verhüllten Erklärungen des Ens naturale, die auf ein Vorhandensein christlich-esoterischer Werte in der Seele des Schülers rechnen. Das Coelum philosophorum gibt in seinen ersten Zeilen ein wundervolles okkultes Axiom: „Alle Dinge sind in allen Dingen verborgen; eines davon ist der Verberger." Dies Axiom ist ein Schlüssel zum Verständnis von Mensch und Natur. Es besagt, daß in allen unorganischen und organischen Formen, so wie in den Welten unseres Sonnensystems sich niemals eine Einheit, sondern immer eine Vielheit offenbart. Daß dennoch die Formen so wie die Welten sich verschieden darstellen, hängt ab von der Kraft, welche prädominiert: das „Ding", das prädominiert, ist der Verberger der anderen „Dinge", drückt dem Ganzen den Stempel seiner Eigenart auf. Der Blick hebt sich zum Firmament, sucht Saturn, Jupiter, Mars, Venus, Merkur, Sonne und Mond. Was sieht er? Er sieht die Offenbarung von Entwicklungszuständen, was gleichbedeutend ist mit Entwicklungsstadien des Bewußtseins. Die sechs genannten Himmelskörper und die Sonne sind die sieben „Dinge“, d. h., die Zustände, deren prädominierende Kraft, deren Geist in ihrem Namen sich ausdrückt. Aber die anderen Kräfte oder Wesen sind geschäftig all überall. Eine Siebenheit ist es, die in Sonne, sowie in jedem der genannten Planeten wirkt, aber ihre Gesamtheit ist in jedem auf ein anderes Ziel hingeordnet. Nicht zu absoluten Vollkommenheiten blickt der Okkultist auf, wenn er die Planeten betrachtet: Er blickt auf zum himmlischen, in der Entwicklung begriffenen Menschen! Er sieht in den Himmelskörpern dieselben Daseinszustände, die er hellsehend auch im Mikrokosmos Mensch antrifft. Der kleine astralische Mensch hat eine solche Organisation, daß er darauf hingeordnet ist, alle Bewußtseinsstadien in sich erleben zu können. Das würde nie möglich sein, wenn er die Planeten als Bewußtseinsstadien nicht in sich hätte. Und wenn der unterbewußte Mensch ein unterbewußtes Leben, das in Sympathien und Antipathien und Impulsen ins wache Bewußtsein hinauftönt, überhaupt führen kann, so beruht dies darauf, daß das Gruppenseelenhafte in uns sich im Mikrokosmus, wie einst im Makrokosmus am Planetenleben selbst erlebt. Die Gruppenseele der ganzen Menschheit faßt als Einzelseele im Menschenleibe zusammen die Entwicklungstadien, die sich darstellen in der Planetenwelt. Es sind sechs Planeten; in ihnen drücken sich zwei Entwicklungsstadien des kosmischen Wollens, Fühlens und Denkens aus; die drei ersten im Sinne des Goethewortes „wie sie das Geisterzeugte fest bewahre“, die drei letzten stellen dar: „wie sie das

Feste läßt zu Geist zerrinnen.“ Saturn, Jupiter, Mars bedeuten Stufen, welche den Abstieg des Bewußtseins in die Materie vorbereiten, also Vorstufen des Ichbewußtseins der Erde; Mond, Merkur, Venus bereiten den Aufstieg, ein Ichbewußtsein in der Gottheit vor. Die Sonne ist ihr Jungbrunnen und das schlagende Herz ihres Lebens; die Erde, die in der Mitte steht zwischen Peripherie und Sonnencentrum, ist nicht erwähnt, denn sie ist nichts an sich selbst, als der Punkt, wo Vergangenheit und Zukunft sich kreuzen. Die Erde galt deshalb als der Mittelpunkt des Sonnensystems, weil sie es geistig wirklich ist: in ihr kreuzen sich jene Kräfte, welche die Grundlagen eines Daseins unterhalb des Ichbewußtseins schufen, und jene, welche auf der Grundlage des Ich ein höheres Bewußtsein vorbilden. Auf dieser Kreuzung beruht die Fruchtbarkeit der Erde, denn das Erdenich birgt alle Entwicklungsmöglichkeiten in sich: es ist wie die Pupille eines Auges, dahinter die Seele sich öffnet; und alle Geister eilen hinzu, um ihr Bild auf dem dunklen Grund zu erblicken, und sich in dem Eindruck, den sie auf die Seele machen, — die ihnen als Erlebnis ihr Bild zurückwirft, — um sich in diesem Seelenerlebnis selber neu zu erleben. Bevor im Mikrokosmos das Wesen dieser Geister in seiner Spiegelung dargestellt werden soll, möchte, um das Ens naturale in der Aufbauung Paracelsi zu verfolgen, auf das Wesen der Erde, womit Hohenheim seine Auseinandersetzung beginnt, weiter eingegangen werden.

„Nun weiter sollt Ihr sinnen, daß die Erde alle

Früchte gibt; das aus Ursachen, daß der Mensch des gelebe, und des ernährt werde. Ein solches sollt ihr auch im Menschen wissen, daß in ihm wachst alle Frucht, so in der Welt wachst, Gras und anderes, und das in dem Weg.

Ihr wisset, daß die Erde allein darum ist, daß sie die Früchte trag' und den Menschen: Also ist der Leib allein darum auch: also wachst aus dem Leib in ihm selbst alle die Nahrung, die die gebrauchen sollten, so in ihm sind, als die Glieder. Solches Wachsen ist als viel, als die Frucht der Erden; wie sie den Menschen halten, also halten die wachsenden Nutrimenten des Leibs die Glieder des Leibes auf: Also wachsen im Menschen alle Ding'."

Eine bis ins Kleinste zutreffende Analogie zwischen Erdenleib und Menschenleib lehrt in diesen Sätzen Hohenheim: Die Erde, die fruchtbare Substanz des Leibes, trägt und erhält den Menschen, den inneren, ewigen Menschen und ernährt ihn durch das, was ihr entsprießt. Diese Erde, oder bezeichnender, dies Element Erde im Menschen wird durch den Alchimisten in der Substanz erhalten, er ist „der Bauer, der den Mist macht auf dem Acker." Er macht ihn, indem er die Nahrungsstoffe sondert aus dem, was der Mensch ißt. Damit erneut er beständig das Element Erde, hält es in der Substanz. O, es ist ein wunderbares um dies Element Erde! In ihm liegt alle Fruchtbarkeit beschlossen! Das Licht der Sonne, die Wärme, die Luft, das Wasser, sie erwecken und erschließen, aber die Erde ist das mütterliche Element, daraus die menschenernährenden Pflanzen gedeihen können. Diese Kraft in Pflanzen und Früchten beschlossen, die ißt der Mensch. Aus ihr entsteht der Stoff, auf den das Firmament des Mikrokosmos wirkt, und nach Himmelsgesetzen das System der inneren Organe aufbaut, in denen Wachbewußtsein und Unterbewußtsein sich erleben. Was im Element Erde im Erdenich empfunden wird unter der Einwirkung der Himmelswelt, das sproßt als Bäume, Büsche und Blumen aus der Erde, sich in die Erdenaura, die Atmosphäre, erstreckend, empor. Darin drückt sich nicht allegorisch, sondern in Wirklichkeit das Geistesleben der Erde aus. Und ebenso sprossen aus dem Element Erde des Menschenleibes alle Pflanzennaturen: nur sind sie nicht greifbar und grob materiell sichtbar. Sondern wie sich das Fühlen der Erde in Formen, die mit den verschiedenartigsten Kräften begabt sind, als Pflanzenleben in die Erdenaura erstreckt, so erstreckt sich in den verschiedenartigsten Formen das Vorstellungsleben, des Menschen Bewußtsein in die Aura des Leibes als astralische Gebilde, die in der Aura erblühen und vergehend zur Erde zurückkehren, aus der sie entstanden. So kann ein Vorstellungsleben, das der Pflanzenwelt Tötendes und Heilsames enthält, nur auf der Grundlage des Ich entstehen, das ein Kind des Elementes Erde ist. Es entsteht, entwächst dem Leibe, hervorgehend aus den Prozessen, die als diejenigen des Sal, Sulphur und Mercurius geschildert worden sind, und kehrt zurück als Samenkraft ins

Unterbewußtsein des Organismus. Was so entwächst, nährt die Glieder, die 4 Glieder, die Hohenheim aufzählt, aber nicht benennt: nämlich das Ich, die Empfindungsseele, die Verstandesseele, die Bewußtseinsseele. Das Ichgefühl stärkt sich, die Seelenglieder entwickeln sich aus der Kreuzung der unterbewußten und bewußten Eindrücke, gerade so wie das Element Erde der Mutter Erde entsteht durch die sich kreuzenden Kräfte der drei äußeren und der drei inneren Planeten, die ihre Lebenskraft der Sonne entnehmen. Deshalb ist das Element Erde ein unsichtbares, weil es die Vorstufe alles dessen ist, was sichtbar werden soll; das sichtbare entsteht aus ihm. Im Element Erde sein, das heißt wahrnehmen, dabei sein, wie zukünftiges entstehen will! Weil der christliche Esoteriker Paracelsus so gut Bescheid im Element Erde weiß, betont er so besonders die E r d e i m M e n s c h e n. Es liegt im Menschen die Erde der Zukunft. Es muß auf dem Element Erde sitzen, was die Zukunft der Seele erfassen will. Das tun ja auch die Jünger des Christus Jesus! — Sie sitzen auf dem Element Erde und empfangen die geistige Nahrung aus der übersinnlichen Welt. Sie sind, so gut sie es mit dem beginnenden Selbstbewußtsein vermögen, Zeugen dessen, was in den Reichen des Übersinnlichen vorgeht. Die astralische Welt, die Welt der Gestirne als Planeten, der Himmelsmensch in seiner siebenfachen Konstitution, der ganze Menschengeist, wie er als Sonnensystem in die Erscheinung tritt, — das war der Jünger Weisheit, als sie mit dem Herrn aus der

Wüste kommen, und er sie fragt: Was sie haben? Womit sie ihre Menschenbrüder geistig ernähren können? Mit den sieben Broten und dem wenigen Fischlein, das sie haben. Das gibt ihnen der Herr in neuer Weise, indem er es bricht und es zuteilt, und sie geben es weiter, und sieben Körbe voll bleiben übrig! Sie geben als geistige Nahrung weiter das Wissen von den sieben Planeten, von Seelen-Herkunft und Seelen-Zukunft. Der Fisch ist das Sinnbild eines geistigen Bewußtseins und ist das irdische Bild eines Zustandes des Bewußtseins, den der Mensch einst aufgab, um der Mensch zu werden, der er im Laufe der Entwickelungs-Epochen eben geworden ist. Um irdisch zu werden, mußte er die alte Geistigkeit hingeben. Er soll sie aber aufs neue zu dem irdischen Denkerbewußtsein hinzu erwerben. Wenig ist das Selbstbewußtsein in den übersinnlichen Welten bei den Jüngern noch entwickelt. Sie müssen jedoch lernen, es auf der Grundlage der Entwickelung der Intellektualität heranzubilden. Deshalb sitzen sie nicht nur auf dem Element Erde, wenn sie Nahrung vom Herrn nehmen für das Volk. Der Evangelist erzählt auch von einer anderen Speisung, die zuvor durch die Jünger der Herr dem Volk zuteilwerden ließ, während sie auf dem Gras niedersitzen. Da haben sie fünf Brote und zwei Fische! Und zwölf Körbe voll Brot bleiben übrig! Was das Gras, was die Pflanzen der Erde sind, das aus dem Erdenich Entsprossene, das stellt im Menschen die dem wachen Icherleben entsprossende Welt der Vorstellungen und Gedanken dar. Als obere Vierheit nehmen die Jünger mit erwachendem Selbstbewußtsein — „ein wenig Fischlein“ — teil am kosmischen Denken, Wollen und Fühlen der Seelenwelt. Aus diesem Wahrnehmen entsteht Erkenntnis. Je mehr sie verteilen, je mehr bleibt übrig: aus den 7 Broten werden 7 Körbe voll. Es geschieht das Gegenteil von dem, was im egoistischen Begierdenleben sich vollzieht: die geistige Nahrung, wenn sie genossen wird, vergeht nicht im Genuß; sie wird immer mehr. Und der Gebende ist nach der Spendung weit reicher als zuvor. Was den Jüngern übrig bleibt von den fünf Broten, sind zwölf Körbe. Sie lernen vom Herrn, der auch diese Brote bricht und gibt, durch diese Brote und die zwei Fische das Verständnis der sichtbaren, geoffenbarten, äußeren Welt. Der Mensch, wachbewußt als Erdenich in der Welt seiner Gedanken, nimmt hier auf, was ihm nicht nur ein Schauen gibt seiner geistigen Wesenheit, sondern was ihm das ganze Menschenwesen in seiner Zwölfheit erklärt; was ihm diesen Wunderbau, diesen Tempel des Leibes, diese heilige Stadt mit den zwölf Toren erklärt. Nun ist ihm erst die Möglichkeit gegeben, das Geheimnis Mensch, in dem die Arbeit der zwölf Kräfte des Tierkreises sich offenbart, zu lösen. Durch Christus wird den Jüngern die Möglichkeit gegeben, das Wesen des Menschen in seiner zwiefachen Natur zu erkennen: — sitzend auf dem Element Erde und sitzend auf dem Gras, d. h. in dem Reich der Seele, sowie im Reich des Geistes, der Natur. — Und damit erweitert sich sein innerer Gesichtskreis über das Seelenleben hinaus in das Wesen der Welten schaffenden Mächte hinein. Indem er den Zodiakus in seinem Wesen im Mikrokosmos begreift, erfaßt sein Denken den Plan der Welten-Zukunft, das Wesen der Form bildenden Mächte; Weltenwerden und Seelenwerden wird des Jüngers Erkenntnis umfassen. Daß er dies vermögen wird, verdankt er dem Element Erde, das die Substanz seines Leibes hergibt, in der die bewußten und unterbewußten Eindrücke sich kreuzen und so das Ichbewußtsein zeitigen. Der bewußte Mensch erlebt die Außenwelt, der unterbewußte Mensch beantwortet die Erlebnisse mit Impulsen der Sympathie oder Antipathie, und das Ich lernt sich über das Erlebnis erheben, indem es das Erlebnis in die Form der Vorstellung inkarniert. So ernährt der Leib die Seele, so entwickelt in der Seele das Ich sein eigenes Wollen, Fühlen und Denken. Deshalb betont Hohenheim: „dabei sollt ihr verstehen, daß nur vier Glieder sind, die der Leib nährt, die andern sind Planeten, bedürfen keiner Nahrung, wie das Firmament. Denn zweifach ist der Leib: firmamentisch und erdisch. Aber ihr sollt wissen, daß der Mensch zwei Geschöpf an sich hat: die Selbstspeisende und die Mangelnde.“ Das Bewußte ist „die Mangelnde“, das Unterbewußte im Menschen, das ist die Selbspeisende, das sind die Planeten im Menschen.

Und jetzt beginnt Hohenheim anzudeuten, was

er Astrologie nennt, was er versteht unter den Gestirnen, die das Schicksal des Menschen beeinflussen. Er meint das astralische Wirken innerhalb entsprechender Organe im Menschen, welches Astralische diese Organe aufgebaut hat und in der Tätigkeit erhält. „Also versteht, daß das Hirn ist der Mond, das Herz die Sonne, das Milz Saturnus, die Lungen Mercurius, die Renes (Nieren) Venus, die Leber Jupiter, die Galle Mars.“ In der Himmelswelt, vor der Geburt und als Folge des Karmas der Vergangenheit, bildet sich aus dieser Sternenwelt heraus der Sternenleib, der Astralleib des Menschen. Die Vergangenheit bedingt, welche Planetenkraft stark, welche schwach nur auftreten wird, welche Organe tüchtig, welche weniger widerstandsfähig sein werden. Der eine bringt sich ein gut organisiertes Gehirn mit, der andere ist beanlagt zu Herzkrankheiten, der dritte zu Leberleiden, der vierte ist immun gegen Hals- und Lungenleiden usw. Das alles hängt vom vorgeburtlichen astralischen Menschen ab, dessen Kraft oder Unfähigkeit dem Einfluß der Elemente zu widerstehen sich in dem Bau der entsprechenden Organe ausdrückt. Ja, — warum denn der Elemente? Was hat der Sternenleib mit den Elementen zu tun? Hier muß nun hingewiesen werden auf das, was innerhalb der deutschen Sektion der Theosophischen Gesellschaft von der Entwickelung der Planeten gelehrt wird, und was zu finden ist in dem Werke von Dr. R. Steiner: „Die Geheimlehre im Umriß“. Die Elemente haben sich gleichzeitig mit den Planeten entwickelt. Die Planeten haben sich auf Kosten eines Elementarreiches, das sie aus sich aussonderten, um sich die Maya der Stofflichkeit, das Gewand zu bilden, erst entwickelt: so hängen zusammen die Saturnentwickelung und das Feuer, die Jupiterentwickelung (der Überrest dessen, was man im Okkultismus die alte „Sonne" bezeichnet) mit dem Element Luft, der Mars (der Rest des alten „Mondes") mit dem Element Wasser, die Erde mit dem Element Erde. Sollen die Organe gesund bleiben, müssen sie der Ausdruck eines Planeten sein, der das kann, was der Planet am Himmel kann: er muß Herr sein können über das entsprechende Element. Deshalb sagt Paracelsus, daß die Morbi Peracuti auf den Angriff der Elemente auf das für sie empfängliche Organ zurückzuführen seien. Die 7 Organe sind die Grundlagen des unterbewußten wie des bewußten Wollens, Fühlens und Denkens, der Vorgänge im Sulphur, Mercurius und Sal. Das Herz ist der Kreuzungspunkt, das Organ der Ichheit, in dem die „Sonne" erlebt werden kann. Im Wollen wirkt das Element Feuer, im Element Luft spielt sich das kosmische Fühlen ab, im Element Wasser das Bilden der Vorstellungen, der Formgebilde. Und erst auf der Erde entwickelt sich daraus das irdische Denken im Menschenleibe über äußere und innere Vorgänge. Der Planet der Erde, der Mond, entspricht in seiner Härte der Hülle des menschlichen Gehirns; und die Vorgänge im Gehirn, die das wachbewußte Gedankenleben bewirken, entsprechen den Kräften, welche vom

Mond auf die Erde wirken. So wird ein Mensch, der mit einem starken Hang zur Geistigkeit der Vergangenheit eine ausgesprochene Veranlagung zum logischen Denken mit ins Leben bringt, kein Glücklicher sein können: der Hang zu einer Vergangenheit, wie sie im alten Indertume erlebt wurde, das aus dem Leben der Atlantis heraus geboren ward, und die Unfähigkeit diesem Hang Genüge zu tun, weil das starke Gehirnleben das okkulte Leben unterdrückt, schaffen einen dauernden Seelenzwiespalt, eine ewige Unzufriedenheit. Das Leben im Körper bedrückt die Seele; die Theorien, die das Gehirn baut, können, auch wenn sie Bruchstücke okkulter Wahrheiten enthalten, dennoch die Seele nicht befriedigen. Einen solchen Menschen nennt Paracelsus „einen Lunaticus und Saturninus in seinen Sitten", und Schopenhauer war ein solcher Lunaticus und Saturninus, und seine Welttheorie die des Melancholikers, der eben Melancholiker ist, weil Mond und Saturn ihn beherrschen. Dann wird auch der ganze Mensch Schopenhauer in all seinen Eigentümlichkeiten verständlich, in denen auch Mars eine Nebenrolle spielt. Und sein Lebenlang war Schopenhauer Knecht seiner Planeten, und der Mars ließ die Galle oft überlaufen, als ein Protest des kosmischen Denkens gegen die Theorien des Gehirns. Das ist die Prädestination, daß ein Mensch die Organe als Träger des Seelenerlebens selbst in ihrer Tüchtigkeit oder Untüchtigkeit verursacht hat und der astralische Mensch der Baumeister ist seiner Organe. Vor der Geburt bildet sich die Harmonie oder Disharmonie der inneren Planeten; im Embryoleben gestaltet sich das aus im Bau der sieben Organe. „Dieses Firmament des Kindes nimmt in seiner Geburt Prädestinationen an“, lehrt Hohenheim. In der Fähigkeit der Kräfte, die der astralische Mensch sich im Reich des Geistes vor der Geburt dienstbar zu machen wert ist, liegt beschlossen der Wert — mehr oder weniger vollkommen — der Organe, der Planeten im Leibe, welche von diesen Kräften während des Embryolebens aufgebaut werden. Die Länge oder Kürze der natürlichen Lebensdauer liegt ebenso darin beschlossen. Aus dem, was der wahre Astrolog — der Wissende und Hellseher — am neugeborenen Kinde schaut und versteht, indem er das innere Planetensystem betrachtet mit dem Auge des Geistes, aus diesem kann er in Bezug auf dies Firmament die Zukunft voraussagen. Und Hohenheim, konkret wie immer, gibt ein Beispiel: Denke dir eine Sanduhr. Du weißt genau, wie lange diese Sanduhr läuft, da du die Größe des Gefäßes, die Weite der Öffnung, aus welcher der Sand zu rinnen hat, und die Menge des Sandes kennst. Ebenso steht der Astrolog dem inneren Firmament gegenüber und berechnet die Verhältnisse. Dann setzt er die Sanduhr auf — das Aufsetzen bedeutet die Geburt: So und so lange kann der Sand dieses Lebens rinnen; so und so ist das Seelenleben veranlagt. „Also sollt ihr uns verstehen in Entia Naturali, was Creatum und Praedestinatum ist: aber merket daneben, daß die anderen Entia die Praedestination oftmals brechen.“

Das heißt, daß das Seelenleben des Menschen keine starre Maschinerie ist, sondern daß in Sachen des Karma unablässig neue Ursachen durch Kraft oder Schwäche des Ich gelegt werden können. Der Mensch kann durch die Schicksale zur Einsicht und Selbstzucht angeregt werden, und Selbstzucht kann Veranlagung überwinden; die Hinneigung zu gewissen Erkrankungen verliert sich oder schwächt sich ab in dem Maße, als die entsprechenden Vorgänge in der Seele sich verlieren oder abschwächen; infolgedessen verändern sich auch die Lebensgewohnheiten und verändern sich die Fähigkeiten der Organe. Sobald also ein Mensch in die Erdenwelt hineingeboren ist, ist er nicht mehr beeinflußbar von den Planeten der Welt, sondern untersteht dem Einfluß der Planeten seiner eigenen Astralität. Das Ens naturale enthält andeutungsweise die Beschreibung dieser inneren Astralität; die Andeutungen sind derart, daß der Schüler durch sie in den Stand gesetzt wird, an ihnen zum Verständnis des Gemeinten zu kommen, wenn er die logischen Schlußfolgerungen zieht aus dem, was in den Geheimschulen gelehrt wird. Dann entwickelt sich aus der Andeutung der Begriffskomplex, der die Erklärung birgt. Und Paracelsus beschreibt das Leben der inneren Planeten folgendermaßen: „Wie die Sonn' wirket in die Erden und in sich selbst, also wirket auch das Herz dem Leib und in sich selbst . . .“ Das Hirn (der Mond) wirkt wie der Mond, „im Geist aber, nit in der Substanz. Aus den Ursachen kommen dem Hirn so wie Zufäll . . .“

seine Funktion ist „vom Hirn zum Herzen und wieder zurück auf sein centrum geistlich“, „die Milz führt seinen Lauf wie Saturnus: und als oft er laufen muß von seinem Creato bis auf sein Praedestinatz, also das Milz von seiner Geburt, bis auf seinen Tod, soviel Läufe tut. Das Milz läuft sein Gang in der Seiten und im Gedärm.“ „Der Mars (Galle) vergleicht sich mit in seinem Wesen dem Marti, aus Ursachen, daß jedweders Firmament sein sundern Brauch hat auf sein Subjekt, da es hin verordnet ist: Also ist die Gall in der Substanz, wie der Mars im Geist, und ist in ihrem Geist, wie der Mars im Lauf.“ „Welche Wirkung Venus tut, dieselbe dient auf die Frücht der Erden, dieselbigen zu gebären: Also dient die Kraft der Nieren auf die menschliche Frucht, also daß Venus im Leib nichts wirkt, allein die Nieren haben deß Gewalt. Und wie Venus entzündet wird durch die Entphahung der Kraft vom Ente Magno, also entphahens die Nieren vom Sinn des Menschen.“ „Und wie Mercurius der Erden nutz und zu was Früchten er ihr gut ist, dasselbig Amt vollbringet die Pulmo (Lunge) im Menschen.“ „Und Jupiter (Leber) läuft in seinem Geist allein im Blut . . .“ „Und wo er nicht wär, da würd' nichts Gutes im ganzen Leib. Als auch Jupiter tut und durch seine Güte all' Ungestümigkeit mildert.“ Es muß nun, wenn eine Erklärung des eben Zitierten versucht werden soll, eine Grundlage vorausgesetzt werden: die bereits vorhandene Bekanntschaft mit der Lehre über Planetenentwickelung, wie sie die erwähnte

„Geheime Lehre im Umriß“ enthält. Daran erinnernd müssen einige Tatsachen, welche die Bausteine zum Verständnis abgeben sollen, vor die Seele gerückt werden: Im Ens astrale versteht Paracelsus als „Stern“ das **Ich**, das Erdenich, das Menschenbewußtsein der Erde. Die andern Planeten sind aber jeder auch als astrum zu betrachten, denn auf jedem entwickelt sich ein „Ich-Erleben“ als Menschenstufe, wenn auch unter durchaus anderen Daseinsbedingungen. Dies Ich-Erleben jeder Planeten-Menschheit entsteht dadurch, daß jeder Planet eine Stufe vorwärts, eine Neuentwickelung im Verhältnis der früheren Stufe, bedeutet. Dies Vorwärtsschreiten vollzieht sich durch Ausscheidung des weniger Entwickelungsfähigen, das die neue Operationsbasis jedesmal zu bilden hat. Ein Beispiel möge das Gemeinte veranschaulichen: Es gibt ein abstraktes Denken, das sich nach den Gesetzen der Logik bewegt. Der Mensch kann es erlernen. Er kann die Fähigkeit dazu in sich entwickeln. Wie? Indem er sich über die gewöhnliche Denkart erhebt, die Sklave der Begierden ist. Der Denker muß das Element persönlicher Begierden ausscheiden, hinabstoßen aus seinem Bewußtsein; in ihm, mit ihm verwoben könnte er nie objektiv denken. Er stößt es hinab; verfeinert, gereinigt erhebt er sich darüber und macht es zur Operationsbasis seiner Erwägungen. Nun kann er sich als logischer Denker entwickeln und urteilen über das Ausgeschiedene, kann Pläne schmieden, wie es im Haushalt der Natur zu verwenden sein könnte. So sind die Planeten Träger einer bestimmten Bewußtseinsstufe, deren Entwickelung auch die Entstehung einer Stofflichkeit bedingt. In der Geheimlehre wird von drei großen Entwickelungsphasen des Sonnensystems gesprochen, als von dem okkulten Saturn, der okkulten Sonne, dem okkulten Monde. Die vierte Phase stellt unser jetziges Sonnensystem dar. Es bedeutet eine Wiederholung des Vorangegangenen, drei Altersstufen, die sich erhalten, die sich wie einst ausleben heute in Saturn, Jupiter und Mars. Wie sie einzeln sich heute noch erleben, so war das Leben der drei großen Inkarnationen unseres Weltsystems. Als die vierte Inkarnation all der Wesen, die dieses System bilden, gilt der Makrokosmos von heute. Im genaueren Sinne als Neubildung eigentlich von dem Kreise an, den die Erde in ihrer Bahn um das Sonnenzentrum zieht. In diesem Kreise spielt sich das Neue ab, und zwar derart, daß unsere Erde als Operationsbasis zur Entwickelung des Erdenwachbewußtseins und der entsprechenden Körper zurück bleibt, und das Sonnenzentrum sich stufenweise immer mehr zusammenzieht und die Stufen die Planeten Mercur und Venus bedeuten. Sie gelten als Stufe einer Entwickelung, welche die der Erde bereits überschritten hatte, während nun der Kern, die Sonne, die Lebensessenz selber ist. Die Träger — als Planetenmenschen, Planetenichheiten, als astra — in denen das Licht der Essenz sich reflektiert, sind eben die Bewußtseinstufen der Planeten, der siebenfache „Himmlische Mensch“, der Makrokosmos. Die Erde selbst wird niemals als Planet aufgezählt, sondern aus okkulten Gründen an ihrer Stelle der Mond, unser Erdenmond. Denn die Erde hat den besonderen Zweck, daß im Erdenbewußtsein sich das Gesamtleben des siebenfachen Himmlischen Menschen treffen soll, damit dereinst in einem wundervollen Zusammenklange, in das Bewußtsein des Geistesmenschen zusammengefaßt, als wie in einem Akkord, die Töne der Sieben erklingen möchten! So wie sie jetzt sind, würden sie im Menschen einen Mißklang ergeben! Der vergöttlichte Mensch wird eine Harmonie daraus machen, indem er ihr Wesen einem Ziele anpassen wird, das jenseits aller Gegenwart und Vergangenheit liegt; er wird sie in ein Bewußtsein verschmelzen, aus dessen Machtfülle eine neue Welt entstehen wird. Aus dem Bereich dessen, was dem Laien vielleicht nur als eine Theorie erscheinen mag, wird nun dies Wesen des Makrokosmos dem Verständnis näher gebracht, wenn es da gezeigt wird, wo es der Mensch täglich in sich erleben muß. Wo er es nicht wegleugnen kann, wo er sich als seinen Knecht bekennen muß, — nämlich im Mikrokosmos des Menschenleibes. Auf einem Umwege über Alltägliches, Allbekanntes und ebenso als Unverstandenes Bekanntes soll an das Wesen der inneren Planeten herangetreten werden.

Der Mensch betrachte einmal, aus welchen Bestandteilen denn sein Bewußtsein besteht: Der Mensch kann in Ohnmacht, ja in Scheintod verfallen, ebenso in Schlaf, ebenso in halbbewußten, traumerfüllten Schlaf. Das sind Stufen seines Bewußtseins. Jeder

Mensch birgt die Möglichkeit der drei in sich. Das sind Zustände, die aus der Vergangenheit stammen, einer Vergangenheit, der der Mensch nur zum Teil sich erst entrungen hat. Er soll sich ihnen ganz entringen. Er soll dahin gelangen, daß sein strahlendes Bewußtsein nie erlischt; daß er weder träume, noch schlafe, noch in Ohnmacht sich verliere. Daß er, während im sogenannten Schlafzustande sein astralischer Leib sich aus dem Äther- und physischen Leibe herauszieht, um des Tages Sünden an ihm zu heilen, daß er dann mit vollem Ich-Bewußtsein dies tue, und nicht wie jetzt sein Ich im kosmischen Bewußtsein erlösche. Unsterblich ist dies Ich dann geworden, es wechselt nur die Umgebung. Dann ist es das, was jener schöne arabische Gruß — an Stelle des christlichen „Gelobt sei Jesus Christus“ — meint, den C. F. Meyer in seinem Roman „Der Heilige“ zitiert: „Gelobt sei, der nie schläft, noch schlummert!“ Wenn aber der Atavismus die Rechte, die ihm noch zukommen, durch Schwäche des Ich überschreiten darf, dann stellen sich dieselben Zustände in anderer Form dar: in den drei möglichen Transzuständen des Mediums.

Wenn wir nun das Wachbewußtsein betrachten, so finden wir es — nicht etwa frei! — sondern ebenso dreifach regiert: da ist ein Etwas im Menschen, das ihn beeinflußt, das er nicht definieren kann, das er aber sehr gut kennt. Dies Etwas erhebt ihn über die Stufe des Tieres. Dies Etwas leitet seine Begierden, so daß sie nicht ins Tierische herabsinken.

Dies Etwas ist immer wachsam, spornt ihn an, hält ihn zurück, so daß er immer im Rahmen des Menschentums sich bewegt. Dies Etwas kann nicht in allen Rassen, im Sinne von Unterschieden der Hautfärbung, als der roten, der schwarzen, der gelben, der braunen, der weißen Rasse, — das Menschentum in den gleichen Rahmen zwängen, dazu reicht seine Macht nicht hin, denn ein Größerer als er hindert ihn daran. Aber als das Menschliche der Rasse, das dem Begierdenleben Gesetze gibt, stellt es sich dar: es ist das Gewissen. Ob Sünden des Einzelnen seine Stimmen übertönen, das ist kein Einwand gegen die Wirklichkeit seines Daseins. In jeder Rasse, auf jeder Menschenstufe gibt die Gewissensstimme Mahnung und Warnung, allerdings in ganz bestimmten Grenzen. Es kann der Mensch nicht sagen: mein Gewissen, das bin ich! Denn dieses Ich ist es ja gerade, das von der Stimme des Gewissens ermahnt wird, dieses Ich wird ja von ihr erzogen. Und es ist durchaus bedürftig dieser Leitung, dies Wachbewußtsein des Menschen, das sein Erdenich ist. Was nun noch stärker ist als die Stimme des Gewissens, das ist die Wirkung des Volkstypus im Menschen. Das Gewissen ragt hinein in die Färbung des Persönlichen; der Volkstypus hat nichts mit der Einzelperson zu tun, hat kein Interesse an ihr. Sein Interesse gilt dem Gesamtverband Volk. Unter dem Druck der Macht, die hinter dem steht, was den Volkstypus hervorbringt, muß das Gewissen schweigen. Der Einzelne würde nicht morden; im Interesse der

Blutrache, im Interesse des Vaterlandes mordet er. Der Volkstypus beherrscht seine ganze Vorstellungswelt, so daß jeder sein Volk als das Vorzüglichste betrachtet und gerade diesen Typus zur Geltung bringen will. Ausgenommen das deutsche Volk; aber gerade darin beruht die Eigentümlichkeit seines Typus. Über den Mächten, die hinter den Volkstypen stehen, steht eine Macht, welche mit den Volkstypen verfährt, wie der Volkstypus mit den Einzelmenschen. Sie bestimmt eine Gedankenrichtung als die herrschende, alle Völker beeinflussende. Um ein Beispiel aus dem Naheliegendsten zu nehmen: Man versuche, sich den Unterschied zwischen dem führenden Gedanken des Mittelalters und dem der Neuzeit vorzustellen. Was war denn der herrschende Gedanke des Mittelalters? Es war der christlich-religiöse Gedanke. Der Wert der Völker liegt in den Diensten, die sie der Kirche leisten; denn die Kirche allein ist die Vermittlerin zwischen Diesseits und Jenseits. Durch sie allein kann der persönliche Mensch „selig", d. h. unsterblich werden. Und man glaube nicht, daß das Äquivalent der Kirche im Heidentum, nämlich die Tempelweisheit der Mysterien schon denselben Gedanken vertreten habe! Die vorchristliche Weisheit besaß die Mittel, das Bewußtsein an dem Weben der übersinnlichen Welten teilnehmen zu lassen, sie umfaßte zurückschauend das Wesen alles Gewordenen. Sie hatte Vorkehrungen, um dem Initierten Erinnerung an das in besonderen Zuständen Erlebte einzuverleiben, — aber sie konnte nicht der

Weg zur persönlichen Unsterblichkeit sein. Unsterblichkeit in der Gruppenseele, — aber nicht persönliche Unsterblichkeit lehrte sie. Die Kirche nun, als Bewahrerin des Geheimnisses von dem durch Christus erschlossenen Weg zur persönlichen Unsterblichkeit, konnte anleiten zum Betreten dieses Weges. In dieser Vorstellung vom Wert der Kirche beruht der herrschende Gedanke des Mittelalters, der alles Fühlen lenkte. In diesem gemeinsamen Gefühl der Pietät war das Leben der in der Entwickelung voranschreitenden europäischen Völker beschlossen. Nur aus solchem Gefühl heraus waren die Kreuzzüge möglich. Und heute? Wohin sind solche Gefühle? Welches Volk würde im Sinne von einst einen Kreuzzug unternehmen können?

Heute herrscht ein anderer Gedanke: der Gedanke der persönlichen Freiheit, des persönlichen Wertes, der persönlichen Gleichberechtigung. Wie weggeblasen ist die große Pietät. Es gibt nur noch eine: die Pietät vor der Macht des Verstandes. Das ist recht interessant zu beobachten am pulsierenden Leben ringsumher, wie Gewissen und Volkscharakter unterjocht sind vom Gedanken an den Wert der Person, wie sie hypnotisiert sind von der Vorstellung: Ich muß mich ausleben können! Und das tun sie in allen entwickelungsfähigen Völkern, die Menschen-Iche. Sie vergrößern sich, leben sich aus auf Kosten des Volkscharakters und des Gewissens. Ja, das ist nun nicht wegzuleugnen, daß das Menschenbewußtsein in diese sechs Einzelzustände aufzuteilen ist. Es geht alles auf im menschlichen, vom Gewissen regulierten Trieb- und Affektleben, — im Volksinteresse und im herrschenden Gedanken. Und der Mensch muß zugeben, daß sein Innenleben kein selbständiges, sondern ein reguliertes ist. Und selbst da, wo er sich ganz „in Freiheit“ auszugeben trachtet, ist er ganz Knecht des Zeitgeistes. Denn er muß sich gestehen: aus mir ganz allein habe ich den Gedanken nicht geboren: das Gesamtgedankenleben trug ihn mir entgegen; ich habe ihn nur aufgenommen. Und ebenso ist sein Leben, ist Schlaf, Traum und Ohnmacht nicht durch ihn — das wache Ich — reguliert. Er gibt sich nur hin oder erleidet den Zustand. Und was ist der Mensch an sich selbst? Grade so viel, als der Logos durch ihn spricht. Soviel, als er aus ureigenster Initiative tun kann.

In diesen sechs dargestellten Zuständen drückt sich das Wesen der Planetengeister im Menschenleibe aus. Es soll, weil es am bequemsten dem Verständnis liegt, vom Bewußtseinsaspekt geschildert werden. Es könnte auch anders geschildert werden: es könnte gesagt werden, wie die Planetengeister die physischen Grundlagen der Seelenzustände schaffen. Sie könnten auch im Sinne der göttlichen Komödie dargestellt werden, wie Dante sie in der Einweihung bewußt erlebt, wie sie empfindend, je nach seiner Eigenart, der Mensch nach dem Tode kennen lernt. Aber es soll hier im Sinne des Ens naturale nur vom menschlichen Astralleib, so wie er während des Lebens ist, gesprochen werden, so wie er Gesundheit und Krankheit verursachen kann. Der Leser der erwähnten

„Geheimlehre“ wird eine Einsicht erhalten in das, was sich abspielte auf dem alten Saturn: wie aus dem Weltenwillen als Urstofflichkeit, den die Geisteshierarchie der „Throne“ hingibt, durch das Wirken der anderen Hierarchien von kosmischen Wesenheiten der Urstoff sich differenziert in das, was die Grundlage des seelischen Erlebens, und in das, was die Grundlage des körperlichen Erlebens werden soll. Es kann hier, da es in erwähntem Werke zu finden ist, davon abgesehen werden, die Namen der neun Hierarchien aufzuzählen, und auf die Eigenarten ihrer Wesenheiten hinzudeuten. Es ist nur zum Verständnis des Ens naturale notwendig zu erwähnen, daß die drei unmittelbar über dem Erdenmenschen stehenden Hierarchien, die der Urbeginne, wie sie die christliche Esoterik nennt, die der Erzengel und die der Engel während der Weltinkarnationen, die wir Saturn, Sonne, Mond nennen, ihre Menschheitsstufe durchmachen. Darunter ist zu verstehen, daß sie sich als Sonderwesen, als Ichwesen inkarniert in eine Körperlichkeit erleben, die den Zuständen entspricht, die im Okkultismus als Urfeuer, als das Element Luft und das Element Wasser bezeichnet werden. Wie wir Menschen uns als Herren der Erde fühlen, deren Materie wir zu behandeln verstehen, so verstanden sich auf das „Urfeuer“ die Urbeginne, auf das „Element Luft“, — also auf alles, was im Zustand des Gasigen ist, — die Erzengel, auf das „Wasser“, d. h. auf alles, — was sich im Zustand des Flüssigen befindet, — die Engel. Da haben wir vor uns die

Kräfte, welche in den Aggregatzuständen der einst im Weltenraum sich bildenden Stofflichkeiten bewußt wirken lernten, und deren Können an diese Aggregatzustände gebunden ist. Unter dem Ausdruck „Element" wird das verstanden, was sich zum Objekt der Wirksamkeit der drei Hierarchien hergeben muß. Wenn wir heute zum Weltenraum schauen, so zeigt uns der heutige Saturn, zeigt uns der Jupiter, welcher der alten „Sonne" entspricht, der Mars, welcher dem alten „Mond" entspricht, heute noch ein jeder einen Restbestand des kosmischen Weltenlebens von einst. Ja, was zeigen sie uns denn eigentlich? Um es ganz in den Bereich der Begriffe nuserer Zeit herabzuziehen: sie zeigen uns kosmische Atavismen. Da gibt es immer noch Wesen, die sich so heut erleben, wie vor ungeheuren Zeitfolgen die Menschen des alten Saturn, die im selben uralten Verhältnis stehen zu den höheren Hierarchien, wie einst. Und wie einst sind sie immer noch bemüht, die Grundlage alles seelischen und stofflichen Erlebens zu gestalten. Da es die Grundlage erst wird, so bedeutet dies ein Leben in hoher Geistigkeit; was da vollbracht wird im Stoff, ist die Geburt des Menschenbewußtseins und gleichsam sein Zustand erster Kindheit. Dieser Zustand des Urbewußtseins, der heute noch erhalten wird, bedeutet also, im Wesen des himmlischen Menschen, einen Teil absichtlich zurückgehaltener Geisteskraft, die auf die Konstituierung und Erhaltung der stofflichen Grundlage heute noch verwendet wird. Dann ist aus der Schilderung der

„Geheimlehre“ vom Dasein der alten Sonne, — wenn man alle Schlußfolgerungen in eine Quintessenz zusammenpreßt, — zu ersehen, daß ein Teil dieser physischen Grundlage durch das eigentümliche Erleben der Menschenstufe, wie es die Erzengel mit Hilfe der Cherubime erfahren, dieser Teil der Grundlage die Fähigkeit erhält, das Leben der Umwelt wie in einem sie belebenden inneren Reflex zu empfinden. Durch das, was die Engel als Menschen des alten Mondes wahrnehmen und lernen, wird ein Teil dieser lebenbegabten Grundlage so umgewandelt, daß sie fühlend antworten, reagieren kann auf das, was die Mondmenschen in ihr erleben, und dies Reagieren besteht darin, daß der Stoff zum körperlichen Ausdruck dieses Erlebens wird. Und nun denke man sich von Schöpferkraft geformt im Kleinen dieselbe astralische Organisation, wie am Himmel Saturn, Jupiter, Mars aufweisen; im Mikrokosmos wird man sie finden als Milz, Leber und Galle. Es sei betont astralische Organisation, denn im Astralleib ist sie, und was der Anatom seziert, ist nur das isolierte Eigenleben, in dem Saturn-, Jupiter- und Marsgeist die kosmische Grundlage erhalten und beständig erneuern. Wovon wird sie denn erneuert? Was entspricht dem Urstoff, den die Throne hingeben? Dem entspricht das, was der Alchimist dem „Brot der Barmherzigkeit“ entnimmt, um einen Ausdruck Paracelsi zu gebrauchen, der in der erwähnten Broschüre: „Der esoterische Christ Paracelsus“ erklärt wurde: Es ist das tägliche Brot, die Nahrung, durch die der

Mensch sein Leben hinfristet. Galle, Leber und Milz erhalten die von ihnen geschaffene Leibesgrundlage, durch welche die Hälfte des Menschenbewußtseins im Atavismus bewahrt wird. Was ist denn der Schlaf? Ein Regenerationsvorgang! Da taucht der astralische Mensch ins Jupiterbewußtsein zurück und wirkt kosmisch von außen auf das Blut ein, es erneuernd, die sogenannten „Ermüdungsstoffe“ entfernend. Deshalb sagt Paracelsus: „Ohne Jupiter (Leber) würde nichts Gutes im ganzen Leib“. Er befähigt das Blut, Lebensträger zu sein. Dadurch wird der Saft erst „Blut“. Und wie Jupiter die Voraussetzung des Mars im Kosmos ist, so ist die Leber die Voraussetzung der Galle. Jeder weiß, wie das Gefühls- und Affektleben intim mit der Galle verbunden ist; und die Physiologie lehrt, wie eine genügende Verarbeitung der Nahrung ohne die Galle unmöglich wäre, und daß im Besonderen ohne sie die Fettbestandteile nicht assimiliert werden könnten: Die Kreatur, an der man durch eine Fistel die Gallenabsonderung nach außen ableitet, magert ab zum Skelett und verkommt. Der Geist des Mars ist der Beherrscher des „Elementes Wasser“, d. h. aller Flüssigkeitszustände bis an die Grenze des Konsistenten; es kann nichts zu tierischem Fleische aufquellen ohne ihn. Diese Kraft dazu liegt im Gallenstoff, ist der Gallenstoff; er ist „in der Substanz, wie der Mars im Geis“. Und was auf dem Mars erlebt wurde, wird heute noch, durch die Gallentätigkeit ein inneres Erleben erweckend, im Organismus vollzogen. Wie der

Leib des Menschentieres sich einst auf dem Mars bildete nach kosmischen Vorstellungen, so sorgt der Mars im Menschen dafür, daß die Vorstellungen des heutigen Menschen in einem gewissen Rahmen sich abspielen, innerhalb dessen die dem Bau des Leibes nutzenden Vorstellungen enthalten sind, denn alles, was der Mensch denkt, wirkt als bildende Kraft in ihm; von Inkarnation zu Inkarnation ist es magisch an ihn gebunden. In einem Leben sieht man ja schon, wie zehrender Neid häßlich das Angesicht verändert zur Maske des Neides, wie Güte das Angesicht verklärt. Wer okkult das Leben der Galle miterleben könnte, würde das Werden und Wirken der Vorstellungen wahrnehmen, wie sie — selber Gestalten — gestaltend schaffen.

Verzerrte, entstellte Fratzen solchen Miterlebens sind die verworrenen Traumbilder und ihre erfreuenden oder beklemmenden Eindrücke auf das Bewußtsein. Ohne den Mars gäbe es keine Phantasie und kein Künstlertum. Wenn Zorn dadurch entsteht, daß „Mars die Galle überschüttet", so ist daraus nicht zu folgern, daß der Geist des Mars der Geist des Zornes sei! Es ist der Geist des kosmisch-logischen Denkens, der Mars von heute als Rest des alten Mondes, der im Rahmen der Gesetze webt und bildet, die den Menschenleib erhalten als Träger der Gruppenseele. Er lenkt den Menschen, indem er seine Affekte erregt, indem er dadurch den Menschen zum Krieger für die Interessen der Gruppenseele macht. Bei Wahrnehmungen, die das Gefühl allgemeiner

Menschlichkeit verletzen, „überschüttet Mars die Galle“: der Mensch ist wilder Empörung voll und nur ein Trieb beherrscht ihn: rächen, ausbessern, was da geschah. Damit wären Jupiter, Leber und der Regenerationsvorgang des Schlafes und die Blutbildung, — und Mars, Galle, Affekt- und Traumesleben und Assimilierung der Fettbestandteile in ein Verhältnis zu einander gesetzt. Und Saturn? Wo ist das Bewußtsein in Zuständen der schweren Ohnmacht, der Katalepsie, des Scheintodes? Es ist gradweise tiefer und tiefer zurückgesunken in das Urbewußtsein von einst. Wie einst ist der Leib etwas Lebloses; im Scheintod atmet der Mensch kaum, hinausgedrängt aus dem Leib sind Leben und Seele. Aber der Leib zerfällt nicht: die Form wird erhalten durch eine Kraft außerhalb des Leibes, welche die Macht hat, den Schlag des Herzens wieder anzuregen. Der Leib ist kalt, aus dem Blut hat sich das Leben zurückgezogen in seine letzte Zuflucht; nur durch Saturn ist es noch mit dem Leib verbunden, dessen sichtbarer Ausdruck die Lymphdrüse Milz ist, die heute noch in Verbindung durch die Prozesse in der Lymphe mit dem sogenannten Lymphherzen steht, der als ein pulsierender Bruder des Blutherzens noch heute bei gewissen Vögeln und Amphibien auftritt.

Was vorgeht im alten Saturnbewußtsein, wenn der Mensch in ihm sich erlebt, wird nicht ins Wachbewußtsein hinüber gebracht. Die Somnambule, deren anormaler Zustand darin besteht, daß sie nachts wandelnd und sicher hantierend den Leib bewegt von außen, kann nicht erzählen, wie sie es machte, daß sie den Leib bewegte. Der vom Scheintod Erwachte kann nicht erzählen, durch welche Vorgänge sein Herz wieder zu schlagen begann. Die Erzählungen vom Scheintod Erwachter sind zu vergleichen den Träumen, deren Entstehung nachzuprüfen ist, und die nur wenige Minuten dauerten. Sie waren erregt durch ein Uhrschlagen, einen Schuß, ein auf den Schläfer sich ergießendes Glas Wasser, das er schlafend umstieß; davon machte der Träumende ein kompliziertes Drama, das unendlich lang erschien. Und der vom Scheintod Erwachte bringt zuweilen mit herüber, was sich ihm an Eindrücken während des langsamen Erwachens zum Leben zu Vorstellungen verdichtete, aber das im Unterbewußten Erlebte kann er nicht ins Wachbewußtsein herüber bringen! Wie nun die Kräfte von Saturn, Jupiter, Mars in dem Erhalten von Zuständen der Vergangenheit — die aber dem heutigen System sich anpaßten — ausleben, so sind in Mond, Merkur im Okkultismus gilt der heutige Merkur als Venus und Venus als Merkur, Venus Kräfte, regierende Wesenheiten zu sehen, deren Aufgabe ist, das auf der alten Grundlage entstandene Menschenwesen nun weiter empor zu bilden. Sie wirken auf das Gehirn (den Mond im Menschen), in dem sie als Stimme des Gewissens das Vorstellungsleben in Schranken halten, als die Hierarchie der Engel. Sie zwingen das Gefühlsleben in den Bann des Volkstypus, als Erzengel oder Volksgeister. Mit gewaltiger Suggestion wirken sie auf die Persönlichkeit, indem sie den herrschenden Gedanken einer Epoche formulieren als Geister der Persönlichkeit oder Urbeginne. So lenken sie und erziehen sie das Menschenbewußtsein. Wer sind sie denn, daß sie das können?

Es wird dem Leser vielleicht aufgefallen sein, daß Saturn, Jupiter und Mars als Reste der Welten bezeichnet wurden, in denen sich Urbeginne, Erzengel und Engel bewußt erleben lernten. Und nun werden Mond, Mercur, Venus wiederum als die Wohnstätten von Engeln, Erzengeln und Geistern der Persönlichkeit angesprochen. Damit würde jede der drei Kategorien in zwei Naturen zerfallen, die verschiedene Interessen und Ziele verfolgen. Und dem ist auch so. Wenn sie auch den Zusammenklang des Astralleibes ausmachen, so stehen sich diese Interessen dennoch gewissermaßen feindlich entgegen. Daraus ergibt sich eine Doppelnatur im Menschen, welche die Ursache des inneren Seelenzwiespaltes ist, in dem der Mensch sich fühlt als ein Spielball niederziehender und emporhebender Gewalten. Aber an diesem Zwiespalt allein kann das Ich sich als Ich erleben, stärken und entwickeln. Man denke sich eine absteigende Bahn bis zur Entwickelung der Erde, — ein Bilden der stofflichen Grundlage. Dann von der Erde an einsetzen die Bestrebung, das auf der Grundlage erst möglich gewordene Bewußtsein zu erziehen, um es zu vergeistigen, zu vergöttlichen. Im Feuer, im okkulten Sinne als Element, in der Luft, im Wasser, spielt sich heute noch alles Erleben ab. Die Blutwärme, die eingeatmete Luft, die Säfte und das Blut sind im Menschen die Träger dieses Erlebens. Und so wirkt die neue Engelnatur wiederum im Wasser, im Flüssigen, in dem, was das Gehirn auf der Blutbahn zum Herzen sendet, und was das Herz ins Gehirn hinauf reflektiert, wie es Paracelsus andeutet vom Lauf des „Mondes“ im Mikrokosmos. Und die Mercur-Geister, die neue Erzengelnatur, ist der astralische Regent der Lunge, wirkend durch und in der Luft. Ein Volk ist als solches an sein Erdreich gebunden, sein Klima, seine Pflanzenwelt, die Beschaffenheit seiner Quellen und Gewässer zeigen in ihrer Eigentümlichkeit den Reflex der Natur ihres Volksgeistes, an dessen Wesen sich der Mensch, die Luft einatmend, täglich neu erlebt. In einem Maße, das er bestimmt, das Sinnenleben des Einzelnen zu erhalten, daß im Einzelnen der Volksgeist sich spiegeln könne, ist sein Interesse. Sein Organ, die Lunge, ist nur dann gesund, wenn das bewußte Sinnenleben durch die Begierden des Ich nicht aus seinen Grenzen getrieben wird. Andauernde Überschreitung verdirbt im Lauf der Inkarnationen das Instrument, das die Segnungen der Luft empfangen sollte. Daraus erklärt sich der bei den meisten Lungenkranken zu beobachtende Hang zum Erotischen. Und im selben Element wie ihre Brüder wirken die Geister der Persönlichkeit, die Geister der Venus, deren physisches Organ die Nieren sind. „Was durch den Harn abgeht, das ist eine

Resolvierung vom Salz“, sagt Paracelsus im Ens Veneni. Sie wirken durch das „Element“ Feuer, in der Blutwärme, und lösen auf durch ihr Organ alles das aus dem wach- und unterbewußten Fühlen und Denken Entsprossene, was, wenn es zur Verfestigung käme, das Leben zerstören würde. Sie resolvieren das „Salz“. Und sie sind nicht nur Auflöser, sondern auch die Einleiter der größten Tat des Organismus auf dem physischen Plan: von der Kraft des Ich, als vom „Ente Magno“ erregt, ziehen sie aus allen Leibesteilen in den Punkt des Samens alles zusammen, woraus wiederum durch den Akt der Zeugung ein neuer Mensch entstehen kann. Wie die Nieren das Untaugliche auflösen und die Kräfte zusammenziehen, darinnen sich ein Ich erleben könnte, so zerstören die Geister der Zeit die alten herrschenden Gedanken, die Schablone, leere Hülse wurden, und imaginieren eine neue, — der Entwicklung aller Kräfte dienende, — herrschende Vorstellung. In denselben Elementen wirken die Doppelnaturen der drei Hierarchien, und sie unterscheiden sich dadurch, daß Saturn, Jupiter, Mars das Alte im Dienste des Erdenzweckes bewahren, und um diese Aufgabe erfüllen zu können, nicht das Neue mitmachen, was im Element Erde erfahren werden kann. Während Mond, Mercur und Venus innerhalb der Erdentwicklung mit dem Menschen sich erleben, über die Erdenmenschheit rasch hinauswachsen, und aus der allgemeinen Stofflichkeit, die nach dem Abscheiden von Saturn, Jupiter und Mars bleibt, nach und nach sich und ihre

Diener herausziehen als Mond, Mercur und Venus, alle kreisend um den Daseinskern, die Sonne, die sich spiegelt in ihrem Träger, dessen Entwickelung alle fördern: dem Erden-Ich. „Ihr sollt verstehen im Menschen sieben Leben, da keins antrifft das rechte Leben, in dem die Seele liegt.“ Die Seele ist das Leben, das sich im Kreise des Ich-Bewußtseins abspielt, das sich zur Aufnahme des Christusprinzips entwickeln soll. Es ergibt sich aus dem Dargestellten, daß nur, wenn ein gewisser Gleichgewichtszustand der sieben Kräfte im Organismus herrscht, der Mensch sich als gesund empfinden kann. In unserer Zeit wäre er gesund, d. h. er fühlte sich im physischen Vollbesitz aller Kräfte, wenn er in keiner Hinsicht in irgend einer — exzellierte! Er müßte jedem Planeten den entsprechenden Tribut an Unterwürfigkeit zollen, und doch im Ich regsam und aufnahmefähig bleiben. Nur dürfte dies Ich nichts durch sich selbst sein wollen, dürfte nicht gegen den Volkstypus, nicht gegen den herrschenden Gedanken leben! Wenn die Seele nach Selbständigkeit strebt, entsteht Unordnung im Leibe. Der Geniale, der seinem Gotte alle Seelenkräfte dienend hingibt, in dem sein Gott Wohnung nimmt und wirkt, der kann nicht „gesund“ sein. Was ist denn das überhaupt, „gesund“ sein? Im Sinne des Alltags-Gleichgewichts genommen, ist es denn wirklich ein so hohes Gut? So hoch, daß man darum die Entwicklung der Seele preisgeben möchte? Ihr Ziel ist Vergeistigung auf Kosten des Körpers. Wer dieses Ziel unbewußt, — als Künstler von Gottes Gnaden, — oder bewußt auf dem Pfade zur Einweihung verfolgt, wie könnte er **das** Gesundheit nennen, was das Volk Gesundheit nennt, da er doch bestrebt ist, Herr in seinem Leibe zu werden, Stück um Stück den sieben Planeten die Herrschaft abzuringen? Die Genialen störten durch ihre absolute, rücksichtslose Hingabe an ihr Ewiges die Harmonie der Sieben: unbewußt gaben sie sich hin, Körperleiden zu ertragen, um die Götterseligkeit des Schaffens im engen Erdenich erleben zu können: ihre „Prädestination“ ist ein beständig schwankender Gesundheitszustand, ein beständig Kämpfen und Besiegen — manchmal auch tragisch Unterliegen — eines Helden im Einzelringen gegen das innere Firmament. Sie wissen nichts von diesem Firmament. Aber der es weiß, der okkulte Schüler, was nennt er Gesundheit? Nicht was das Volk „Gesundheit“ nennt. Gesundheit ist ihm die Zähigkeit des Ich im Überwinden aller krankhaften Zustände, bis es ihm gelingt, durch Einsicht in das Wesen seines inneren Haushaltes sich seine Ernährungs- und Lebensgesetze selber zu schaffen, wie sie dem jeweiligen Zustand seiner Entwickelung angemessen sind. Dann hat er ein inneres Gleichgewicht errichtet, das er selber handhabt. Das scheint nun ein wenig lockendes Ziel! Der Mensch der herrschenden Schablone meint: Gesundheit ist die Fähigkeit alles auszuhalten und alles zu genießen. Darauf kommt es ihm an, daß er die Kraft habe, alle Hindernisse zu beseitigen, um so viel als möglich, als nur irgend möglich, zu genießen. — Ja, aber gerade dadurch wird man krank! Aus solchen permanent gezüchteten Vorstellungskomplexen entstehen die Organ zerrüttenden Kräfte. Eine „solche“ Gesundheit würde der Okkultist eine Krankheitsursache nennen, der chronisch Kranke von heute, der war einst **„so“** gesund. Und der leidende Geniale präpariert sich die einstige große Gesundheit, die in der Überwinderkraft besteht. Der Mensch glaube doch nicht, daß sein Belieben bei diesen Dingen irgend was mitzureden hätte! Man sehe doch hin auf die Tatsachen: sie wollen alle im brutalen Sinne gesund sein, und werden darüber immer „nervöser“, d. h. immer weniger Herren ihres Nervensystems, da sie der alten Planetenzucht sich zu entziehen streben und sich selbst nicht beherrschen können, dann stürzen sich die Wesen der Elemente auf ihren astralischen Leib und spielen mit ihm: der Mensch wird nervös, — er wird seelisch anbrüchig, er wird irrsinnig. Sie wollen alle auf ihre Façon gesund sein, und immer elender wird der Zustand des Blutes, immer defekter die Organfunktionen. Wohin will denn das Ewige im Ich? den älteren Brüdern nachgehen. Was unter den Namen Engel, Erzengel, Urbeginne zu verstehen ist, das sind Namen für Ämter und Würden, die nur der erlangt, dessen Können für das Amt zureicht. In die Reihen der höheren Wesen ist der Mensch einzutreten berufen: er soll das „Können“ dazu erwerben. Der Weg der Initiation ist der Weg dahin. Er soll lernen aus seinem Mikrokosmos die Kräfte zu verweben, aus denen alsdann sich sein „Unverwesliches, das das Verwesliche wird angezogen haben“, sein astralischer ewiger Leib formen wird. In ihm wird das Selbstbewußtsein durch den Tod nicht vernichtet werden können. Den Weg dahin weisen die eben genannten Geister. Daraus folgt die Erklärung der inneren Disharmonie: Immer mehr lösen sich die astralischen Menschen aus dem Bereich des physischen Lebens, die Saturn-, Jupiter- und Marsgeister finden immer weniger Wirkungskreis im Menschen der Zukunft. Denn einem Vergeistigungszustand wird alles, was mit der Entwickelung fortschreitet, entgegen gehen; — und auch die Materie wird sich in Folge dessen in astralische „Materie“, in Elementarleben, auflösen müssen. So steht das Menschenbewußtsein unter dem Einfluß der Planetengeister, die in den Organen wirken, deren Eigenleben sie sind. Und dies Eigenleben hängt vom Karma ab, welches vor der Geburt den Astralleib bildet. Vor der Geburt lebt der Mensch unter dem Einfluß des Makrokosmos. Doch **nach** der Geburt ist die Grenze des Einflusses in den Organen karmisch fixiert: dann hat die äußere Himmelswelt keinen anderen Einfluß, als diese Organe möglich machen, so wie sie karmisch eben sind. Durch das Organleben können die Planetenkräfte Saturn, Jupiter und Mars — wenn es karmisch so möglich ist in der Konstitution, — in besonderen Fällen in natürlichem hie und da auftretendem Fernsehen im Raum, in Ahnungen, in Wahrträumen und Visionen im Menschen wirken.

In der Anlage zu persönlicher hoher Moralität die Engel, in der Opferfähigkeit für Volksideale die Merkurgeister, im Schaffen neuer Ziele die Venusgeister. So spürt der Mensch in seiner Seele die drei letztgenannten Hierarchien als die göttlichen Triebe seiner Seele. Er fühlt ihr Leben in seinem Leben, anders kennt er sie nicht. Nur in den hehrsten, wundervollsten, das Seelenleben von Grund aus erneuernden Gestalten der Geschichte, in der Heroen-Welt, da hätten die Menschenkinder die größten jener Geister von Angesicht sehen können, wenn sie gewußt hätten, wer für sie das Opfer der freiwilligen Inkarnation wiederum auf sich nahm . . . . Mit einer merkwürdigen Betrachtung schließt Paracelsus das Caput VIII seines Ens naturale über das innere Firmament: „Anderer Sterne halben sollt Ihr dergleichen merken, daß sie im Leib auch sind . . .“ Alle Sterne des Tierkreises sind auch als Kräfte in der Astralität des Menschen zu finden. Das Weltall ist ebensowenig wie der Menschenorganismus in streng voneinander getrennte Teile geschieden: „Alle Dinge sind wirklich in allen Dingen enthalten!“ Die einzelne Weltkugel am Himmel ist ebensowenig der Mercur, als die Lunge ein Erzengel ist: die Lunge stellt einen Zustand der Materie dar, wie er unter der Regierung des Erzengels sich gestaltet hat und wirken kann und mit Hilfe anderer Geister so geworden ist und so erhalten wird. Wir sehen nur Materie in einem bestimmten Zustande der Entwicklung, Materie, die das Leben immerfort dort ergänzt und der Eigenart des Organs einfügt. Das Leben der Lunge wirkt nicht nur in der Lunge, sondern im ganzen Leib. Leidet die Lunge, so leidet alles. Und so ist es mit allen Gestirnen im Leib und am äußeren Firmament. Der Mercur des Himmels ist ebenso Leben, das als Merkurmaterie das Gesetz des Merkurgeistes ausdrückt, und sich beständig aus dem Kosmos erneut und darin wirkt, wie der Sauerstoff der Luft das Leben der Lunge erneut. Und so leben in allen Körperteilen die entsprechenden Himmelskräfte, die während des physischen Lebens Körperkräfte geworden sind. Daran gedenkend spricht Hohenheim von den Sommer- und Wintersternen, den Tag- und Nachtsternen; und im letzten Grunde steht ein „Stern" hinter jedem Vorgang im Menschen, sowie in der äußeren Natur. Daß wir zwischen Geburt und Tod einen inneren Frühling, Sommer, Herbst und Winter zu erleben vermögen, das bewirken im inneren Firmament dieselben Mächte, die es in der Natur bewirken. Und wenn es regnet, vollzieht sich am Himmel derselbe Prozeß aus denselben Ursachen, bewirkt von denselben Kräften, der im Menschen vor sich geht, wenn der Mensch weint. Der Mensch hat in sich auch die vier Elemente, als Feuer, Wasser, Luft und Erde; und Paracelsus sagt, daß sie aus dem Lauf der sieben inneren Planeten entspringen. Und das ist ja eigentlich durch das bereits Erklärte schon selbstverständlich geworden: alle Himmelskräfte wirkten mit, — wie die „Geheimlehre" schildert, — im alten „Saturn" bei der Entstehung des Elementes Feuer als Operationsbasis; im weiteren Verlauf der planetarischen Entwickelung entstanden **so** als Ausscheidungsprodukte aus dem Geistigen Luft, Wasser, Erde. Sie sind zurückgebliebenes elementarisches Leben, die vierfache Basis des Erdendaseins. Genau dasselbe vollzieht sich bei der Entstehung des Kindes in dem Keim; auch da bilden sich als Umwandlungen des in den Keim ergossenen Willens die Elemente, die durch die Aufnahme des Brotes der Barmherzigkeit von den Organen beständig erneut werden. Daraus erhellt, weshalb die Erkrankungen des Astralleibes in Verbindung mit den Elementen zu bringen sind. Die Elemente sind es, die den Sulphur zerbrechen. Denn wenn die Organe nicht mehr im Stande sind, das Leben der Elemente dem Organismus unter- und einzuordnen, dann entwickelt sich Krankheit, d. h. elementarisches Parasitendasein. Und weiter noch, auf alles — erstreckt sich die Gleichartigkeit zwischen Mikro- und Makrokosmos.

So spielen eine bedeutsame Rolle im inneren Leben die Geister der vier Winde: Euros, des Ostens, Zephyros, des Westens, Auster, des Südens und Boreas, des Nordens. Warm und trocken ist der Ostwind, die „konservierende" Kraft; kalt und feucht der Westwind, die „putrificierende" Kraft; warm und feucht der Südwind, die „resolvierende" Kraft; kalt und trocken der Nordwind, die „coagulierende" Kraft. Die Prozesse der Ernährung in Assimilation und Absonderung im Menschen könnten gar nicht vor sich gehen, wenn nicht ineinander die vier Kräfte wirkten: in der Digestio wirkt die putrifizierende Kraft: die Nahrungsmittel, wie das Samenkorn in der Erde, verfaulen, damit ihr Leben zum Menschenleben entstehe. Und ebenso lassen sich leicht die drei anderen Vorgänge des Aufbewahrens, Auflösens und Verfestigens verfolgen im physischen Leibe. Doch näher dem Bewußtsein wird das Wesen der „Winde" gebracht, wenn der Mensch betrachtet, wie vier Einflüsse sein Seelenleben fortwährend in Bewegung erhalten: wie die konservierende Kraft die Ursache aller Erinnerungen ist, die coagulierde Kraft die Ursache der zähen Gewohnheiten, das Leben verhärtenden; die resolvierende Kraft im Fluß der Gefühle, die ewig wechselnd strömen; die putrificierende Kraft aber das ist, was Goethe das „Stirb und Werde" im Menschen nennt. Der Mensch ist unbewußt ein Spielball dieser verursachenden Geister der Winde. Es sind dieselben, Trockenheit bringend, Regen bringend, Frost bringend, Glut bringend, welche die Lufthülle der Erde in ebenso beständiger Bewegung halten, wie die inneren Winde die Menschenseele. Das Leben der Kreaturen der Erde, alle Gesundheit und Fruchtbarkeit, hängt ab vom weisheitsvollen Gleichgewicht zwischen Frost und Hitze, Dürre und Nässe. Das ist eine alte okkulte Weisheit und in der Geschichte der Entwicklung eines Helden der Menschheit spielen die Winde eine bedeutsame Rolle. Homer hat diese Entwicklungsgeschichte festgehalten, wie sein geistiges Auge sie spiegelt in der Odyssee. Da handelt es sich nicht um ein Irrfahren nur auf dem irdisch sichtbaren Meer. Eine Mysterienschrift ist die Odyssee. Durch des Odysseus Klugheit, welche die List des hölzernen Pferdes schuf, wird Troja erobert. Weder Menelaos noch Agamemnon hätten es ohne Odysseus Hilfe vermocht. In der Ilias ist geschildert, was damals in der Historie er getan hat. In der Odyssee wird er selbst geschildert. Da erzählt Homer, wie der irdische Mensch die Heimat wiederfindet. Um sie zu finden, muß er weit nach Westen hin fahren, und Götter sind es, die ihm Hindernisse in den Weg legen, Götter, die ihm helfen, Götter, die ihn lieben oder hassen; Athene, die Kluge, hilft ihm, Poseidon, der Wassergott haßt ihn; hat Odysseus doch seinen Sohn, den Riesen Polyphem, der wild in der Wildnis lebt, seines einzigen Auges — der geistigen Wahrnehmung — beraubt, und unter dem Schutz des Widders ist er dem Riesen aus seiner Höhle entflohen. Und zuvor hat er den Riesen mit Wein berauscht. Das sind alles Bilder der Wirklichkeit: Als der Ätherleib und astralische Leib noch in loserer Verbindung mit dem physischen Leibe standen, da war der Mensch der Vorzeit ein Riese im Verhältnis zum heutigen Leibe; er konnte nicht logisch denken, aber er hatte das alte dumpfe Hellsehen. Das ward der Menschheit durch den Genuß des Weines, dessen Kultur deshalb eingeleitet ward durch die, welche die Kräfte des Sternbildes Widder sich in ihrem Mikrokosmos zum Bewußtsein gebracht hatten. Das Ich-Bewußtsein verdrängt das Leben der alten göttlichen Instinkte. Da muß wohl der Gott, der durch Gefühle und Instinkte nur zu herrschen vermag, dem Zerstörer seiner Macht zürnen. Odysseus will zur Heimat zurück; er will es in dem Sinn, den Novalis mit dem Worte verbindet, als er Heinrich von Ofterdingen Cyane fragen läßt: „Wo gehen wir denn hin?" und die Antwort erhielt: „Immer nach Hause!" Die Heimat ist die Heimat des geistigen Menschen, ein Wiederfinden seiner selbst im Jenseits, ein Erkennen im Geist aller Verbindungen des Blutes und der Liebe. Menelaos sucht die Heimat nach Trojas Eroberung auf Irrfahrten im Osten, — Odysseus muß sie im Westen suchen. Agamemnon findet sie im Land der Schönheit, in Griechenland, um dort zu sterben . . .

Nachdem er den Polyphem geblendet hat, kommt Odysseus zu Äolus, dem König der Winde. Das ist ein merkwürdiges Leben, das die Herrschenden dort führen auf des Äolus Insel. Sie sind noch Freunde der Götter, — sie genießen Tag und Nacht, „und der Palast voll Duft seufzt auf vom Klange der Flöte". Die „Winde" stören dort nicht die Seligkeit im Reiche des Äolus, denn er versteht „sie zu besänftigen und zu empören, wie's ihm beliebt." Drei Winde, Ost-, Nord- und Südwind bannt Äolus in einen Schlauch, der aus der Haut eines neunjährigen Stieres gemacht ward, und mit einem Seile von Silber wird der Schlauch zugebunden. Nur der Zephyros, der Westwind, darf wehen. Wie weit im Westen müssen sie da gewesen sein! Was würde denn im

Menschen geschehen, wenn in der Seele sich vollzöge, was da geschildert wird? In alt-atlantisches Bewußtsein müßte er zurücktauchen, um Gast bei Äolus zu sein. Um von da aus sich selbst zu finden, müßte er alle Einflüsse dauernd unterdrücken, bis auf den des Westens. Aber das kann er nicht mehr. Er kann nicht das Leben „im Paradies", in dem, was jenseits des Wachbewußtseins liegt, aufrecht erhalten. Er muß, nachdem er lange gekämpft hat, angesichts der Heimat endlich doch einschlafen, während die entfesselten Winde das Schiff zurückjagen. Und damit, geistig „entschlafen", erwacht die Erdennatur, die noch nicht im Stande ist, die Winde im Bann zu halten. Aufs neue fährt Odysseus zu Äolus, der ihn davon jagt und ihn „Schandbarster der Menschen, der sichtlich den seligen Göttern verhaßt ist" schilt. Er ist dadurch, daß er „schlief", in den Augen der ewig Seligen in Schande gefallen. Er ist keiner mehr von denen, die durch die Gaben der Vergangenheit allein selig werden können. Und deshalb erlebt er in sich im Kampf gegen die feindlichen Götter zum ersten Male einen neuen Weg zur Heimat; — ein Vorbild für andere, das eben Homer deshalb im Epos festhielt, weil es damals ein Unerhörtes war. Er besiegt Kirke durch das Schwert, steigt hinab zum Totenreich, durchschifft Charybdis und Skylla und landet bei Kalypso. Und es ist bedeutsam, daß er in Schlaf wiederum versinken muß unter dem Ölbaum, als er am Phäakenstrande Leukothea ins Meer den rettenden Schleier zurückgeworfen hat, und daß er schlafend auf Ithaka von den Phäaken ausgesetzt wird. Es ist mit Absicht die Episode bei Äolus angeführt worden, um zu zeigen, daß Paracelsus und Homer, wie weit voneinander sie auch stehen, dennoch über den Zephyros dieselbe Ansicht haben. Er ist der Geist des Todes, er putrifiziert: Geistiges Leben wandelt er in physisches und physisches in geistiges zurück; nur der bleibt unverwandelt, der in einem wie im andern, wachend wie schlafend die Identität des Bewußtseins bewahren kann. Das kann der Odysseus des Homer noch nicht; deshalb jagen die Winde sein Schiff zurück vom Heimatsstrande, dessen Hirtenfeuer er schon leuchten sieht. In der Abhandlung De Imaginibus der Zetznerschen Ausgabe widmet Hohenheim den vier Regenten der Winde eine ausführliche Betrachtung in okkult-technischen Ausdrücken.

So wirken im Astralleib des Menschen die Sterne, die Winde, die Elemente. „Und damit das Ens naturale grundlichen herfürkomme, so inbilden wir euch die vier Complexiones, Choleram, Sanguinem, Melancholiam und Phlegma."

Das Ens naturale! Das heißt: die Natur des Menschen, und der eigentliche Mensch ist der astralische Mensch. Denn der physische Leib ist nicht der eigentliche Mensch, er ist nur das Brot des Lebens! Das, was die Materie des Instrumentes des eigentlichen Menschen ausmacht. Der Ätherleib ist auch nicht der Mensch, — es sind die Kräfte, die beständig aus dem täglichen Brot die Materie des

Instrumentes zubereiten. Im Astralleib erst ist die „Natur“ des Kosmos als Mikrokosmos Mensch zu finden: Alle Gestirne, Elemente und Winde. Das ist, was alle Menschen gemeinsam haben als Grundlage der Konstitution. Durch die Taten des Ich im Erdendasein wird die ursprüngliche Harmonie dieser Grundlage mehr oder minder gestört. Dadurch entstehen die mehr oder minder starken Konstitutionen. Dadurch würden aber die Menschen sich nur gesundheitlich unterscheiden. Sie unterscheiden sich aber noch durch die Gemütsanlage. Woher haben sie die? Nicht aus den Gestirnen, betont Hohenheim, und nicht aus den Elementen.

Und nun wählt Paracelsus einen eigentümlichen Weg der Belehrung, der so konkret wie möglich die Bildung der Begriffe fordert. Da wird gar nichts verstanden von dem, dem die Voraussetzungen zu solchen Begriffen fehlen. Paracelsus stellt folgende Entsprechungen auf:

Die Complexiones sind „ein besonder Geschöpf in die Corpora und das also: im Leib sind vier gustus: Seuri, Bitteri, Süße, Sältzi. Die vier Gustus sind vollkommen in einem jeglichen Subjekt, aber in keinem Subjekt sind sie zu ergründen, denn allein im Menschen:

Die Cholera kommt aus dem Bittern: das ist heiß und trocken.

Die Melancholia aus dem Sauren; ist kalt und trocken.

Das Plegma aus der Süße; ist kalt und feucht.

Sanguis aus dem Salz; ist warm und feucht."

Und ausdrücklich fügt er hinzu, daß dies kalt, warm, feucht, trocken garnichts mit den Elementen zu tun habe, obwohl das Element Erde kalt, das Element Feuer heiß, das Element Wasser naß, das Element Luft trocken im opus Paramirum genannt werden. Denn z. B.: „Phlegma ist kalt und naß; aber Phlegma und Wasser ist wie Feuer und Wasser." Nun hat Paracelsus den vier Winden, welche die Lufthülle der Erde bewegen, dieselben Eigenschaften (kalt und feucht usw.) beigelegt wie den Complexionen. Die Winde sind ja nicht die Luft, sondern das, was der Luft die Eigentümlichkeiten der vier verschiedenen Strömungen gibt, die in ihrer Wechselwirkung aufeinander das Leben der Luft ausmachen. Und je nach dem Leben der Luft kann die Erde Pflanzen, Tiere und Menschen gedeihen lassen. Das Leben der Luft entspricht dem unentwickelten Seelenleben des Menschen: seine Vorstellungen, seine Begierden und er selbst tragen den Stempel des Seelenklimas. Blavatsky nennt die machtvollen Wesenheiten, welche das Erdenklima beherrschen, die vier Maharadschas. Hohenheim weist auf dem Umwege über die Complexionen nach, wie sie auch das Seelenklima beherrschen, so wie sie einst in den scharfen Rassenunterschieden der Vorzeit sich im gelben, braunen, schwarzen und roten Menschen ausdrückten. Im weißen Menschen ist es ein anderes, dem er zustrebt: er strebt heraus aus der Unterwürfigkeit, er strebt dem Ziel des Odysseus zu. Er hat das zur

Freiheit in Christo bestimmte Ich in sich geboren. Wer Christus findet, braucht nicht dem Indra, noch dem Yama, noch dem Varuna, noch dem Kuvera zu dienen. Er kann die Götter aber nur erkennen, wenn er begreift, woher er kam und wie er wurde. Nicht um dort zu bleiben muß er zur Atlantis, zum Westen zurück, sondern um an der Vergangenheit zu lernen, was ihm fehlt, um sie zu besiegen. Im Leben der Seelen wirken vier Gewalten: in der „Geheimwissenschaft im Umriß" wird die Seele gegliedert in Empfindungs-, Verstandes- und Bewußtseinsseele und physisches Ich-Bewußtsein, und es wird angedeutet, daß der übersinnliche astralische Mensch bei der Bildung der Erde durch höhere Wesenheiten mit der Anlage zu diesen Seelengliedern begabt wird. Daß der astralische, sich durch die Bildung dieser Anlagen verdichtende Mensch, in dumpfem Bewußtsein wahrnimmt und unterscheidet, welche Einflüsse an ihm wirken. Wirklich buchstäblich Einflüsse! Denn er nimmt wahr, wie ihm die Elemente Feuer, Luft, Wasser und Erde einverleibt werden, und er fühlt etwas dabei! Er fühlt, was heute der Mensch nur auf dem Umweg über das Unterbewußtsein wahrnimmt, wenn er seinen Leib durch Nahrungsaufnahme am Leben erhält: wenn besonders stark einer der Einflüsse in dem, was er genießt, vorherrscht, dann sagt er: es schmeckt bitter, sauer, süß, salzig. Denn zu gleicher Zeit mit dem Menschen wurden die Naturreiche, und sie wurden durch die Macht derselben Einflüsse. „Alle Dinge sind in allen Dingen enthalten . . . ." Was wir schmecken, ist ein „besonder Geschöpf in die Corpora", ist das Vorherrschende in einer Kombination, das den Eindruck süß, sauer usw. erweckt. Wenn wir im Munde Kohle-Hydrate auflösen, so finden wir das „süß", Chlor-Natrium salzig, die Bitterstoffe bitter, und das, in dem der Sauerstoff durch besondere Vorgänge eine große Aufnahme finden konnte, sauer. Das Wachbewußtsein stellt damit fest, was der unterbewußte Mensch bei dem Ernährungsvorgang empfindet. Als Genußmittel unter den vieren muß ihm das Süße erscheinen, als Unentbehrlichkeit das Salz; das Saure erfrischt ihn, des Bitteren möchte er gern entraten und nur als Medikament ist ihm Wermut lieb . . . . Aus dem unentwickelten Ich kommt alle Bitterkeit des Lebens, Leiden und Medikament. Wo es vorherrscht, will es sich überall durchsetzen, was es nicht vermag; und die Stauung macht sich Luft im Affekt des Cholerikers. Wenn das Saure, das Zusammenziehende, stärker ist, zu stark ist für das Eigenleben der Seele, muß sie als Melancholiker im beständigen Gefühl des Bedrücktseins leben. Wo die Seele alle Vorstellungen ebenso bereitwillig aufnimmt als entläßt, — sie der „Luft" sich öffnet — schnell angeregt ist und schnell vergißt, da gehen die Prozesse des Sal ungehindert vor sich und der Mensch ist sanguinisch, eben aus dem „Salz". Und wo das Interesse an den Ernährungsvorgängen prädominiert, herrscht die lymphatische Konstitution im indolenten Behagen: Phlegma ist kalt und feucht, dennoch Begierdenglut.

Aber das alles will Paracelsus als „proprietates naturae“ verstanden wissen. Das hat unmittelbar nichts mit dem Unsterblichen im Menschen zu tun. Das sind Eigentümlichkeiten der Konstitution, die von Rasse und Eltern eben diese Eigentümlichkeit hat. Ein Sanguineus braucht durchaus nicht immer heiter zu sein, oder selbstlos oder liebebedürftig usw. Die Möglichkeit aufzunehmen ebenso schnell als zu vergessen bedingt noch nicht die Heiterkeit und die Güte. Die Natur beeinflußt nur den Bau des Instrumentes; es kommt darauf an, wie die Seele es zu behandeln versteht. Deshalb wäre es richtiger, von der süßen, der bittern, der sauern und der salzigen Natur der Menschen zu reden, als die Begriffe melancholisch, sanguinisch, phlegmatisch und cholerisch beizubehalten, welche Begriffe etwas bedeuten, was der Wirklichkeit nicht entspricht. Und Hohenheim ist es vor allem darum zu tun, daß Begriffe gebildet werden, welche den Tatsachen entsprechen. Als das Wachbewußtsein noch nicht entwickelt war, da herrschte die Konstitution; der Mensch lebte sich aus im Sinne seiner Natur, seiner Rasse. Der Kulturmensch von heute ist leiblich ein Extrakt aus den Kräften der Vergangenheit; wenn auch seine Seele, im Brennpunkt des Ich zusammengezogen ein anderes Leben führen kann als einst. Diese Seele, wie sie durch das Ich versucht, die Herrschaft des Leibes zu erobern, sie färbt ihr Ewiges mit den Resultaten der Erdenerfahrungen. Die Natur gibt nicht „Fröhlichkeit, Geschicklichkeit und dergleichen: allein die

Spiritus, die gebären, die kommen nit aus der Natur, sondern aus Incorporischem, verschlossen im Corporalisten." (Die „Spiritus" sind die menschlichen Vorstellungen, worauf im Ens spirituale näher eingegangen werden wird.) Dies Incorporische, Körperlose ist der sich entwickelnde Geist selbst des Menschen; von den Vorstellungen, die er sich über das Dasein machen kann, hängt die Stimmung ab. Als ferner gehörig zum Ens naturale nennt Paracelsus den liquor vitae. „Aus ihm lebt" der Leib; dieser Humor ist ein Ens für sich selbst. Weil er nicht zum Geschöpf, dem Mikrokosmos gehört, sondern selbst Schöpfer ist, und nicht Geschöpf. In ihm liegt die Zukunft. Aus ihm quillt die Kraft, die den Menschenleib vergeistigen soll. Deshalb sagt Hohenheim, er ist ein Humor; er ist der liquor vitae der Zukunft. Mercurius, Sulphur, Sal nennt Hohenheim auch Humores und fügt hinzu: sie sind Mütter! Das sind sie, weil aus ihnen entstand die dreifache Körperlichkeit.

Und damit der Schüler verstehe, was der Lebensgeist in ihm schafft, deshalb stellt Hohenheim dar, was dieselbe Kraft im Makrokosmos bewirkt: „Die Welt hat in sich viel „Erz", das ist viel Tugend, an einem Ort bös, am andern gut." Derselbe Geist, der die Metalle entstehen läßt in der Erde, derselbe läßt im Menschen Bosheit und Güte entstehen. Dies Gut und Bös ist relativ zu verstehen, denn es gibt kein Bös und Gut an sich. Alles kommt auf die Umstände an, unter denen es wirkt. Die Metalle können eben so gut als Heilmittel wie als Gifte verwendet werden. Was einst in einer Rasse als Tugend galt, wird jetzt vom Gesetz bestraft; was heute als zerstörend geahndet wird, ist vielleicht die Tugend der Zukunft. So sind die Begriffe gut und böse nur für eine gewisse Zeit geltend im Sinne von hindernd oder fördernd. Was der Lebensgeist bewirkt im äußerlich sichtbaren Menschen, das ist nicht aus den Sitten und Gebärden abzulesen. Die Eigenart des Lebensgeistes drückt sich in den „Farben und Gezierd". Die Farbe und Beschaffenheit des Haares, der Augen, der Haut verraten die besondere Tendenz des liquor vitae. „Also sollt ihr nicht sprechen, daß der Mensch der Rosen gleich ist, daß er sei ein Sanguineus; oder der dem Wachs ansichtig ist, daß er ein Cholericus ist. Aber also sollt ihr sprechen: welcher rosenrot ist, daß er ist ein guter Solaris, denn Gold ist die adliche Farb' auf Rosen". Das lebendige Vorstellungsleben hat mit der Hautfarbe nichts zu tun. In den Farben drückt sich die innere Lebenstendenz aus. Die goldhaarigen, blauäugigen Germanen trugen „die adelige Farb' auf Rosen". Gold sind die Spuren, welche die Sonne, als sie noch mit der Erde eins war, bei ihrem Scheiden der Erde hinterließ. Die Sonne strahlt ihr Licht über ihre Welt, wie der Geist des Herzens sein Licht strahlt durch den ganzen Leib. In seinem „Coelum philosophorum" beschreibt Hohenheim die Sonne als Geist des Goldes. Weil die Germanen die frühentwickelte Persönlichkeit, die Erden-Ichheit, im

Dienst der alten Götter erlebten, deshalb hatten sie die adliche Farb' auf Rosen.

Im Ens naturale liegt alle Prädestination. Deshalb teilt Hohenheim in vier Abteilungen die Kräfte des Ens naturale:

1) in das Firmament,
2) in die Elemente,
3) in die Complexionen,
4) in die Humores.

Aus diesen vieren entspringen die Krankheiten:

aus dem Firmament die Morbi chronici,
aus den Elementen die Morbi peracuti,
aus den Complexionen die Morbi naturales,
aus den Humores die Morbi tingentes.

Die chronischen Krankheiten hängen von der seelischen Beschaffenheit ab; sie sind so lange beharrlich, bis die Seele sich ändert. Das geschieht selten radikal in einem Leben. Geschieht es aber durch okkulte Arbeit des Schülers, daß gewisse Seelenzustände gänzlich umgewandelt werden, so verliert sich die Neigung der Konstitution zu gewissen Krankheiten. Die Neigung war ja nur so beharrlich, weil die Seele fortwährend die Ursache erneuerte und den Alchimisten zu jenen Kraftleistungen zwang, wie sie gewisse chronische Leiden, als z. B. stets wiederkehrende Katarrhe, zeigen.

Auf die Ursachen der morbi peracuti ist bereits bei der Beschreibung der Entstehung der Elemente hingewiesen worden; diese Elemente sind es, deren Angriffen der Astralleib gewachsen sein muß. Die

Complexionen sind das Gruppenseelenhafte im Menschen; es hängen diese Erkrankungen ausschließlich von den Rasseneigentümlichkeiten ab.

Die Morbi tingentes sind die Infektionskrankheiten; was das Leben erzeugte, muß dies Leben einst büßen, in der Art, wie es im Ens astrale dargestellt wurde. Das alles, Firmament, Elemente, Complexion, Humor, das ist die okkulte Natur des Menschen, alles was seine Form, sein Leben, sein Bewußtsein ausmacht und verursacht. Aber dahin, zu dem natürlichen Menschen, gehört nicht, was die Natur beherrschen soll: der erdgeborene, werdende Gott im Menschen, „das rechte Leben, in dem die Seele liegt“.

Davon wird im Ens deale zu sprechen sein.

Ens spirituale.

„So wir aber Euch das Ens spirituale sollen erzählen, ermahnen wir Euch, daß Ihr von Euch leget den Stylum, den Ihr nennet Theologicalem. Denn nit alles ist heilig, das Theologia heißt; auch nit alles seelig, das dasselbige gebraucht. Also ist auch nit alles wahr, des sich der gebraucht, das er nit verstehet, der Theologey.“

Im sechzehnten Jahrhundert, als Paracelsus diese Worte seinem Ens spirituale voranschickte, war die öffentliche Meinung so sehr geneigt, gewisse Leiden auf den Einfluß böser Geister zurückzuführen, als sie heute überlegen lächelnd, eben so sehr geneigt ist eine solche Erklärung als durchaus unwissenschaftlich, als der Volksdummheit entsprungen, zurückzuweisen. Die Theologen bestrebten sich damals eifrig, zum Heil der Seelen, möglichst überall den Einfluß des Teufels nachzuweisen. Eine Methode, die auch heute noch nicht verschmäht wird, und in den entsprechenden Kreisen die beabsichtigten Erfolge aufzuweisen hat. Und der Katholik, der den Teufel überall, und der

Protestant, der ihn nirgends heute mehr sehen will, sie beide bejahen oder leugnen ab, was sie gar nicht verstehen, und was ihnen gerade deshalb schwer zu schaffen macht. „Der Teufel ist kein Geist“, sagt Paracelsus, und geht jedoch nicht weiter darauf ein, was er denn wäre? Der „Teufel“ ist das Gegenteil der Erkenntnis. Überall, wo eine Meinung herrscht, deren Grundlage die Unwissenheit ist, da ist der Teufel los. Wo aber klares Wissen herrscht, oder ein Glauben lebt, der den Tatsachen entspricht, da zerstiebt in nichts auch der „Teufel“; da geht ihm die Luft aus. Wenn also der Teufel nichts im Menschen ist als die Verneinung der Wirklichkeit, wie sie die Unwissenheit des Menschen entstehen läßt, — aus welcher Unwissenheit viel Leid entsteht, — was ist es denn, was die Theologen meinen?

Das ist, im Sinne Paracelsi, etwas, wovon der christliche Theologe als solcher, — wenn er nicht Geheimschüler war, — gar nichts wissen konnte. Denn es handelt sich im Ens spirituale ausschließlich um Weisheit des Heidentums. Und der christliche Theologe hatte die Aufgabe, die Seele anzuleiten, sich abzuwenden von allem, was nicht Christus war. Die Seele sollte lernen, abzusehen von allem, was ihre Aufmerksamkeit zerstreuen, was sie hindern konnte, all ihre Kraft im Wachbewußtsein, in der Persönlichkeit zu sammeln. Nur so durch das Vertrauen auf den, der zur Unsterblichkeit das Ich berief, konnte das Ich sich durch diese Inkarnation zum Christusträger fähig machen. Die christlichen Geheimschulen lehrten Wiederverkörperung; das exoterische Christentum sollte sie nicht lehren. Es sollte der Indolenz der Seelen nicht der Vorschub geleistet werden, daß sie sich hätten damit beruhigt: o, was wir in diesem Leben nicht erreichen, können wir ja im nächsten Leben finden. Es hätte solch ein Trost auch nicht der Wahrheit entsprochen: Der Mensch, der in der Zeit des Mittelalters nicht die Geistesfrucht des Mittelalters in seiner Seele aufnahm, den Glauben an die Möglichkeit persönlicher Unsterblichkeit, der kann die starke Persönlichkeit nicht entwickeln, die das Zeitalter der nächsten Zukunft fordert. Deshalb ward das Seelenleben des Mittelalters eingeengt zwischen die Kontraste: entweder Gott, oder der Teufel. Das heißt: entweder Vergottung des Ich durch Ich-Entwickelung, oder Ich-Verlust durch Zurückbleiben; entweder „das Reich, die Kraft und die Herrlichkeit in Ewigkeit, Amen!" durch Erkenntnis, oder Befangenheit im Irrtum über das Wesen des Ich und Dienstbarkeit unter dem „Firmament". Es kommt aus den Erlebnissen und Erfahrungen der Vergangenheit, die vor allem irdischen Christentum liegt, dies Wissen über die „Geister", „es ist uns pagoyum (heidnisch). Es ist auch nit wider den Glauben, in dem wir hinfahren werden." Das ist es wahrlich nicht! Denn das esoterische Christentum des Rosenkreuzers Hohenheim umfaßt die Weisheit der Vergangenheit, der Gegenwart und der Zukunft.

Was sind denn nun die Geister?

„Das ist ein Geist, das aus unseren Gedanken geboren wird, ohn' Materia, im lebendigen Leib; das nach unserem Tod geboren wird, das ist die Seel'."

„Ohne Materia" bedeutet im irdischen Sinne: nicht den Händen greifbar, nicht irdisch stofflich. Denn die Geister sind recht wohl wesenhaft und sichtbar in der astralischen Welt. Paracelsus unterscheidet scharf zwischen Seele und Geist: die Seele ist ihm die unsterbliche Psyche mit den Flügeln, die sich nach dem Tode aus dem Erdenwurm, der Raupe, entwickelt, indem sie alles Irdische von sich streift und den Elementen überläßt.

Das ist das nach dem Göttlichen Sehnsüchtige im Menschen, dessen Schicksal der griechische Mythos von Eros und Psyche malt. Das ist ein Lehrbuch der okkulten Psychologie und Physiologie, dieser Mythos. Wer ihn studieren möchte, möge beachten, wie Psyche vom Felsen ihrer königlichen Heimat hinabgetragen wird ins Tal durch Zephyros, den Westwind. Dort findet sie den Gott, doch nur im Dunkel der Nacht, sie kann seine Gestalt, sein Wesen nicht verstehen noch sehen. Sobald sie ihn mit dem Lämpchen ihrer Neugier beleuchtet, verbrennt ihn der eine Tropfen des verderblichen Öles, und er entschwindet. Dann muß sie dienen dem Geist der Venus, sie muß erstarken im Schmerz, sie muß selbst in die Unterwelt hinab. Da ist nichts auf Erden und bei den Toten, das sie leidend nicht wahrgenommen hätte. Und endlich öffnet sich ihr die Welt der Götter. Heute dient Psyche immer noch und leidet.

Aus den Leiden Psyches entsteht die Vernunft, die Einsicht in das Wesen des Menschen, es entsteht der Wille zur Menschenliebe und die Kraft auszuführen, was Einsicht und Liebe beschließen. Das alles hat nichts mit den Geistern des Ens spirituale zu tun, welche Krankheiten verursachen. Den Geist im Gegensatz zur Seele nannten die Griechen Pneuma. Die Tendenz der Psyche ist alle Kräfte des Astralleibes in den Dienst des Christusprinzips zu stellen, auf daß vom Zentrum des Ich aus der Gott im Menschen die Herrschaft über sein Reich, den Erdenleib, antreten könne; den Erdenleib im Sinne aller Kräfte des Ens naturale, die eben den natürlichen Menschen ausmachen. Alles das, was der Einsicht des Menschen entgeht, was durch die Einwirkung der Wahrnehmungen im Astralleibe erzeugt wird, so daß es Träger des unentwickelten Bewußtseinslebens wird, von außen wirkend auf die Organisation, — nicht aus der Liebe der Psyche zu Gott — das sind die Geister. Diese Geister konnten nicht im Ens naturale aufgezählt werden, weil die Natur sie nicht geboren hat. Der Mensch hat sie geboren. Sie sind entstanden aus dem Kontakt der inneren Astralität mit der des Kosmos; so sind sie gezeugt worden. Der Mensch nennt sie „meine Vorstellungen“; aber er weiß nicht, was das ist. Wenn sein Bewußtsein von der Außenwelt berührt wird, so nennt er das Wahrnehmung. Da ist noch keine Täuschung vorhanden, diese Berührung mit der Wirklichkeit ist auch eine Wahrnehmung. Was nun aber aus der Berührung des Bewußtseins wird, das ist die Vorstellung. Das ist nicht mehr die Realität selbst, sondern es ist eingekleidet in subjektives Menschenempfinden. Der Mensch hat es inkarniert. Die Maya des subjektiven Empfindungskleides verhüllt das Wesen selber, das nun im Sinne der Empfindungstendenz leben muß. Das ist Vorstellung. Das ist ein Geist. Der hat nichts mit der Vernunft zu tun, aber alles mit der Tendenz. Zu tun? Was hat denn die Vorstellung, was hat der vom Menschen geborene Geist zu tun? Der Geist des Menschen tut, was der Geist des Kosmos tut. Der Geist des Kosmos wirkt in der geoffenbarten Natur der sichtbaren Welt, in den Naturreichen. Der Geist des Mikrokosmos wirkt in der geoffenbarten Natur des Menschen, er bewirkt etwas am Menschenleibe. Und nun schaue der Leser zurück im Geiste über das bereits Geschilderte des Volumen Paramirum. Er wird finden, daß etwas noch nicht beschrieben worden ist, — eben gerade das, was im Ens spirituale abgehandelt werden soll, — nämlich das, was das Gemüt des Menschen beeinflußt, wogegen das Gemüt sich beständig wehren muß: das, was alle Seelenleiden hervorruft, die sich schließlich ausdrücken in Krankheitszuständen auch des Leibes. Es kann die Seele nicht dauernd sich quälen, ohne daß diese Qual etwas im Körper zerstörte. Der von Sorgen immerfort erregte Mensch verliert den ruhevollen Schlummer seiner Nächte, verliert das Vergnügen am Essen, verliert das innere Gleichgewicht, er wird verhärmt, er wird elend und widerstandsunfähig. Der eifersüchtige, der neidische Mensch, welch' unglückselige Kreaturen! Was da an ihrer Seele frißt, sie nichts genießen läßt von dem, was sie haben, das frißt nicht nur an ihrer Seele; das wird ein fressend Übel im Geblüt. Das sind Geister im Menschen vom unreifen Gefühlsleben erzeugt. Und sie leben, da sie das zurückgebliebene Gemütsleben repräsentieren, nach Art der Wesen des alten „Mondes", schmarotzend auf dem Lebendigen, das sie noch erzeugen, aber nicht beherrschen kann. Das ist das Tragische am Menschen, das ihm aus der eigenen Natur alles Leiden kommt, weil „er nicht weiß, was er tut". Wer sein Ewiges zu lösen vermöchte vom Irdischen, wer sein Kreuz den Berg hinaufträgt und von dort hinabschaut auf die zerstörende Welt der Geister in seinem Organismus, die das Ewige so lange leiden machen, bis er stirbt und aufersteht und auffährt zum „Vater", der könnte nichts anderes sagen, als der Erlöser am Kreuz: „Vater, vergib ihnen, denn sie wissen nicht, was sie tun."

Paracelsus teilt die Krankheiten ein in die materialischen und die spiritalischen. „Das ist nun wirklich nichts neues", möchte der Mensch von heute rufen, „das weiß jeder, daß es Krankheiten des Körpers und Krankheiten der Seele gibt." Aber weiß er denn, was Leib und Seele sind? Diese Unterscheidung beginnt erst dann einen Wert zu haben, wenn verstanden wird, was Paracelsus hinzufügt: Die materialischen sind die, die da tingiert werden materialiter. Okkult **ist** nämlich gar kein Unterschied zwischen Geist und Materie! Aus dem Lauf der sieben Planeten im Menschen wird ja der „Leib" täglich erneut! Nur dadurch, daß die Geister im Dienst der „Form", in den festgesetzten Rhythmen der Form wirken, entsteht die Illusion des sichtbaren Leibes. Aus der Wahrnehmung der geistigen Harmonie als ein zusammengesetztes Ganzes machen wir uns die subjektive Vorstellung „Leib". Hier in der irdischen Wahrnehmung wird der „Leib" gesehen; im „Licht der Natur" sieht das Geistesauge die Harmonie. Alle Krankheiten sind Störungen der Harmonie, d. h. des Leibes. Der Unterschied ist nur: **wer** ist der Störenfried? Danach allein kann geheilt werden. Aus dem „makrokosmischen" Menschen kommen die Krankheiten des Leibes; die des Gemüts aus dem mikrokosmischen Menschen. Paracelsus vergleicht den Geist des Menschen mit der Luft; wie in der Luft sich abspielt, was die Erde erneut, so in der Aura, im Astralleib des Menschen, was den Leib erneut. Hier wie dort steigen und fallen die Wasserdämpfe, wehen die Winde, wüten die Gewitter, scheint die Sonne.

Bis dahin möchte es dem Denken von heute nicht schwer fallen mitzugehen; das leuchtet ein, daß Sorgen, Neid usw. das Gleichgewicht stören. Ja, daß sie sich sogar zur fixen Idee auswachsen können, deren Wesen die Vernunft zerrüttet, kann zugegeben werden. Denn die fixe Idee ist ja nur eine Vorstellung, die sich über alles Maß hinaus von der

Schwäche des Menschen gemästet hat. Aber noch viel weiter erstreckt sich die Wirksamkeit der Geister. Der Mensch ist so geneigt, seine Vorstellungen als etwas anzusehen, das er zwar erzeugt, das aber kein Dasein für sich selbst hat. Das ist gerade so, als ob eine Mutter von ihrem Kinde sagen würde: „Da hab' ich nun einen Menschen geboren; aber das ist nichts für sich selbst, das ist ein Stück von meinem Leben.“ Das kann die Mutter sagen, auch glauben, aber es stimmt nicht mit den Tatsachen. Das Kind lebt drauf los sein eigenes Leben. Das tun die Geister auch. Die Gefühlstendenz, aus der die Vorstellung entstand, ist das Eigenleben der Vorstellung. „Ich hab' ein Geist, der andere hat auch einen: die Geister kennen einander, als ich und der andere: sie üben ihre Sprach' miteinander, wie wir, aber ungenötet unserer Red', sondern was sie wollen.“

Die leidenschaftliche Zuneigung, der Widerwillen von Mensch zu Mensch, die eher da sind, als die Vernunftgründe, die auch trotz aller aus der Vernunft geborenen Versuche nicht zu besiegen sind, das ist das Werk der Geister. Was da in der Astralität des Menschen webt, das gesellt sich von Mensch zu Mensch, oder das flieht einander von Mensch zu Mensch. Weshalb die sogenannte leidenschaftliche Liebe das Ewige im Menschen gar nichts angeht; dies Ewige hat gar nichts damit zu tun. Was da liebt und will, das sind die Geister, und sie reißen das Ich des Menschen mit hinein in das Ungestüm ihres Wollens, so daß der Mensch, so lang sie ihn beherrschen, von seiner Vernunft recht wenig Gebrauch machen kann. Man vergesse aber nicht, daß der Mensch diese Geister selbst erzeugt hat! Er hat sie erzeugt aus der astralischen Grundlage, die er hatte; sie sind „so“ geworden, weil er „so“ war. Da ist nun auch nicht zu verwundern, daß der Geizhals sich selbst nichts gönnt. All' seine Geister sind ja „Spargeister“, die Objektivationen der Sparsamkeit! Sie lassen ihm knapp nur so viel Dasein, als unbedingt zum Weitersparen notwendig ist.

Der Neid, die Mißgunst, der Haß, die Neugierde, sie verhalten sich nicht untätig gegenüber dem Menschen, der sie — wenn auch noch so unschuldig — erregte. Sie trachten zu verletzen, und sie verletzen auch. Wie peinlich ist es, in der Atmosphäre der Mißgunst leben zu müssen! Wie zehrt sie am Leben des andern! Sie zerstört solange an der Astralität des andern, bekriegt so lange die Geister des andern, bis sie ihre Arbeit am Leibe des Menschen nicht mehr tun können, wie ehedem. Dann wird der Mensch krank, dann sind seine Lebensfunktionen gestört, dann siecht er dahin. Der Mißgünstige braucht gar nicht zu wissen, daß er die Ursache der Erkrankung ist. So können die verschiedenartigsten Krankheiten aus dem Verhältnis der Geister untereinander erzeugt werden. Sie verletzen nicht direkt den Körper, aber sie stören die Kräfte, welche zur Erhaltung des Leibes beitragen sollen. Das Vorstellungsleben des Menschen ist ein gewaltiger Faktor in der Erhaltung oder Zerstörung des Leibes. Paracelsus spricht vom Astralleib als dem Träger des Willens;

deshalb betont er: „Ihr wisset, daß kein Geist nicht ist in Kindern: denn der vollkommene Wille ist nit ihnen.“ Erst wenn der Mensch das Jünglingsalter erreicht, beginnen in ihm die Kräfte zu wirken, die man im eigentlichen Sinne die Willenskräfte nennen kann. Deshalb ist das Kind und sind die Tiere weit mehr dem zerstörenden Einfluß der Geister unterworfen, als Erwachsene: sie können sich weniger wehren. Davon hängt es überhaupt ab, ob eine Seele vom Ens spirituale zu leiden haben soll; es hängt ab von der Kraft, sich zu wehren. Im entwickelteren Menschen hängt es ab von der Stärke des Ich, im unentwickelten Menschen von der Stärke der Geister. Wie tatsächlich zwei Geistermassen auf einander losstürzen, ist zu beobachten, wenn zwei zornige Menschen im höchsten Affekt aufeinander losschreien: da ist der ganze Mensch blos Instrument der Geister, er weiß oft gar nicht, was er vor Wut sagt. Und der kriegt mit Schreien den anderen unter, dessen Geister die stärksten sind. Und der wird die stärksten haben, der am wenigsten Vernunft hat. Es handelt sich hier nur um ein mehr oder weniger an Vernunft; nicht um die Vernunft, die Dienerin ist des entwickelten Ich. Es ist nun in Rechnung zu ziehen, daß die Menschen im Laufe der Zeiten nicht in ihrer Konstitution dieselben bleiben. Sie verändern sich von Zeitalter zu Zeitalter. Und der Einfluß der „Geister“ wird immer größer, je weiter wir in der Geschichte des Wachbewußtseins zurückschreiten. Denn die Geschichte des Wachbewußtseins bedeutet die Geschichte der Entwicklung des Ich auf Kosten der Astralität. Der Mensch des Altertums fühlte sich nur als Stück der Gruppenseele des Volkes, da lagen die Quellen seiner Widerstandskräfte. Er selbst, — er war so wenig; er war nur der Sohn von einem andern, der ebenso von sich dachte, und alle, die ganze Vorfahrenreihe, fühlten sich als Objektivationen des Volksgeistes. Der war das Ich, der war der Vater, von dem kamen sie und kehrten zu ihm zurück. Deshalb ist die Furcht vor Geistern so groß, und Gebet, d. h. die Hingabe an den Vater, — die einzige Hilfe. Dann konnten sie sich wehren, die Kraft des Vaters, des Volks-Iches, wehrte im Menschen den Geistern. Wenn die Menschen der Vorzeit an magische Formeln und Talismane glaubten, so waren sie nicht abergläubisch. Sie wußten nur von Dingen, von denen man heute nichts mehr weiß. Und wenn dem Kulturmenschen von heute der Talisman nichts nützt, so liegt das nicht am Talisman, sondern am Kulturmenschen. Auf Kosten der Astralität hat sich das Ich so stark und so brutal entwickelt, wie es sich heute zeigt: all' sein Interesse ist der Erde zugewendet. Er ist weit mehr Egoist als Patriot. Die Möglichkeit, direkt wie einst auf die Astralität des Menschen zu wirken, schwindet immer mehr dahin. Nicht mehr auf die einst so blühende Imagination, sondern auf den Verstand der Menschen muß wirken, wer den Menschen im Sinne des Ens spirituale helfen will: nicht mehr durch Talismane, sondern durch das, was Einsicht, Erfassen durch den Verstand vermittelt. Dem Gemütsmenschen, dem Menschen der leichtbeweglichen Phantasie schaden die Geister weit mehr, als dem Menschen des nüchternen Verstandes, dem kühlen Menschen der Berechnung. Mit dem „Helfen“ im Sinne des Ens spirituale ist hier nun nicht heilen, sondern vorbeugen gemeint. Wie kann denn vorgebeugt werden den Erkrankungen des Leibes, an denen die Geister schuld sind? Jetzt, wo das, was im blühenden Innenleben die Gottheit empfinden konnte, sich umgesetzt hat in Verstandeskräfte, dessen Arbeit sich erschöpft, die Gegenstände irdischer Wahrnehmung in Begriffen zu unterscheiden und zu gruppieren? Vorgebeugt wird da, wo Menschen durch das esoterische Christentum das Wesen und den Wert ihres eigenen Ich erfassen lernen: Dies Ich, als Erzeuger der Begriffe, muß sie ebenso zerstören als bilden können. Er muß im Stande sein, täglich an den Begriffen zu modeln, sie umzubilden, täglich vom Leben zu lernen, täglich den Begriffsstoffwechsel aufrecht zu erhalten. Das Denken darf ihm nur Mittel zur Erkenntnis und niemals Mittel zur Schablonenbildung sein. Es ist im Grunde alles wahr und im Grunde auch alles falsch, es kommt nur darauf an, von welchem Standpunkt man es betrachtet: der Tod ist das Leben und das Leben ist der Tod, — die Liebe ist das Glück und die Liebe ist das Leid, — die „Materie“ ist die Substanz des Geistes und der Geist ist die Substanz der Materie . . . .

Die Irrenhäuser würden recht leer werden, wenn

die Menschen als erste Pflicht gegen sich selbst den Kampf gegen den Arsenik ihrer Seele achteten. Sie würden dann keinen Wahn und keiner fixen Idee verfallen können, wenn sie im Sinne des Christentums des Rosenkreuzes sich als ewig Werdende betrachteten, und das Leben als einen Lehrgang zum Zweck der Welterkenntnis, und die Welt als das vielfältige Bild des Logos, den sie in sich selbst erwecken, wenn sie ihn im Bilde erkennen. Ein solcher Strebender wird Begriffe erzeugen, doch niemals Knecht der Begriffe werden; er wird heute im Stande sein, den Begriff von gestern umzumodeln und sich in alle Situationen des Lebens hineinzufinden. Nicht nur hineinzufinden, sondern sich ihrer zu bedienen. Der innerlich elastische Mensch wird von keiner Situation erdrückt, er wird auch dauernd von keiner Vorstellung beherrscht, weil er sich selbst kritisch gegenübersteht. Und er hat einen sicheren Gradmesser seiner inneren Reife in der Fähigkeit noch zu leiden oder nicht mehr zu leiden. Bei jeder seelischen Depression wird er sich sagen: da ist in meinen Vorstellungen etwas nicht in Ordnung. Dann wird er suchen, was das ist. Und wenn er ehrlich sucht, wird er finden, daß der Depression Vorstellungen unbefriedigten Egoismus' zu Grunde liegen. Nicht des berechtigten Egoismus, der Entwickelung, Vergeistigung der Persönlichkeit anstrebt, sondern des gekränkten Egoismus des Menschentieres. Sobald er das gefunden hat, ist er auch schon dabei, die Vorstellungen umzuwandeln, ist schon aktiv und freut sich seines Könnens. Und damit ist er dem Jammer der Passivität entronnen, denn nur der Passive leidet und der Aktive freut sich immer, denn Aktivität ist die Essenz des Ich. Von der Passivität der Vorzeit zur Aktivität der Zukunft im Dienste des Christus soll sich der Menschengeist entwickeln. Hier würde nun leicht einzuwenden sein: Wenn Passivität Leiden sein soll, so müßten die Menschen der Vorzeit weder in Gott, noch in sich je glücklich gewesen sein. Da sie aber in ihrem Gruppenseelentum ebenso Glück und Unglück gefühlt haben wie wir, — worin besteht denn die Differenz? Hierin tritt so recht zu Tage, wie es wirklich vom Standpunkt abhängt, ob alles wahr oder alles falsch ist. Jede Zeitfolge hat ihre eigenen Glückesmöglichkeiten. Vor der Entwickelung der Persönlichkeit hätte das Menschengemüt wirklich nicht gewußt, wo es irgend eine Möglichkeit des Glückes hätte finden können als innerhalb der Gesetzmäßigkeit der Gruppenseele, sei es Erdenglück oder Erhebung in Gott. Das, was sich selbst Direktiven gibt, was noch gar nicht im Bewußtsein erwacht war, das ist aber durch die Tat des Christus erweckt worden, und ist emporgeblüht und fordert heute sein Recht. Die Zeitverhältnisse und die Seelen-Konfiguration des Menschen sind hingeordnet auf dieses Recht zur Willkür, zur Selbstentscheidung und Selbständigkeit. Wenn der Mensch das in sich nicht zum Worte kommen läßt, wenn er es nicht als ein Wertvolles betrachtet, bringt er sich mit sich selbst in Disharmonie. Will er dennoch sein Heil in der Passivität suchen, so verfällt er den Atavismen, die, als das Normale von einst, das Anormale von heute sind, d. h. Krankheit. Alle Zustände der Medialität sind Atavismen. Und ist es nicht als Atavismus die Krankheit von heute, so bedeutet die Indolenz der Seele den Arsenik und seine Krankheiten von morgen, d. h. in der nächsten Inkarnation eine Krankheitsanlage, und in dieser alle seelischen Depressionen, unter denen der seelisch Abhängige zu leiden hat. Auch sind die Begriffe passiv und aktiv niemals absolut zu nehmen, denn im Dienste der Passivität sind die Völker auf dem physischen Plan recht aktiv gewesen. Und der bewußt Aktivität als Entwickelungsziel Betrachtende kann recht wohl Passivität wollen, wenn er einsieht, daß es seine Aktivität fördert. Das klingt paradox, ist es aber gar nicht, denn es kommt viel weniger darauf an, ob einer gerade passiv oder aktiv ist, sondern darauf, ob es in seine eigene Macht gegeben ist, von seinem eigenen Willen abhängt, ob er passiv oder aktiv sein will. Diese Wahl, diese Willkür war aber unmöglich vor der Entwickelung des Ich in der Persönlichkeit. Wo er lernen kann, wird der Esoteriker gern passiv sein, aber er tut das nicht, weil er muß, sondern weil er aus Einsicht will! Was ihn dann beherrscht, das ist sein Wille zur Entwickelung, und dieser Wille ist niemand anders als sein eigenes Göttliches ihn ihm selbst.

Ein Mensch mit dieser Lebenstendenz zur freien Individualität, dem werden die Geister recht wenig anhaben können; es ist ihnen gar nicht möglich, sich in dem regen Stoffwechsel einer solchen Seele festzusetzen. Da gibt's nichts, wovon sie sich weiter ernähren können. Die Störung, die sie hervorrufen, wird durch die kritische Regsamkeit des Ich beseitigt. Und es wird verständlich, daß die magischen Wirkungen von Mensch zu Mensch in einer Zeit, die mehr oder weniger Regsamkeit bei jedem voraussetzt und von jedem verlangt, nicht dieselben sein können als in der Zeit der Gruppenseelengesetzmäßigkeit. Die magischen Wirkungen! Das heißt die bewußten Wirkungen von Mensch zu Mensch, die Magie, von der Altertum und auch noch das Mittelalter so viel zu berichten wissen. Das ist die andere Seite des Ens spirituale. „Zween Weg legen wir euch für: der eine ist, wie normalen angezeigt wird, wann die Geister einander selbst letzen, ohn' Willen der Menschen, ohn ihren Gedanken, durch ihren neidt, oder desgleichen anderst, so sie zusammentragen ... aber den andern Weg dadurch die Geist uns Krankheiten zufügen, wollen wir euch erklären."

Nicht deshalb hört man nichts mehr von Magie, weil es keine Magie mehr gibt, sondern weil sie in der alten Weise auf die veränderte — durch die Verstandesentwickelung veränderte — Astralität des Kulturmenschen nicht mehr wirken kann. Da, wo in der Seele noch Mittelalter ist oder gar Altertum, da wirkt sie in der alten Weise heute noch. Und überall, wo ein Volk intensiv an Magie glaubt, da beweist es damit sein Recht, daran zu glauben.

Seine Furcht beweist seine Anfälligkeit. Wenn der Italiener an den bösen Blick glaubt, so zeigt dies, daß er die Seelenverfassung noch hat, auf die der „Böse Blick“ wirken kann. Und die Talismane, die er dagegen trägt, sind auch eine Hilfe gegen den bösen Blick. Und wenn der Italien bereisende Berliner darüber lacht, so hat er auch recht: er kann lachen! Ihm schadet der böse Blick nichts. Wenn er aber deshalb glauben würde, gegen die Magie überhaupt gefeit zu sein, so würde er sich einer Illusion hingeben. Magie gibt es immer; auf den Namen kommt es nicht an . . . .

Was Hohenheim beschreibt über die verhängnisvollen Wirkungen der Magie könnte den Eindruck erwecken, als würde ein Geheimnis preisgegeben und könnte nun jeder Böswillige darauf los mit Erfolg Magie treiben. Als Paracelsus sein opus Paramirum schrieb, zersprengte die Blüte ihre Knospenhülle, alle lang vorbereitete Persönlichkeitsanlage drängte ans Licht: Renaissance! Alle drängten fort vom okkulten „Licht der Natur“, wie es Hohenheim nennt, und hin zur Erdensonne: Empirik der Sinne, Verstandeswissenschaft; der Geist ist nichts, die Hülle alles. Was Hohenheim schrieb, zirkulierte vorerst in den Kreisen seiner Schüler. Erst ungefähr zwanzig Jahre nach seinem Tode erschien die erste Gesamtausgabe seiner Werke bei Huser. Und das war Lesestoff für relativ wenige. Ein altes Sprüchwort sagt: „Es ist gesorgt dafür, daß die Bäume nicht in den Himmel wachsen.“ Das Schicksal der Werke Paracelsi, das ihnen die

Menschheit seiner Zeit angedeihen lassen mußte, ist ein Beispiel dafür. Denn ein Fremdling aus der Welt der Zukunftsgötter stand Paracelsus unter seinen Zeitgenossen. Und sein Karma war, einen Samen für die Zukunft zu säen, denn seine Gegenwart war nicht reif für ihn. Es war nicht zu verwundern, daß er so viele Feinde hatte, denn all' sein Tun war eigentlich ein Hohn auf den Geist seiner Zeit: er bot seiner Zeit eine Nahrung an, für die dieser Zeit der Magen noch nicht gewachsen war, denn diese Nahrung setzt eine Synthese der Zukunft voraus, die auch jetzt noch als Ideal des okkulten Schülers, — was seine Auffassungsfähigkeiten anbetrifft, — angesehen werden muß: er setzt einen Menschen voraus, der seinen Verstand, seine intellektuelle Regsamkeit aufs Höchste entwickelt hat, ohne darüber seine occulta naturae vis einzubüßen. Einen, der so viel mitbringt, daß er Vergangenheit und Zukunft in sich verschmelzen kann: den Willensmenschen der Vergangenheit und den Verstandesmenschen der Zukunft, das Ideal des Seelengleichgewichts. Das, was einer haben muß, um das Gut der Geisteswelt dem Verstande darzubieten. Und das kann nur eine reife Individualität. Die Renaissancezeit jedoch bildete erst die Brücke, das Mittel, die äußere Wissenschaft, die Verstandesherrschaft, wodurch der Mensch vom Gruppenseelentum abgetrennt wird, im seinem Erden-Ich erstarken muß. Erstarken dadurch, daß die Gemütskräfte eben Verstandeskräfte werden. Und eben dadurch muß das okkulte Willensleben verzehrt werden.

Das sind die Bäume, die nicht in den Himmel wachsen dürfen: was der unreifen Seele auf der einen Seite gegeben wird durch Götterführung, der Verstand, deren Instrumente die Menschenführer sind, das wird denselben Menschen auf der anderen Seite genommen, die okkulte Kraft. Welch Unheil wäre entstanden, wenn der Verstand der Egoisten sich hätte der okkulten Kräfte bemächtigen dürfen! So wuchsen sie nicht in den „Himmel", diese Bäume. Deshalb mußte es sie auch aufs höchste reizen, zu hören, daß es so etwas geben sollte, daß einer behauptete, in sich Himmel und Erde vereint zu haben. Wie ein Witz des Schicksals klingt es: die Paracelsus lesen konnten, die konnten ihn nicht anwenden. Und die ihn hätten anwenden können, die konnten ihn leider nicht lesen.

Und seine Schüler? Ja, die waren seine Schüler: sie lernten vom ihm, sie liebten ihn, sie gingen ihm nach: 's ist aber keiner ein Paracelsus geworden. Das Licht erlosch mit ihm. Aber es kann wieder aufglänzen in den Seelen, die das Christusprinzip in sich entwickeln werden.

„Anfänglich melden wir das also, daß durch unser Gedanken, und durch unser Sinn und Willen, die da zusammen vollkommen beschehen und in uns ein vollkommener Wille beschlossen wirdt, also daß wir endlich uns verwilligen, und begehren, und ergeben in den Willen, einen andern zu schaden an seinem Leib: Dieser beschlossener und verhängter Wille ist eine Mutter, die da gebiert den Geist: Also zu verstehen: Die Meinung macht das Wort, und die Meinung ist ein Mutter des Redens, also, wo die Meinung nit ist, da ist kein Red noch Wort: Also ein solchs ist auch im Geist: wie das Wort entspringt, also entspringt auch der Geist, welcher ein Wohnung hat nach unserem Willen, und wie wir das begehren, vollkommener Verwilligung und Begehrens." Das ist wirklich wider den Verstand, — der sich eine Wirkung von Mensch zu Mensch nicht anders als sinnenfällig denken kann, — daß der böse Wille durch seine eigene Kraft im Leibe eines anderen Menschen eine Krankheit erregen könne. Diese Vorstellung, d. h. Wesen gewordener Wille, schädigt ja auch nicht direkt den Leib, sondern die geistige Wesenheit des von ihm Verfolgten. Und er verfolgt ihn wirklich und ein Kampf entbrennt zwischen dem Geist des Verfolgten und dem des Verfolgers: und der Stärkere siegt und der Schwächere unterliegt. Der Angegriffene kann gesiegt haben durch die Kraft seiner Astralität und braucht in seinem Wachbewußtsein gar nichts davon zu wissen. Würde er weniger stark gewesen sein, so würde das Unheil, das in seiner Astralität vom Feinde absichtlich angerichtet worden ist, sich allmählich auch im Körper bemerkbar gemacht und auf dem Umwege über den Geist seines Leibes dieser Leib erkrankt sein. Wenn das Vorstellungsleben einen jähen Choc erhält, wie leidet da die ganze Konstitution! Ein Schreck bei plötzlich auftretender Lebensgefahr, das Erleben einer Katastrophe wie Erdbeben, Schiffbruch u. dergl. kann durch die seelische Erschütterung ein kurzes oder langes Körperleiden verursachen. Und nun denke man sich eine ähnliche Wirkung, wie sie der Schreck in der Astralität hervorruft, durch den bösen Willen eines Feindes täglich neu hervorgerufen und erhalten; man denke sich das zum unterbewußten Geistesbestand werden. Indem es das wird, erkrankt der Leib. Gesetzt den Fall, daß heute sich jemand fände, der so im bösen Willen aufgehen wollte, so würde er in seinen Mitmenschen nicht mehr die anfälligen Objekte finden, wie der Schwarzkünstler von einst; und er müßte recht sehr damit rechnen, die Kosten des Kampfes selbst zu tragen.

Was da herübertönt aus der Vergangenheit an Berichten über Zauberkünste, die zusammenhängen mit der Anfertigung von Wachsbildern nach dem Bilde der gehaßten Person, welche Person alles zu erleiden hatte, was das Bild zu ertragen hatte, — das alles beruht auf wirklichen Vorgängen.

„Also macht der Nigromanticus einen Baum und setzt ihn: welcher darein haue, der hauet sich selbst. So ist das die Ursach, daß sein Geist durch den Geist des Baumes gehauen wird. Derselbige Geist hat Händ und Füß wie du, und wo er gehauen, da wirst du gehauen, denn du und dein Geist ist ein Ding." Der Boshafte, der das gern heute nachmachen möchte, dürfte schwerlich von der Absicht zur Tat kommen, denn er kann den Ich-Menschen des zwanzigsten Jahrhunderts zum Glück nicht nach Belieben ausziehen und gegen die Organisation des Menschen des

Mittelalters eintauschen. Nicht nach Belieben hat einer die Kraft der Imagination, die einen Geist in ein corpus zu bannen vermag. Nicht nach Belieben hat einer die Kraft, den Geist eines andern in ein Bild zu bannen, von wo aus er ihn quälen kann.

„Und lasset euch das kein Scherz sein, ihr Arzet: Ihr wissendt die Kraft des Willens nit den minsten Theyl: Denn der Wille ist ein Gebärerin solcher Geister, mit welchen der Vernünftig nichts zu schaffen hat". „Darauf merket, daß ihr den Leib nit arzneiet, denn es ist vergebens! Arzneiet aber den Geist, so ist der Leib genesen." Sehen und Verstehen im Geist wird vom Arzt gefordert: wenn er die Astralität nicht sieht, so sieht er den Schaden nicht. Wenn er das Wesen der Astralität nicht versteht, so kann er dem Kranken nicht verordnen, was als heilende Gegenkraft in seinem Geiste aufgerufen werden muß. Auch die „Arzet" des sechzehnten Jahrhunderts waren, wie aus Hohenheims Worten zu ersehen ist, schon recht geneigt, den okkulten Menschen und seine Kräfte als das Unwirkliche, die greifbare Form allein als den Menschen zu erachten, so daß die okkulte Wechselwirkung von Mensch zu Mensch bei Tag und Nacht ihrem Verstandeswitz mehr Phantasie als tiefer Ernst erschien: sie wußten nicht den „minsten Teil" von ihrem eignen Wesen als die Vorläufer der modernen Heilkunde. Dem Caput VII des Ens spirituale hat der Herausgeber der Ausgabe des Paramirum vom Jahre 1904 bei dem Worte Nigromancey eine Fußnote beizufügen für nötig befunden. Sie enthält folgende Sätze: „Hierin steht Paracelsus noch ganz in der wunderlichen Renaissancemystik, in ihren buntfarbigen Vorstellungen von der occulta naturae vis, wie sie freilich auch schon früher im Volke lebendig waren . . . Auch ernste Geister wie Comenius und Campanella sprechen noch davon.“ So ein Stück Volksdummheit, meint der Herausgeber Dr. K. Strunz, haftet somit dem sonst leidlich verständigen Paracelsus an. Das eben Zitierte wirft ein helles Schlaglicht auf die ganze so oberflächliche Art und Weise des modernen Gelehrten an das Wesen der Vergangenheit heranzugehen. Würde er gründlich sich mit dem Paramirum befaßt haben, den Versuch gemacht haben, Abschnitt für Abschnitt denkerisch zu verdauen und die logischen Schlußfolgerungen daraus zu ziehen, so hätte er finden **müssen**, daß alles, was Hohenheim lehrt, seine Grundlage hat in dem okkulten Wissen. Das steht fast auf jeder Seite, daß die Ursachen im Okkulten liegen, und daß der kein Arzt im Licht der Natur sein kann, der die Ursachen des Sichtbaren nicht im Unsichtbaren zu finden versteht. Darüber kann es gar keine Diskussionen geben, ob dies Hohenheim so meint. Daß er es selbst so und nicht anders meint, betont er mit aller Vehemenz und Deutlichkeit immerfort, allüberall. Darüber kann gar nicht hinweggelesen werden. Wer behaupten will, Paracelsus zeigte sich als Empiriker im Sinne von heute und nicht als Empiriker in okkulten Tatsachen, woraus er dann das äußerlich Sichtbare erklärt, der gesteht damit, daß er Hohenheim überhaupt nicht gelesen hat. Er hat so drüber hin geschaut und aus einigen Stellen sich einen Paracelsus der Phantasie konstruiert. Nicht nur „hierin“ steht Hohenheim in der „Renaissance-mystik“, sondern er steht überall drin, und nirgends auf dem Boden des öden Verstandes. Richtiger noch wäre es, anstatt Renaissancemystik „Geisteswissenschaft des Rosenkreuzes“ zu sagen. Man möchte den modernen Gelehrten fragen: „Weißt du denn etwas von der okkulta naturae vis? Hast du eigene Erfahrung darüber? Weißt du genau wenigstens, was die meinten, die davon redeten?“ Darauf kann er nur „nein“ antworten, denn wenn er es kennte, hätte er es nicht als Torheit angesprochen. „Warum nennst du denn das Torheit, was du gar nicht kennst?“

Der Gelehrte von heute lebt so eng in den Grenzen der materialistischen Vorstellungsweise, daß er der Sklave dieser Vorstellungen geworden ist. Diese „Geister“ sind so fest eingesessen in ihm, daß sie rein objektives Denken nicht mehr aufkommen lassen. Er kann nicht mehr denken, daß das Sichtbare als Mutter das Unsichtbare haben muß. Und wo es mit nackten Worten unablässig auf 401 Druckseiten betont wird — davon kann sich jeder Leser des bei Diederichs in Jena erschienenen Paramirum selbst überzeugen, und er wird sich dann recht verwundern, daß so etwas mißverstanden werden konnte — da erlauben ihm seine Geister, die materialistische Vorstellung, nicht, es zu bemerken. Da muß er den Urgrund des eigenen Wesens für Torheit halten, die Kraft verleugnen, aus der er täglich lebt und fühlt und denkt.

Es ist dies ein Beleg für die alte Wahrheit im Ens spirituale, daß der Wille die Geister gebiert, und nicht die Vernunft.

Aus unterbewußten Tiefen mahnt es noch heute an die Werte von einst und die Macht, die sie hatten und fast überall noch haben, wie zum Beispiel es heute noch wenig Seelen geben wird, auf die der Fluch keinen Eindruck macht.

Von den Eltern verflucht zu werden, — wie furchtbar!

Selbst der Fluch des Feindes, der Fluch der verlassenen Geliebten — der moderne Ungläubige möge darüber lachen —, in stillen Stunden, wenn er mit sich allein sein muß, da drückt es doch, da steigt es doch auf und starrt ihn an und wirkt. Ein Fluch, im Sinne des Materialisten, was ist das? Gar nichts, ein Wort, das im Wind verflog, ein Gedanke nur. Und dennoch, es drückt zu wissen: da lebt ein Mensch, der hat dich verflucht! Der will von ganzem Gemüt, daß es dir übel gehe! Und wie nahe liegt es, trotz alles Verstandes, — daß im Menschen, wenn ihm wirklich etwas mißglückt, der Gedanke aufsteigt: Nun freut er sich! So hat er es gewollt! — Das vergißt sich nicht, ein Fluch.

Und wenn es dem Menschen von heute so schwer wird, von der Erinnerung loszukommen, — frei in sich selbst zu leben, in nichts gehemmt noch beeinflußt durch einen Fluch, — wie tief abhängig mußte erst der Mensch der Vergangenheit, dessen Seelenleben seine Kraft aus dem Gemüt und nicht aus dem Ich ziehen konnte, von der Impression gequält worden sein! Denn Impressio, das ist der Fluch. Mit Macht wird eine unheilvolle Vorstellung dem Gemüt des Verfluchten eingeprägt; aus vollster Willenskraft hineingeschleudert. Mit Entsetzen empfängt er sie. Von seinem Leben nährt sie sich. Wie soll der Verfluchte gedeihen, wenn er die Vorstellung, „den Geist“, in sich täglich nährt: dir kann nichts mehr glücken! Was müßte er haben, um sich des Geistes, des Fluches zu entledigen? Das starke Ich, das weiß, daß es sich selbst sein Schicksal schafft, und das durch die Kraft der Vorstellung von der eigenen Stärke jene Vorstellung vom verhängten Unglück besiegt. Da kämpft Geist gegen Geist. Das sieht geschrieben recht einfach aus, hat aber nicht die Stärke des Ich, wer will; die ist die Frucht der inneren Arbeit früherer Inkarnationen. In dem eben Gesagten handelte es sich nicht darum, ob der Fluch verdient oder unverdient gewesen, sondern nur um ihn als einen Bestandteil dessen, was in den Rahmen des Ens spirituale gehört. Darein gehört alles, was den Geist des Menschen beeinflußt, und all die vielen psychologisch unerklärlichen Vorgänge würden erklärbar durch das im Ens spirituale Abzuhandelnde. Daß der Verbrecher heute noch dem unerklärlichen inneren Zwang gehorchen muß, immer wieder trotz aller Gefahr an den Ort sich hinzuschleichen, an welchem das Verbrechen erlebt wurde, kann vom Standpunkt der

Verstandestatsachen nicht erklärt werden. Der Verstand allein würde dem Verbrecher die Rückkehr an den Ort der Tat durchaus verbieten. Aber da ist etwas anderes, das zieht ihn magisch trotz aller Verstandesgegengründe hin. Das überwältigt den Verstand, so daß er sich allerlei nichtige Gründe konstruiert, um sich ein Recht geben zu können, dennoch hinzugehen. Was zwingt ihn denn? Etwas, das ihm selbst unerklärlich ist, ein innerer Trieb, ein beherrschender Wille . . . .

Wessen Wille? Der Wille dessen, an dem das Verbrechen verübt wurde. Sein Wille, der wesenhaft in den von ihm erzeugten Geistern geworden ist. „Aber, daß der Dieb zuher laufen muß an die Stätte seines Stehlens, ist, daß dein Geist des andern Geist nötigt, wieder an die Stätte, da das beschehen ist, nach deinen Willen." Der Bestohlene beschäftigt sich intensiv mit dem Erzeugen von Vorstellungen über die Tatsache des Diebstahls; immerfort gehen seine Gedanken dem Diebe nach: er möchte ihn haben, er soll her! Und wieder kämpfen Geist gegen Geist, bis der Dieb überwunden sich hinschleicht. Daß der Bestohlene den Dieb auf dem physischen nicht kennt noch nennen kann, das hindert die Geister gar nicht, den Weg zu spüren, auf dem das gestohlene Gut davongetragen wurde. Wie sehr wenig weiß der wachbewußte Mensch von seinem eigenen Wesen! Kaum, daß er versucht, sich kritisch mit seinen wachbewußten Handlungen und den Impulsen, aus denen heraus er sie tat, auseinanderzusetzen. Und gar nicht weiß er, was die aus seinem Gemütsleben geborenen Vorstellungen anrichten, wenn sie dem Zügel, den das Ich am Tage ihnen anlegte, entrinnen. Was wird denn aus den Geistern des Nachts? Nur am Tage ist der Mensch so, wie er jetzt ist, ein Ich-Wesen mit Willkür und Selbstbewußtsein. Des Nachts löst sich das Ich im Gruppenbewußtsein auf, der astralische Mensch erlebt sich im kosmischen Tun und Wirken des Nachts. Dort kann er nicht infolge vernünftiger Überlegung sich zum Herrn seines Bewußtseins machen, wie es ihm zuweilen am Tage gelingt. Des Nachts erst recht versucht das Eigenleben der Vorstellungen sich zu behaupten, dies Eigenleben, das seine Quelle im starken Interesse hat, das der Mensch an diesem oder jenem hatte. „... so sie schlafen, so werden ihre Träume an dem andern verbracht und erfüllt, also daß dein Geist den andern Geist im Schlaf zu dir bringt und dann im unwissendt, als im Traum, denselbigen durch dich selbst letzest, und das durch das Medium deines Worts, das dir im Schlaf ausgehet, ohne dein Wissen." „.. Denn kein Traum ist nit, der aus dem Geist beschieht, es geschehe denn also, wie er anzeigt: denn er kommt aus dem Geist, von dem wir angezeigt haben." Der Traum zeigt schon wirklich an, woher er kommt und was sich durch ihn objektiviert, nur daß der Verstand des wachbewußten Menschen weder das subjektive noch das objektive astralische Bild verstehen und abschätzen kann. Der Unterschied zwischen objektiv und subjektiv ist so gemeint, daß mit objektiv etwas angesprochen wird, das auch ohne den Träumenden astralisch seine Existenz hat, mit subjektiv ein Bild, das dem Eigenleben des Träumenden selbst entsproß. Im weiteren Sinn kann schließlich alles Geträumte subjektiv genannt werden, auch die aus atavistischen Anlagen entstehenden Visionen, denn auch das Objektive stellt sich dar in der subjektiven Färbung des Träumenden. Der atavistisch Hellsehende und der Träumende können gar nicht die astralische Welt in ihrem wirklichen Dasein erfassen, weil sie noch gar nicht gelernt haben, ihr Ich aus der astralischen Umgebung herauszulösen. Im Wachbewußtsein muß der Mensch das lernen: Da muß er lernen, sich selbst wie einen Fremden unberührt von dem, was im Gemüte tobt, sich diesem Gemüte gegenüber zu stellen. Seine eigenen Vorstellungen und Gefühle müssen Dinge sein, die er ebenso kühl studiert, wie er die Bildung einer Blume als Botaniker studieren würde. Er braucht, weil er also die Bekanntschaft mit dem wahren Wesen seiner Gefühle macht, nicht gefühllos zu werden: er wird nur Herr da, wo er Knecht war. Erst wenn er im Wachbewußtsein sich Objektivität der Anschauung errang, hat er die Möglichkeit, sie in die übersinnliche Welt herüber zu bringen. Es könnten die Träume dem nach Entwickelung Strebenden etwas sehr Lehrreiches werden, er könnte viel lernen über sich selbst und seine Beziehungen zur Umwelt, wenn er nur mit dem Bildermaterial der Träume als Wissender umzugehen verstünde.

Und meistens wird auch dies Bildermaterial noch verzerrt und nur bruchstückweise aus dem Schlafins Wachbewußtsein herübergebracht.

Aus dem, was von Geist zu Geist gewirkt, können ebensogut alle Krankheiten entstehen, als aus den in den vorgehenden Abhandlungen geschilderten Ursachen. Denn diese Ursachen sind ja in sich selbst überall dieselben, nur im Grade ihrer Objektivation von einander verschieden. Es sei hier erinnert an das als Beispiel hingestellte Zwiegespräch eines Wissenden mit den Ärzten der fünf Sekten: Die Furcht war dem Wissenden ebenso eine Erscheinungsform des Arsenik, — also der Schwäche des Ich, — als die Cholerabazillen. Die Furcht ist das Resultat der Vorstellungen. Das starke Ich läßt solche Vorstellungen sich gar nicht festsetzen. Der Feind kann noch so viel drohen, er setzt als Gegenkraft sich selbst siegreich ein im eigenen Bewußtseinsleben. Es ist nun interessant und lehrreich, darüber nachzusinnen, weshalb Paracelsus dies Ens spirituale „pagoyum", also heidnisch, nennt. Das Christentum lehrt die Entwickelungsfähigkeit des Einzel-Ich zur Unsterblichkeit durch das, was Christus der Erde gab. Das Heidentum sieht dies Ich als etwas an, das der Vergänglichkeit geweiht ist, und lehrt, daß nur der astralische Mensch innerhalb des kosmischen Gruppenseelenlebens überdauert und nur also unsterblich sei. So war es auch einst. So ist es für die meisten Menschen noch, wenn auch dies Leben nach dem Tode immer individuellere Färbung annimmt. Färbung!

Aber nicht Individualität. Und hier liegt auch der Schlüssel zu dem Geheimnis der Krankheiten von einst und der Krankheiten von jetzt. Einst war das Vorherrschende die relativ allgemeine Gesundheit, unterbrochen von Epidemien, die hier und da konstant blieben: wie z. B. der Aussatz. Jetzt sind die Epidemien und Gruppenerkrankungen das relativ Seltene, die unendlich verschieden getönte Kränklichkeit das Allgemeine.

Aus dem Ich des Einzelnen entstehen die unzähligen modernen Krankheiten; aus dem „Geist", aus dem Gemüt, aus dem Gruppenseelenhaften im Menschen entstehen die Epidemien; im Sinne des Ens astrale.

Irgendwo, im einzelnen Menschen muß selbstverständlich auch die Epidemie ihren Anfang nehmen. Es wird gesagt, daß die seelische „Arsenik"-Bildung, welche Nietzsche so leidenschaftlich zu bekämpfen strebte, mit der Schwäche und Indolenz des Einzel-Ich zusammenhinge. Daß der Mensch „dick" würde, daß er furchtsam würde, weil er keine geistige Umwandlungskraft entfalten könne, also Sklave der einmal in ihm wohnenden Vorstellungen sein müsse. Das sind die Anfangsstadien. Nun müßte aber doch der Gruppenmensch der Vorzeit immer dick und feig gewesen sein, da er als Einzel-Ich so wenig war. Desto mehr wirkte in ihm der Geist seiner Rasse, das große „Ich". Wenn sie in der „Furcht Gottes", des großen Ich, lebten, so waren sie gesund und mutig, — denn wenn sie die Gesetze befolgten, so waren sie gesund. Und waren mutig — nicht aus sich selbst —, aber weil sie sich als Instrumente der Gottheit fühlten. Die hielt sie! Die schützte sie. Wer aber nicht in der „Furcht Gottes“ lebte, — der mußte zum Spielball aller geistigen Beeinflussung werden, denn er hatte seinen Stab von sich geworfen. Deshalb mußte alles, was gegen den Geist der Rasse lebte, am Leibe büßen, was die Begierde erzeugt hatte. Unbrauchbare „Geister“ hatte der Wille geboren, die er sterbend den Elementen übergab; in der nächsten Inkarnation wurden sie dem Leibe als Krankheitsanlage einverwoben: er, der Sünder, sollte im Prozeß der Krankheit, die ein okkulter Regenerationsvorgang ist, ein Kampf um Erlösung vom Übel, das Verdorbene in Gesundes umwandeln. Nun starben gar viele Kulturmenschen Europas an der Cholera, die gar nicht feig waren, ja die sogar als Ärzte auszogen, um die Cholera zu bekämpfen. Es ist die Feigheit ein Zeichen eines bestimmten Stadiums des Arsenik. Die Cholera ist der Schlußakt. „Arsenik“ ist das, was das Schöpferische, die Logoskraft im Ich lähmt, was die Bildung des Ätherleibes verdickt, verhärtet. Die Furcht ist eine Warnung! Da kann die Seele noch empfinden: wenn du so weiter lebst, büßt du dich selber ein. Es können aber Inkarnationen kommen, da diese Klage des Logos nicht mehr empfunden werden kann: weil das ganze Wachbewußtsein in der verhärteten Organisation aufgeht. Da ist der Körper alles geworden, das Übersinnliche Schimäre, oder etwas, über das überhaupt nicht nachgedacht wird. Das Ich ist nur Spiegel der materialistischen Denkschablone der Zeit. Der Logos ist begraben im Leib. Doch vor der Geburt prägte er dem Unterbewußtsein ein den Impuls, an die Stätten der Cholera zu gehen zum letzten Versuch der Regeneration. Das schaut aus wie Mut; ist aber Befehl des okkulten Menschen.

Alles, was aus der Geisteswissenschaft entnommen und benützt wurde, um in Begriffe des modernen Bewußtseins zu übersetzen, was das Paramirum eigentlich meint, das kann jedoch nur Hinweis und Andeutung sein. Aus der Besprechung des Arsenik allein schon ist zu ermessen, daß auch sie wahrlich nur als Hinweis aufgefaßt werden darf; nicht als umfassende Ausgestaltung, nicht als alle Möglichkeiten umfassende Erklärung. Es ließen sich gar wohl noch viele Einzelfälle anführen, bei denen auf den ersten Blick die Arseniktheorie durchaus den Anschein hätte zu versagen. Aber wirklich nur den Anschein! Wenn der Einzelfall genügend in seine Bestandteile von Gemüts- und Körperbeschaffenheit, persönliche und Rassen-Eigenschaften auseinandergelegt wird, dann wird sich zuletzt herausstellen, daß es doch stimmt und die Theorie die in Begriffe gefaßte Spiegelung der Wirklichkeit ist. Deshalb ist das Ens spirituale „pagoyum", weil ihm alles das untersteht, was noch gruppenseelenhaft im Menschen ist, was nicht dem Ich entspringt, das dem Christus entgegenstrebt. Weil das Wissen um das Geisterleben der Vorstellungen, die das Gemüt erzeugt, ein

Weisheitsgut der Vorzeit war und der religiöse Mensch der Vorzeit wußte, daß sein Fühlen und Vorstellen auf die Umwelt wirkte, im Leben und nach dem Tode, daß er Heil und Unheil der Umwelt schuf, indem er wollte, fühlte und dachte. Das, wovon die „Arzet nicht den minsten Teil wußten“, wie Paracelsus sich ausdrückt, das, gerade das war der Vorzeit der Hauptfaktor im Menschenleben: der Mensch im Kampf und in der Furcht der Geister. Und alle gewaltige Magie der Vergangenheit und alle ihre Heilkunst hängt zusammen mit der occulta naturae vis, auf welche das Ens spirituale hindeutet, — wirklich nur — hindeutet.

Ens deale.

Zur Einführung in das, was mit einem volkstümlichen Ausdruck die Seelenverfassung des „Christenmenschen“ genannt werden könnte und damit auch in den Stimmungsgehalt des Ens deale, seien einige Aussprüche Paracelsi des näheren betrachtet. Im Ens spirituale sagt er: „Was da lebt nach seinem Willen, das lebt im Geist; was aber lebt nach der Vernunft, das lebt wider den Geist.“ Und am Schluß derselben Abhandlung: „Und dergleichen merket, daß der Glaub da nichts handelt, allein der Wille: vom Glauben zu reden oder einzurechnen hierin ist mehr närrisch denn weise.“

Was da lebt nach seinem Willen, das lebt aus den in der Natur seiner Astralität vorhandenen Kräften, aus angeborener Eigentümlichkeit. Wie die Gesamtheit der Tiere die Gesamt-Astralität der Natur, die einzelnen Arten jedoch in ihren Eigentümlichkeiten die Bestandteile zeigen, woraus das Ganze zusammengesetzt ist, so birgt die Astralität des Menschen in der Möglichkeit das ganze Tierreich. Denn die Menschenastralität ist der Auszug, die Zusammenfassung in ein Ganzes aller astralischen Kräfte der Welt. Je nachdem, was im natürlichen Menschen am meisten zum Worte kommen kann, danach ist der Mensch. Er wird nicht fascinieren können aus seiner Naturanlage heraus, wenn die Schlange in ihm nicht lebendig ist. Nach seinem Willen lebt, wessen Bewußtsein nur ein Schauplatz dessen ist, was aus den Wechselwirkungen zwischen seiner Astralität und der Astralität der äußeren sichtbaren Welt entsteht. Daraus entstehen die Vorstellungen, die der Mensch über die Welt in sich zum Dasein bringt, die „Geister". Wenn eine Mutter ein Kind zur Welt bringt, so hat sie zwar alles, was mit dem Werden des Kindes zusammenhängt, mit erlebt, aber sie hat gar nichts von dem geheimen Werdeprozeß verstanden. Und das Kind selbst entwächst wie bald ihren Händen, ist ein Wesen für sich selbst, das sich für sich selbst durchzusetzen bestrebt ist. Die Mutter sollte zwar es lenken und leiten und sich dauernd ihm gegenüber behaupten können, — jedoch die Beobachtung wird einem jeden zeigen, wie wenig dies der Fall ist.

So ist's auch mit den Vorstellungen des Menschen. Er sollte ihr Führer sein; durch die Entwickelung im esoterischen Christentum wird er es werden. Wer nach dem Willen lebte und magisch wirken wollte, der mußte mit seinem Leben die Geister ernähren, daß sie stark und machtvoll wurden; dann wirkten sie, was der Mensch selbst nicht konnte. Wie, mit welcher Kunst, mit Hülfe welcher Vorbereitungen, welcher Zeremonien eine solche Dienstleistung zu erreichen war, das ist Geheimnis der Magie, das ist die Weisheit der Vorzeit im Guten wie im Bösen: auf welche Weise die übersinnlichen Mächte dem Menschen hilfsbereit gestimmt werden können. Es wird begreiflich, daß, wer derart im Geist, also in natürlichem oder magischem Verhältnis lebt, daß er wider die Vernunft lebt: daß er nicht die das Vorstellungsleben beherrschende, sie mit Einsicht lenkende Persönlichkeit werden kann. Wer aber anstrebt frei zu werden, der muß zuvor eben diese Vernunft, diese Einsicht entwickeln. Er kann sie nun aber doch nur entwickeln auf Kosten der sonst dem Leben der Geister hingegebenen Kraft. Da kann es keine Kompromisse geben! Durch die okkulte Leitung, durch die führenden Herren der Menschheit, ist diese Menschheit langsam zu immer stärkerem Selbstbewußtsein heranerzogen worden, bis im griechisch-römischen Zeitalter als Resultat der Erziehung durch die Kulturepochen sich die Blüte der Persönlichkeit erschloß. Sie war der Ausdruck aller Erdenherrlichkeit. Aber sie wäre wieder zum Staub geworden, aus dem sie entstanden, wenn dieser Herrlichkeit durch Christus nicht die Möglichkeit gegeben worden wäre, sich zu vergeistigen und unsterblich zu machen. Denn auch der Grieche in seinem Schaffensrausch und der Römer in seiner starren Gerechtigkeit, sie dienten hier schaffend, dort pflichttreu immer noch der übersinnlichen Welt, — den Geistern und Göttern,

— so wie sie in ihrer Vorstellung sich spiegelten. Deshalb mußten die Götter dahin sinken in Dämmerung, damit der Mensch sich selbst fände. Alle Farben mußten blendend überstrahlt werden von dem Licht, das da war „im Anbeginn“. In ihm konnte der Mensch das sehen, dem er entsprossen war, das Kind den Vater. In ihm kannte er sich selbst und alle Zukunftsmöglichkeit dieses Selbsterkennens, nämlich Herrschaft anstatt Dienstbarkeit im Geist.

Der Mensch, der also seinen Funken Ewiges in sich empfand angesichts der Vatersonne, und nun entschlossen sich abwandte von der Vergangenheit und mit seinem ganzen Wesen dem Sohn nachstrebte, der ihm der Weg zum Vater war: das war ein Christenmensch. Dem galt das Wort als das Höchste: „Ich bin der Weg und die Wahrheit und das Leben; niemand kommt zum Vater, denn durch mich.“ So wahr er sich als ein Ich fühlte, so wahr fühlte er, daß alle Entwickelung auf der Entwickelung des Ich beruhe. Denn indem er dies fühlen lernte, hatte er zugleich den Beweis für die Richtigkeit dieses Gefühls an den Tatsachen seines Lebens: er fühlte sich frei werden vom Druck der Vorstellungen der Vergangenheit. Er fühlte sich selbständig werden, er fühlte, daß dies Selbständige in ihm der Same der Unsterblichkeit wäre. Er fürchtete keinen Tod, es gab für ihn keine Unterwelt armseliger Schatten; er wußte: was in mir ist, wird bei mir sein auch da drüben. Und wo es ist, ist Licht. Dieses innere

Ich-Erlebnis, dies erste Aufkommen des Selbstbewußtseins des Gottes im Menschen, der Mensch ward, das war der Glaube. In ihm lebte und starb der Christ. **Dadurch allein war er Christ.** Das unterschied ihn von den Heiden. Und es ist ein fundamentaler Unterschied. Er war gläubig; sie waren ungläubig. Er glaubte nicht mehr an die Macht der „Geister“; für ihn gab es nur einen „Geist“, eine lichtvolle Vorstellung, in der er die Unsterblichkeit erfaßte: den heiligen Geist. In ihm war er stark. „Wir haben nicht empfangen den Geist der Welt“, dachte ein solcher mit den Worten des Apostels Paulus, „sondern den Geist aus Gott, daß wir **wissen** können, was uns von Gott gegeben ist.“ Das, was sie zu wissen anstrebten, waren „die Tiefen der Gottheit“. Mit anderen Worten, das Erfassen vom Geheimnis des Karma, der Menschen und Götter richtenden Macht. Der vergeistigte Mensch ist das Ende der Entwickelung, der natürliche der Anfang und die Grundlage. Der natürliche Mensch ist dem Karma unterworfen, „der **geistliche aber richtet alles und wird von niemand gerichtet.**“ Ein kühnes Wort, das wie Frevel dem Ungläubigen klingen müßte. In ihm jedoch ruht aller Sinn und aller Zweck der Menschheitsentwickelung. Ohne dies Ziel würde die Zukunft, der Aufstieg des Menschen aus der Materie, und die Vergeistigung der ganzen Welt nur eine Art Wiederholung der Vergangenheit werden. Die „Christenmenschen“ sind die Erstlinge auf dem Weg zum Vater; eine Lockung den „Heiden“ durch alle

Inkarnationen auch diesen Weg zu betreten. Der Glaube allein beweist, ob einer Christ sei. Deshalb sagt Paracelsus am Eingang des Ens deale: „Ein jeglicher Christ, der da schreibt anderst, dann der Glaub in ihm halt, derselbig schreibt heydnisch.“ Das heißt, daß nicht der Name den Christen, sondern die Kraft zu glauben, sich selbst erfühlen zu können, den Christen macht. Auf dieser Grundlage, dieser Darstellung vom Wesen des Glaubens ist erst das Geheimnis des Ens deale zu erfassen. Denn recht geheimnisvoll hat es Paracelsus in die Worte „Gott“ und „Glauben“ verhüllt. Mußte er es, den Verhältnissen seiner Zeit Rechnung tragend, verhüllen. Und so beginnt er, scheinbar kindlich in orthodoxen Begriffen befangen, das Wesen der Krankheiten aus dem Ens deale heraus, — als aus der Ursache aller Ursachen, — zu erklären. Das Ens deale spricht in „christlichem Styl“, spricht von der Weisheit der Zukunft, in der alle Krankheit ein Ende finden soll.

„Ihr wisset, daß all Gesundheit und Krankheit von Gott kommt, und nichts vom Menschen. Und ihr sollt die Krankheit der Menschen theylen in zween Weg: in Natürlichen und in Flagellum. Das Natürliche ist das erst, das ander, das dritt und vierdt Ens: das Flagellum ist das Fünft.“

Es ist wohl aus den vorhergehenden Abhandlungen ersichtlich geworden, daß es sich bei dem Ens astrale, veneni, naturale, spirituale eigentlich um die vier Entwickelungsaspekte ein und derselben Sache handelt. Paracelsus beginnt mit den Infektions-

Krankheiten, weil da die Ursache der Krankheit irdisch, materiell sichtbar geworden ist. Sie ist zu greifen, zu sehen, ist irdisch da als Infektionserreger, als ein Wesen auf der untersten Stufe der Tierheit. Dann verfolgt er zurück von der Materie zum Geist die Prozesse, die zur Entstehung dieser Wesen führen können; die drei anderen Entia zeigen den Werdegang. Das Ens deale zeigt den Ursprung. Als Vorgänge in der Menschennatur, als Entartungen, stellen sich die Krankheitsbilder in allen Phasen dar. Erst im Ens deale enthüllt sich der Zweck dieser Vorgänge: Flagellum heißt der Zweck. Flagellum! Geißel! Strafe, das heißt Korrektur! Denn jede Strafe hat nur ein Recht zu sein als Korrektur. Wer, indem er straft, nicht verbessert, der darf nicht strafen. Wenn aus dem Vorhergehenden auch erhellt, daß der wachbewußte Mensch durch seine Begierden, Egoismen und Irrtümer das Leben des Leibes verdirbt, so erhellt eben auch nur dies daraus: er verdirbt es! Doch daraus wird noch keine Krankheit. Des Erdenmenschen wegen könnte das Verdorbene unerlöst bleiben; er streute es in die Elemente und kümmerte sich nicht darum. Wer würde sich selbst ein Leiden verordnen? Ist doch die Persönlichkeit gar nicht imstande, ihre eigenen Sünden und Irrtümer einzusehen! Sie „weiß ja gar nicht, was sie tut!" Nein, der Regenerationsvorgang der Krankheit kommt nicht vom Menschen der Erde. Das Ewige im Menschen ist es, das im Leben unterbewußt wirkt, nach dem Tode das Facit des Lebens zieht als der Geist des Lebens und feststellt, was an der Heiligkeit des Tempels des Leibes der Mensch gesündigt hat, und was er ausgleichen muß, soll er nicht zum Verderber der Natur werden, die ihn trägt und erhält. Der Geist des Lebens in uns ist zugleich der Erhalter der ganzen Natur: in Liebe umfaßt er alles dem Logos Entsprossene. Er gleicht aus: was der ältere Bruder, der Mensch, dem Logosleben der Naturreiche — die seinen eigenen Leib bilden — zu Leide tat, das muß er im Regenerationsvorgang der Krankheit ausbessern. Dadurch lernt er, indem er leidend kämpft! Dadurch lernt er die Ursache des Leidens suchen! Dadurch reift er heran zur Fähigkeit des „Glaubens!"

Und somit liebt Gott, wenn er züchtigt: auch Flagellum ist im letzten Grunde Liebe. „Gott gibt Gesundheit und Krankheit und die Arzenei dazu." „Wie ihm aber die Arzenei sei, so ist es alles auf den Punkten geendt und prädestiniert: dieser Punkten ist die Zeit! Und das merket also, daß all unsere Krankheiten geheilt sollen werden **in der Stund der Zeit** und nit unseres Begehrens und Willens." „Kein Arzt weiß den Termin der Gesundheit. Gott hat ihn in seiner Hand. Jede Krankheit ist ein Fegfeuer. Der Arzt arbeitet in der Praedestinirung des Fegfeuers." Der Herausgeber des Paramirum, Dr. K. Strunz, hat hierzu folgende Fußnote gesetzt: „Auch hier klingen katholische Werte an, die Paracelsus doch trotz seiner völlig außerkirchlichen Stellung nie recht vergessen konnte. Wir erinnern weiter z. B. an seine eigenartige Mariologie und manche Bibelkommentare."

Es muß der Gelehrte des zwanzigsten Jahrhunderts verständnislos dastehen gegenüber den soeben angeführten Worten Hohenheims über Gott und Fegefeuer. Um sie zu verstehen, in ihrer ganzen okkulten Empirik als die Darstellung einer Wirklichkeit ansehen zu können, muß erfaßt werden, was Paracelsus damals eigentlich meinte, wenn er, wie von einem Tatsachenmaterial, von Praedestination und Fegefeuer spricht. Es „klingen" wahrlich keine katholischen Werte an; wohl aber spricht einer, der mitten im Geist und Jenseits aller Buchstabenreligion steht, von dem, wovon diese Buchstabenreligion so viel eifert, so gern die okkult-technischen Ausdrücke handhabt, und so wenig im Grunde klar versteht.

Der „Gott" als Geist des Lebens im Menschen schuf ihn zur Gesundheit, baute einst den Tempel des Leibes in der Harmonie, die Gesundheit bedeutet. Das Stück des Ewigen, das im Wachbewußtsein wirkt, schafft Zerstörung und Disharmonie. Im Schlaf und in der Krankheit trachtet nach Regeneration der Geist des Lebens im Menschen. So kommt Gesundheit und Krankheit, okkult physiologisch betrachtet, aus Gott. Fegefeuer sind die Krankheiten; das heißt Feuer der Läuterung, der Regeneration. Sie spielen sich ab im Feuer des Leibes, in den geheimnisvollen Prozessen der Blutwärme, die besonders hervortreten in den Fieberzuständen der Krankheiten. Im Feuer geschieht die Umwandlung von Gift in Gut. Da wird die verdorbene Materie geläutert, umgeschmolzen und wieder tauglich gemacht. Nichts als Physiologie meint Hohenheim mit diesem Fegefeuer. Ausdrücklich fügt er in Caput VI hinzu, daß es zwei Strafen gibt: die im Leben und die nach dem Tod. Es gibt zwei Läuterungsprozesse: die Regeneration durch den Kampf des Unterbewußtseins, das alle Kraft einsetzt zur Umwandlung des Gifts in Gut, und den Läuterungsprozeß nach dem Tode, darin dies Ewige, im irdischen Leben Unterbewußte — auch Überbewußte, wenn man will —, sich löst von den Elementen des Leibes und über die Taten seines Erdenteiles, des Ich, zu Gericht sitzt. Dies Ich als solches löst sich auf im Unterbewußten. Erst im nächsten Leben erwacht es im Leibe wieder zum Sonderbewußtsein. Dies Sonderbewußtsein kann es nur dann unsterblich machen, wenn es in seinem Horizont hineinzieht Kraft und Können des Lebensgeistes, der ja noch innig eins ist mit der Natur und durch dies Ich trachtet, sich zu individualisieren. Deshalb muß das Ich leiden und lernen, damit der Gott Mensch und der Mensch Gott würde. Wann nun kann einzig eine Krankheit in Gesundheit übergehen? Dann, wenn das Ich die Fähigkeit errungen hat, deren Mangel die Krankheit möglich machte, das ist die Stunde der Zeit! Solange das Rassen- oder Seelenleben in der Organisation „Gift“ produziert im Sinne des Ens veneni, so lange kann kein Arzt heilen. Er kann es physiologisch wirklich nicht, wie man kein Gefäß reinigen kann, in das beständig Schmutz nachrinnt. „Gott“, der okkulte himmlische Mensch will es nicht, d. h. kann es noch nicht. „Gott“ will es erst zur Stunde der Zeit! Wenn der okkulte Mensch gesiegt hat, dann will es Gott. Man gedenke nur, wie Wach- und Unterbewußtsein beständig ineinander arbeiten, ja im Schlaf jede Nacht vereint sind. Wie das Wachbewußtsein ja nichts anderes ist als der Berührungspunkt des übersinnlichen Menschenwesens mit den Gewalten der irdischen Welt, wozu die Wesenheiten, die im Ens naturale aufgezählt wurden, hingehören. Sie sind die äußere Natur und der Leib des Menschen. Das Christusprinzip im Menschen aber ist der Träger der Welt der Zukunft, die aus der Metamorphose der Welt von heute entstehen soll. Das Bewußtsein und der Leib des Menschen ist der Schauplatz des Kampfes zwischen den alten und den neuen Göttern. Der Jahwe im Menschen muß durch den Christus im Menschen abgelöst werden. Nicht weil er benommen vom Dogma ist, spricht Hohenheim davon, daß alle Genesung einzig und allein nur von Gott abhängt, sondern weil er seine Schüler zum Verständnis des Herrn des Karma erziehen will. Weil sie in dem Gedanken leben sollen, daß das Ewige in ihnen selbst dieser Gott ist, der Karma bestimmt, dieses Ewige, das **immer** in Christo, im Logos, lebt. Das ist die Praedestination, nach welcher vor der Geburt das Firmament zusammengestellt wird, nach dem karmischen Beschluß des Gottes im Menschen. Was sind somit die Ärzte anders, als nur Diener des

Christus, des Herrn des Karma? Und wenn ihre Kunst noch so groß ist, und wenn sie noch so sehr ihren Herrn ableugnen, oder wenn sie noch so sehr diesen Herrn unter dem Bilde von Göttern und Geistern verehren, ob Atheisten, ob Heiden, ob Christen, — sie dienen doch alle seiner von ihm verhängten Praedestination, die auch nur durch ihn wieder aufgehoben werden kann. Denn Gott regiert nicht außerhalb der Welt als der persönliche Gott christlich-exoterischer Phantasie, sondern er regiert in jedem Menschen durch den Menschen selbst. So gewiß ein jeder seinen Sympathien und Antipathien, seinen inneren Bedürfnissen und Impulsen folgt, — so gewiß regiert ihn Gott. Nichts tut „Gott" auf anderem Wege als durch den Menschen. Die Praedestination kann recht wohl gebrochen werden, — durch „Gott!" Wenn ein Mensch, durch die Ereignisse des Lebens im tiefsten Grund erschüttert, die Kraft findet, sein Leben neu zu gestalten, — so ist's der okkulte Mensch, der die Oberhand gewinnt: Gott! Wenn einer durch „Zufall" geheilt wird, „durch Heilige, durch eigne Kunst, durch Arzet oder durch alte Weiber", — der Impuls des inneren Menschen war's, der ihn in jene Situation hineintrieb, denn „es war die Stunde der Zeit". Er konnte geheilt werden, jetzt konnte das Mittel wirken, das früher gegen die feindlichen Kräfte im Menschen wirkungslos geblieben wäre. Der okkulte Baumeister des Leibes weiß, wenn es an der Zeit ist. Das Medikament, das alte Weib, die geistige Beeinflussung durch den Heiligen, der eigene Einfall, sie sind nur das Mittel, das die Eigenart der Krankheit gerade braucht. Ein unbestechlicher Richter ist der Gott im Menschen, der selbst, wenn der Kranke mit allen Mitteln zur Genesung umgeben ist, ja wenn sie selbst physiologisch momentan realisierbar wäre, diese Genesung, sie doch nicht zuläßt. Das sind nicht theologische Fabeleien, das ist die Realität des Lebens, die jeder nachprüfen kann an den Schicksalen der ihm bekannten Menschen. Wie oft ist zu beobachten, daß einer, nur weil er in gewissen Theorien ganz befangen ist, durch nichts zu bewegen ist, die Lebensweise zu führen, durch welche er gesunden könnte! Der Eine kann nicht vom Bier, der nicht vom Wein, der nicht vom Kaffee, der nicht vom Rauchen lassen, der zeigt jenes blaurote Inkarnat der Fleischüberfütterten, — sie alle steuern mit Sicherheit, indem sie im Übermaß an sich oder in dem für ihre Konstitution relativen Übermaß gewisse Dinge genießen, auf eine bestimmte Krankheit zu, oder bedingen durch ihre Lebensweise die Verschlimmerung einer beginnenden Körperdisharmonie. Diese aus dem Bereich der Ernährungsweise genommenen Beispiele ließen sich ins Ungemeßliche vermehren, wenn die ganze Lebensführung und Tendenz des Menschen in Betracht gezogen wird. Und nun versuche man, Vernunft zu reden, und man wird finden, daß nur hier und da einer zugreift und innerlich erfaßt, was ihm geboten wird: der wird seine Lage verbessern. Gott „wollte“ es in ihm: es war zur Realisierung Einsicht und

Kräfte genug vorhanden. Die andern bleiben wie mit Blindheit geschlagen; wenn sie, durch Logik überwunden, wirklich ihre Torheit zugeben müssen, so bleibt es doch beim Zugeben. Es bleiben Worte, denen die Tat nicht folgt. Der innere Impuls erlaubt es ihnen nicht. Und wenn der Arzt von Gottes Gnaden Tür an Tür mit ihnen wohnte, wenn es sie nur einen Schritt und ein Wort kostete, — sie täten weder Schritt noch Wort. Sie bleiben krank, weil sie im Fegfeuer bleiben sollen, wo sie allein lernen werden, was ihnen fehlt. Gott in ihnen, in seiner strengen Güte will es so. „Gott hat beschaffen die Arznei über die Krankheiten und den Arzt dazu: aber er verhalts dem Kranken so lang, bis die Stund kommt der Zeit: alsdann wird verbracht der Natur ihr Gang, und der Kunst, und vor nit, die Zeit sei denn hier." Das, was den wissenden, kunstvollen Arzt schafft — ist es denn nicht auch der göttliche Trieb des okkulten Menschen, der ihn zum Studium, zur Arbeit, zur Opferwilligkeit im Dienst der Kranken treibt? Die Großen unter den Menschen sind deshalb groß, weil sie älter sind als die Masse der Menschheit, weil der Gott in ihnen zurückfühlt auf Erinnerungen und Erlebnisse einer fernen Zeit, da das Göttliche der andern Menschheit noch dumpf und traumhaft nur sich erlebte. Ihre Fähigkeiten sind die Früchte vom fernen „einst". Die besondere Tendenz ihres Genius der Ausdruck der Liebeshinneigung von einst. Der Alchimist einer Tierart ist die lebendige Erinnerung an die Vorgänge, durch welche die Tierart entstand: fern zurück in die noch nicht materiellen Zustände einstigen Weltenwerdens reicht diese Erinnerung zurück: ins Reich der Kräfte und ihrer Sympathiebeziehungen. In den Großen der Menschheit ist die Erinnerung lebendig, wie sie als bedeutsamer Faktor webten im Geist der Menschheit am Weltentstehen. Der Genius als Gesetzgeber, Weiser, Krieger, Künstler, Erfinder ist immer Gott im Menschen, der sich erinnert, und aus der Flut der das Wachbewußtsein überströmenden Impulse das vollbringt, wozu ihn „Gott" treibt. Der geniale Arzt ist Arzt, will alles wachsende Leben erhalten, weil in ihm ein okkultes Verständnis lebt — aus urferner Erinnerung geboren — für den Wert alles wachsenden Lebens und für sein Wesen. Er entringt sich die Kunst, Heilmittel zu bereiten, weil die Erinnerung in ihm weiß, wann und wie und wo wachsendes Leben in der Natur zum wachsenden Leben des Menschen gehört, — wie Mikrokosmos und Makrokosmos zusammen gehören. So schafft „Gott" Arzt, Arzenei und Krankheit und bestimmt auch den Tag der Heilung oder die Verlängerung des Leidens. Und wie Gott die wahren Ärzte schaffet, so schafft er auch die unwissenden Ärzte: „Die unwissenden Ärzte sind Fegteufel, von Gott zugesandt über den Kranken." Sie schüren das „Fegefeuer", anstatt es zu vermindern. So gewiß alle Menschen aus Gott sind geboren, so müssen sie doch erst als Menschen lernen, ein Körper- und Seeleninstrument zu werden, wodurch ihr Göttliches sich irdisch ausdrücken kann. Es ist so rührend anzuschauen, wie ein jeder Mensch, auch der Verbrecher, eigentlich immer das Gute und Gerechte will: Daß es an sich nicht gut und gerecht ist, hängt nicht von der Absicht des Menschen, sondern von seinem Mangel an Fähigkeiten ab. Das Tier ist so viel stärker noch als der Gott im Erdenleibe und überflutet den unreifen Intellekt mit Begierden, so daß der Intellekt, von den Begierden vergewaltigt, sich eine Illusion in Form gewisser Vorstellungen macht, die er „sein Recht“ nennt. Dieser „Geist“ beherrscht ihn dann, er kommt von ihm nicht los. Der Mensch ist erst dann. besserungsfähig, wenn er den Wahnwitz seines „Rechtes“ einsehen kann. Bis dahin reiten ihn die „Geister“ seines „Rechtes“. Würden sie ihn nicht ins Elend reiten, so würde er nie lernen, sich gegen sie zu empören, d. h. sich zu bessern. Immer ist es Gott, der überall wirkt. Und wenn die Menschen reifer wären als sie sind, so würden sie ihren Brüdern in der Unreife, den unwissenden Ärzten, nicht zum Opfer fallen. Aber sie ziehen magisch einander an: Gleiches zu Gleichem. Gott will es: Hierin allein liegt Seelenentwickelung. „Ihr“, sagt Hohenheim zu seinen Schülern, „seid Christenlichen über die Natur und auf die Natur gewidmet . . .“ „Das merket also: daß Gott nichts ohne Menschen tun will.“ Diesseits offenbart Gott seinen Willen durch den irdischen Menschen und jenseits offenbart er sich als kosmischer Mensch im Leben der Natur. Welcher nun aber — von dem Gedanken berauscht, daß seines Wesens Ewiges das Göttliche sei — wähnte, in seinem bißchen Erden-Ich den Gott erfaßt zu haben, der gäbe sich einer verderblichen Illusion hin. Der gliche einem, der da sagen würde: Ich bin reich, ich bin der Herr der Welt; denn meine Väter hinterließen mir als Erbteil einen unermeßlichen Schatz. Den haben sie irgendwo in den Gründen der Erde für mich verwahrt. Sie haben mir zwar nicht überliefert, wo er ruht, noch wie man ihn hebt. Aber — ich bin doch unermeßlich reich!" —

So reich ist der Mensch. In der Möglichkeit ist er der Gott der Welt; in der Realität als Erden-Ich vorläufig ihr Sklave. Diese „Möglichkeit in ihm" erhebt ihn über die anderen Reiche der Natur. In ihnen wirkt stückweise, was zentralisiert als Ganzes in der Menschenseele aufleuchten kann, wenn der Mensch den Schatz seiner Väter sucht und findet. Der ruht in Christo. Deshalb betont Paulus: „nicht ich, Christus in mir."

„Glückseelig zu arzneyen ist gewesen zu Zeiten Hippocratis, Rasis, Galeni", ruft Paracelsus, „Ursachen: die Fegfeuer sind klein gewesen. Aber itzt, und für und für, dieweil da zunimmt das Übel, so ist je länger, je minder Glück in der Arznei. Aus der Ursachen sind auf Erden böser Arzet nie gewesen, denn itzt; denn das Fegfeuer ist zu streng, das kein Arzt dämmen mag. Und wenn die ersten hie wärendt, so wär' all ihr Sachen blind."

Das „Übel", das Ich, das den Kontakt mit der

Gotteswelt verloren hat, wird immer größer, immer größer auf Kosten geistiger Fruchtbarkeit, auf Kosten der Liebesfähigkeit und des Seelenreichtums. Dies Ich, das Träger Gottes sein sollte, wird Anbeter der Materie: sie ist alles, sie ist er selbst. Er ist gar nichts, — er ist bloß Erde. Er ist an sich nichts als Zufallprodukt der Erde. In diesen „monistischen" Vorstellungen lebt er. Er lebt in der permanenten Verneinung der Realität. Aus solchen „Geistern", wenn sie herrschen, werden die Krankheiten geboren, die das Fegefeuer sind: Und mehr, weit mehr als die Zeitgenossen Paracelsi leben die Kulturmenschen des 20. Jahrhunderts in dem aus dem Irrtum und der egoistischen Begierde geborenen Fegefeuer der körperlichen Dekadenz, der Blutarmut und Nervosität. Deshalb verlangt Hohenheim, daß der „Christenliche" die Heilung nicht vom Arzt und der Arzenei, sondern allein von Christus erwartet. Denn wenn der Christus im Menschen die Seele umwandelt, dann erst ist die Stunde der Zeit da, und mit ihr Arzt und Arzenei. Du bist dir selbst Karma, und der Gott in dir Vollstrecker. Wie du die Ursache zur Krankheit legtest und Gott die Krankheit in die Erscheinung rief, so kannst du ebenso die Ursachen zur Gesundheit legen, und Gott wird die Gesundheit in die Erscheinung rufen. „Die Heydnischen und Ungläubischen schreyen zu dem Menschen umd Hülff: Aber ihr sollt zu Gott schreyen, er wird euch wohl zuschicken den Gesundmacher: Es sei dann ein Heilig, oder ein Arzt oder sich selbst". Nicht ein kindisches Betteln um Gesundheit ist gemeint, sondern das innere Erwachen, das innere Anrufen alles dessen, was edel und sehnsuchtsvoll im Menschen nach wahrem Menschentum trachtet. Es wird von den geheimnisvollen, magischen Verbindungen gesprochen, die sich entspinnen zwischen edel und edel, zwischen liebevoll und liebevoll, zwischen Geisteskraft und Geisteskraft. Von den geheimnisvoll im Unter- oder wahrlich besser Überbewußten vorhandenen Strömungen der Sympathie und Antipathie wird geredet, so daß, wer sich aus einem Unedlen in einen Edlen durch Seelenarbeit wandelt, das Edle in der Welt zu seiner Hülfe an sich zieht. Das sieht dann auf Erden aus wie Zufall: daß man gerade sich getrieben fühlte, dies zu tun oder dahin zu reisen, woraus Gelegenheit zur Genesung entstand. Das ist wohl dem Materialisten schwer, einzusehen, daß seine Seelenzustände etwas wären, das weiter hin seine Wirkung erstreckt, als über die Grenzen seiner Haut. Aber jede Nacht ist der innere Mensch „schlafend“ aus seiner Haut heraus und empfängt und sendet aus in der Astralität der Welt. Was die Welt dem Menschen entgegenbringt, ist nur die Antwort auf das, was der Mensch der Welt gibt. Und wenn einer klagt, daß er ungeliebt dahinlebe, so ist er selber schuld. Dem müßte gesagt werden: Warum sollen die Andern dich lieben? Gibst du ihnen denn eine Ursache dazu? Sie können doch nicht ohne Ursache lieben sollen? Das kannst du selber ja auch nicht. Schaff dir liebenswerte Eigenschaften, dann werden sie, — nein, dann müssen sie dich lieben. In irgend einer Hinsicht kann jeder, wenn er an sich arbeitet, excellieren. Wer es ernstlich sucht, wird schon finden, wo ihm die Möglichkeiten liegen. Und wenn er seine ihm mögliche Qualität entfaltet hat, werden ihm die kommen, denen diese Qualität als Erhöhung ihres Lebens gilt: die werden ihn lieben, denen wird er unentbehrlich sein. Dann ist auch das Fegefeuer der inneren Öde und Verlassenheit zu Ende. Das sollten die Schüler Hohenheims im Auge behalten, daß Krankheit immer der Ausdruck des Kampfes des okkulten Menschen gegen Entartungszustände seiner Natur sind, welche durch Schwäche oder Sünde des Ich veranlaßt wurden; und daß sie in Zeiten der Vorherrschaft des Ich im Menschen nur durch Umwandlung und Veredelung des Ich gehoben werden können. Einst, zu Hippocrates Zeiten, wo das Ich noch vom Gruppenseelengemüt ganz übertönt ward, wo die übersinnliche Welt noch ins Bewußtsein hineinspielte und die Seelenkraft des Starken wie ein belebender, erneuernder Strom das Wesen des Hilfe suchenden Schwachen durchdringen konnte, da war „glückseelig zu arzneyen!“ Gegenüber der durch die starke Egoität des Menschen veränderten Seelen- und Körperbeschaffenheit von heute wäre alle Kunst des Altertums vergebens: die Seele kann nicht mehr aufnehmen und reagieren wie einst. So daß bei allen Kuren der Arzt darauf hinarbeiten möchte, das Ich der Einwirkung der göttlichen Welt wieder zu erschließen, indem er die Lebensweise und Ernährungsart verordnet, die dazu förderlich sind: die das zu starke Ich da, wo es in der „Exaltation“ wirkt, herunterdrücken und das schwache Ich zur Tätigkeit anregen; damit hilft er, daß sie herannahe, die „Stunde der Zeit“. Aber er kann wiederum nur dem helfen, den Gott treibt, ihn um Hilfe zu bitten.

Wenn nun die Verhängung der Krankheit einzig im Ens deale zu suchen ist, so ist physiologisch eine jede Krankheit zu untersuchen und zu ergründen nur in den anderen vier Entibus. Das Ens deale hebt den Schleier von den Geheimnissen des Karma: wie sich dies Karma dann als Krankheit objektiviert, das ist in den Zuständen des physischen, des ätherischen, des astralischen Leibes und des Ich zu finden, welche vier eben in den vier Entibus abgehandelt werden. Das ist der große Unterschied zwischen Heidentum und Christentum: Die Weisheit des Heidentums sieht die wesenhaft gewordenen, in die Erscheinung getretenen Folgen der verhüllten Ursache. Wie groß auch ihr Wissen und Schauen in die Entsprechungen zwischen großer und kleiner Welt, zwischen Natur und Mensch waren, die Weisheit spricht immer vom Geschaffenen hier wie dort. Und wenn noch so weit das Geistesauge der Erinnerung zurückschweift und die okkulten Tatsachen vom Werden der Erde und vom Werden des Menschen erblickt, es erfaßt immer nur das Bild der sich wandelnden Gestalten, — wer aber verursacht, daß sie sich wandeln, diese Gestalten? K a r m a , das große Verhüllte, das alles Geschehen verhängt, das jeder Tat im Bösen und Guten die Vergeltung bestimmt.

Das Christentum aber vermag durch die Tat auf Golgatha dies Verhüllte in seinem Wesen zu erfassen und vermag zu lehren: Der Richter über Tod und Leben, über Glück und Schmerz, der lebt in dir selber. Geheimnisvoll herrscht durch dein Ich in dir der Geist deines Lebens. Dein Ich ist sein Leib, sein Instrument, ein Stück seines Wesens. Gott ist in dir. Je mehr du es erfaßt, um so mehr vermagst du. Durch diesen Glauben an die Macht der eigenen Wesenheit vermagst du alles zu erreichen. Durch diese Erkenntnis wird auch alle Furcht besiegt. Diese Macht, die im Ens spirituale geschildert ward, von deren Erscheinungen der Mensch sich beherrscht fühlte, und die schließlich doch nur ihre Kraft aus seinem eigenen unentwickelten Willen sog. Dieselbe Kraft kann das Selbstbewußtsein im Glauben an sich selbst entfalten. Wie die Geister alle Krankheiten im Leibe bilden können — wenn „Gott" es zuläßt! —, so kann das Ich, das den Glauben hat, ebenso viel. Es kann dem eigenen Leibe Gesundheit und Krankheit einbilden, im eigentlichsten Sinne des Wortes: es bildet sie ihm ein. Paracelsus greift als Beleg für seine Behauptungen auf das Evangelium zurück und zitiert die Worte des Herrn, der den Jüngern vom Wesen des Ich spricht: „Ihr wisset, wie das Evangelium einen kurzen Begriff gibet von der Kraft und Macht des Glaubens, da es sagt ein solche Sentenz: Ist es ein Sach, daß ihr werdet einen

Glauben haben, als nur ein Senfkorn, und auf denselbigen Glauben und in Kraft desselbigen, saget zu den Bergen: du Berg senk' dich hinab in das Meer, so geschieht es. Darum wissendt, daß unsre Stärke, die der Leib hat aus dem Fleisch und Blut, gar ein kleine Stärke sei, und unsere Stärke alle liegt allein im Glauben." Und Hohenheim betont, wie die Großen der Bibel alle ihre Kraft aus diesem Glauben hatten, wie Samson und Josua, Moses und Abraham. (Opus Paramirum: Von den Dingen, so dem Menschen aus dem Glauben zufallen.) Er führt ausschließlich die Geistesheroen des Judentums an, dessen Weltmission in der Bildung des irdischen Ichbewußtseins besteht. Die Großen des alten Testamentes waren groß in ihrer Abwendung vom Geist des Heidentums, in ihrer vollständigen Hingabe an den einen Gott, an Jahwe, den Vatergeist der Menschheit. Und dadurch sind sie Vorbereiter des Christentums. Sie bereiten vor eine Leiblichkeit, einen Seelenzustand, darin der Sohn den Weg zum Vater und das Wesen des Vaters offenbaren kann. Die Blüte des Christentums ist dem Stamm des Judentums entsprossen, und ohne den Glauben an Jahwe hätte ein Glaube an Christus niemals ins Leben gerufen werden können. „Nun aber weiter verstehent auch hierin: Den Geistern ist solchs auch möglich und mögen den Olympum werffen ins rote Meer: Sie mögen auch das Mare Oceanum werffen auf den Berg Äthna, und dergleichen anders, so Gott es verhängte. Darauf merke, daß diese Summa des Evangeliums also lautet als wollte Christus sprechen: Was seindt ihr Menschen in euren Kräften? Nichts. Das sage ich aber euch, wo ihr eure Stärke sollt nehmen: Nehmens aus dem Glauben: so ihr des Glaubens habet nit mehr denn so viel ein Senfkorn groß ist, so sehent zu, so seind ihr so stark, als die Geister seind . . . Darin merkend, daß wir durch unsern Glauben zu Geistern werden: und was wir über die irdische Natur handeln, ist der Glaube, der zu einem Geist durch uns wirket, und seint nit weniger, denn wie die Geist. Und ist gleich, als spreche Christus „so ihr habet einen Glauben, als ein Senfkorn, und seind irdische Geister, wie viel mehr wird es euch werden, wenn euer Glauben ist wie die Melonen: wie hoch werden wir die Geister übertreffen, wenn er ist wie die großen Cucurbiten . . .“

Paracelsus redet in diesem Gleichnis vom Senfkorn, Melone und Kürbis von Entwickelungsmöglichkeiten. Das Senfkorn im Menschen ist der Same der Gottheit, das Ich. Und eine gar tiefe Lehre enthält dies Gleichnis; es sagt zum Menschen: Du kannst aus dir selbst, wenn du nur vermagst dich glaubend im ureigensten Wesen zu erfassen, alle Macht der Magie entfalten, deren Ausüber die Geister im Menschen einst waren. Das ist eine gefährliche Lehre, die da steckt in dem scheinbar so harmlosen Gleichnis vom Senfkorn. Aber Paracelsus gibt keine gefährlichen Lehren preis, ohne zu gleicher Zeit zu sorgen, daß durch Einsicht in das Wesen der Lehre der Mißbrauch vereitelt werde. Und wenn er das Gleichnis vom Senfkorn in direkte Verbindung setzt mit dem

Gleichnis vom Glauben, der den Berg vermöchte ins Meer zu werfen, so tut er das, weil er im Geist des Evangeliums heimisch ist und weiß, wie Senfkorn und Glauben zueinander gehören. Das Ich des Menschen, so wie es heute ist, umfaßt nur den engen Horizont des Wachbewußtseins. Wer Glauben hat, im oben dargestellten esoterischen Sinne, der kann im Rahmen dieses Wachbewußtseins den Berg ins Meer werfen. Nur ein kindlicher Leser wird das nach dem Buchstaben nehmen, als wenn ein Mensch sich nur gläubig wünschend hinzustellen brauchte, um einen Berg ins Meer stürzen zu lassen. Es handelt sich um jenen Berg, auf den der Christus Jesus mit seinen Jüngern zu gehen pflegte, wenn er fern ab vom Volk ihnen Mitteilungen über Geheimnisse des Geistes machen wollte. Der Olymp der Götter, das Bewußtsein im Übersinnlichen ist der Berg. Das Meer ist die Flut der von Gefühlen durchlebten Vorstellungen. Vom okkult-physiologischen Aspekt würde einer den Berg ins Meer werfen durch seinen Glauben, wenn er durch die Kraft seiner Imagination umbildend einzugreifen vermöchte in die Lebensprozesse, die mit dem Drüsensystem verbunden sind. Das, was im göttlichen Willen ist als Vorbild, wird leibliche Wirklichkeit. Durch Willenskraft des Ich — im Glauben! in der Hingabe an Christum, d. h. durch okkulte Entwickelung, kann direkt auf den Leib eingewirkt werden, geheilt werden; ja, eine ganze Reihe von Krankheiten sind anders als durch die Selbstanstrengung des Ich, durch Imagination

Herr in dem Vorstellungsleben seines Leibes zu werden, überhaupt nicht heilbar. Vorstellungsleben des Leibes? Es darf nicht das in den vorhergehenden Abschnitten Besprochene vergessen werden, daß alle Gemütsvorgänge zugleich physiologische Vorgänge sind, daß alle ins Unterbewußtsein gesunkenen Vorstellungen, — oder Geister im Sinne des Ens spirituale — erst recht Faktoren innerhalb der Blut- und Säftebildung sind, weil sie der Herrschaft des wachen Ich entglitten. Die Furcht gebiert den Angstschweiß, der Schmerz die Tränen. Wenn der Angstschweiß trocknete, und die Tränen versiegten, die Aufmerksamkeit sich abwendet, wird deshalb der wesenhaft, — Geist — gewordene Schmerz, so wie die Furcht nicht plötzlich zu nichts. Die Aufmerksamkeit ist nur auf anderes gerichtet. Das wesenhaft Gewordene, das so tief auf die Wasserprozesse einwirkte, daß es Tränen und Schweiß hervorbrachte, bleibt als Geist, als Bildungsfaktor dem Leibe einverleibt. Ein Tropfen Farbe färbt das Glas Wasser nicht. Wenn aber der Mensch dauernd im Furchtzustand leben muß, nimmt sein ganzes Wesen die äußere und innere Signatur der Frucht an: die Seelendepression zerstört auch die Gesundheit. Im Opus Paramirum führt Hohenheim unter den Krankheiten, die aus dem Glauben — hier aber aus dem After-Glauben — kommen, den Veitstanz an; er erzählt, wie er zunächst nichts als Albernheit und mutwillige Verstellung gewesen, dann nachgeahmt worden sei, und der Anblick die Imagination der Leute ergriffen habe und daraus die geistige Epidemie entstand, die man Veitstanz nennt. Jeder weiß, wie der Anblick solcher Zustände suggestiv wirkt, gerade so suggestiv wie das Gähnen. Da wirkt der Geist aus der Vorstellungswelt des Kranken wie faszinierend auf die Vorstellungswelt des Gesunden. Das Ich kann dagegen auftreten, wenn es sich anstrengt. Im Kleinen kann jeder erfahren, wie sich das Ich gegen solche unterbewußte Vergewaltigung wehren kann, wenn er den Versuch macht, im Kreise von gähnenden Leuten nicht mitzugähnen. Überall, wo durch rein geistige Ursachen der Körper vergewaltigt wird, da wird der Berg ins Meer geworfen. Was so die „Geister" können, das kann das Ich durch okkulte Entwickelung auch. Und es wird die Geister übertreffen, wenn des Geistes Horizont, das Selbstbewußtsein, sich weitet über die Bereiche des Unsichtbaren: dann wird das Senfkorn groß wie Melone und Kürbis. Glauben an sich selbst kann nur, wer wirklich das Ewige in sich erfaßt hat; zu diesem Erfassen führt der „Weg", der die Wahrheit und das Leben ist. Glauben ist Kraft: es kann nicht glauben, wer will; erst muß er heranreifen zum Glauben. Der Glaube in Christo, zu dem der Mensch durch Entwickelung heranreift, ist nun nicht der Glaube, aus dem Krankheiten entstehen. Paracelsus verfaßt ein eigenes Kapitel „von dem Unterschied des Glaubens". Der Glaube ist die bildende Geisteskraft, die in jedem Menschen vorhanden ist. Wenn soeben gesagt wurde: es kann nicht glauben, wer will, und nun: daß die Glaubenskraft in Jedem vorhanden sei, so ist das kein Widerspruch. Es bedeutet dasselbe, als sagte jemand: in jedem Menschen liegt die Fähigkeit der Sprache; aber das Sprechen muß er erst lernen. Und wenn er auch wirklich fließend in Worte zu kleiden gelernt hat, was sein Gemüt bewegt, — so ist er noch weit entfernt zu wissen, wie die Sprache als Kunst zur Lenkerin der Seelen werden kann, und nicht einmal als Ahnung dämmert ihm auf, wie sehr die Sprache im Urgrund ihres Wesens Geheimnis und Magie ist. Und wie in jedem die Anlage zur Magie der Sprache ruht, — denn das macht ihn zum „Menschen“, — so ruht in jedem die Kraft des Glaubens. Ein jeder „glaubt“ — er glaubt sein ganzes Leben hindurch an gar vielerlei —, und sein ganzes Leben ist der lebendig gewordene Ausdruck dieses vielerlei —, und dieses vielerlei, wie dieses Leben — sie sind auch danach! Sie sind ganz nach dem Glauben formiert. Je nachdem sie glauben, essen und trinken sie, lieben und hassen sie, — schaffen sie die Geister ihrer Vorstellungen, und diese Geister werfen immerfort, — aus der Kraft des Willens, mit welcher der Glaube die Geister nährt, — den Berg ins Meer. So glauben sie sich unzählige Krankheiten heran, die auf natürliche Weise — nach einem der vier Entium — vom Arzt geheilt werden könnten, — wenn der Glaube es nur erlaubte! Aber der Glaube glaubt ja eben, daß die Krankheit erregende Lebensweise heilsam sei, daß der wahre Arzt ein schlechter Arzt u. s. w. So glauben die Leute sich, unbewußt dessen, was sie tun, in Glück und Unglück durch die Geister, die sie ernähren.

Wer nun aber sich bewußt wird der Kraft des Glaubens, der kann ihn recht oder mißbrauchen. Das Gleichnis vom Senfkorn und vom Berg, sie dienen zur Belehrung über das Wesen des Ich. Dem Ich wird zum Bewußtsein gebracht die Fülle der in ihm ruhenden und der Entwickelung harrenden Anlagen. Dadurch wird das Ich zum Gefühl der eigenen Kraft gebracht und in sich selbst befestigt. Und dann erst, wenn das Ich so weit gediehen ist, tritt etwas neues in die Erscheinung, etwas, was bis dahin gar nicht das Wesen des Menschen hatte bedrohen können; etwas, das erst mit der Ich-Entwicklung geboren wird: die Versuchung. Das Ich wird sich seiner Wesengleichheit mit Gott bewußt. Wird sich bewußt, daß es ohne Zeremonien und Opfer an die Götter aus eigener Kraft das alles leisten könnte, was die Götter taten, wenn es sie anrief und ihnen opferte. Hohenheim führt im Paramirum aus, was der Mensch im Glauben an sich selbst heraufbeschwören könne über sich und andere, und fügt hinzu: „daß Gott solches aber verhänckt hatt, ist ein Zeichen, daß wir's vermögen, und ein Ansehen, **wer wir sind**." „Gott" läßt das zu, verhängt das, auf daß dem Menschen in der Willkür der Entschließungen aus ureigensten Impulsen die Kraft der Verantwortlichkeit des Freien, der sich selbst Richter sein soll, erwachse. Erst durch die Freiheit zum Guten wie zum Bösen lernt der Mensch in sich selbst beruhen und löst sich von der Gruppenseele: er lernt wissen: „wer wir sind!“ „Dann sollt ich beschreiben und etwas wenigs glimpfen denselbigen Zauberern in ihrer Zauberei, was aus Gottes Verhänknis durch sie beschehen ist, es würde ein seltzame Chronik werden, die da Gott allein darumb verhänkt hat, daß wir durch solche Werck sehen, daß wir auch möchten den Berg ins Meer werfen und **dass wir auch Geist sind und unsichtbar Leut!**“

„Darum so ist der Glaub, durch den wir selig werden, hie nit begriffen: es ist auch vom selbigen Glauben bisher nichts gehandelt worden, denn derselbige Glaub geht aus Christo und wieder in ihn. Denn er meldt nit, daß, so wir ihn glauben, sich die Berg in das Meer sollend senken: Sondern das meldet er, so wir in ihn glauben, daß wir durch ihn sollen seelig werden.“

Und hier zeigt sich, wie dies Ich die Quelle von Gut und Böse zu gleicher Zeit ist, und der Weg zur Seligkeit wie zur Verderbnis. Hier zeigt sich, weshalb die Esoteriker den Apfel, malum, wählten, als die Frucht, deren Genuß die Pforten des Paradieses verschließt, und die Pforten zur irdischen Willkür öffnet. Einst in der alten Atlantis erlebten die Menschen sich im Leben der Götter, wie die Tiere sich erleben im Leben ihrer Gattungsseele, — ohne Willkür für den Einzelnen. Erst als das Bewußtsein sich zersplitterte in die vielen Einzel-Bewußtseine, die sich im Leibe durch die Sinne erlebten, anstatt wie einst als Naturkräfte aufbauend und abbauend, ohne den „Tod“ zu kennen, an den Leibern zu wirken, da begann die Zeit des Übels, der Ich-Empfindung. Da verdämmerte ins Unterbewußte das Erinnerungsleben der Vergangenheit, da schloß sich des Paradieses Tür, da versank die Insel der Glückseligen im Meer. Das Leben in der Willkür und in der Verantwortlichkeit des Einzelnen für alles, was er tut, beginnt. Und ferne leuchtet eine neue Glückseligkeit auf, die nur gewonnen werden kann in der Überwindung des Übels; die Glückseligkeit dessen, der durch die Erkenntnis der Wahrheit frei wird. So daß der Mensch, der in den Bereich der christlichen Esoterik eintritt, der zum Bewußtsein kommt, „wer er ist“, und seiner Kraft, die Wahl hat: den Berg ins Meer zu werfen oder Christo nachzufolgen. Das eine ist der Weg, auf welchem die Kraft des Ich im egoistischen Interesse des irdischen Daseins verwendet werden kann; das andere ist der Weg, auf welchem dieselbe Kraft im Dienst der inneren Entwickelung verwendet wird. Der erste Weg führt immer tiefer das Ich in die Verstrickungen des Karma hinein. Der zweite Weg führt den Menschen in das Wesen der Gottheit, damit er zum Herrn des Karma werde. Das soll der Mensch nicht vergessen; „auch wir sind Geist und unsichtbare Leut!“ Im Geist ist unsere Heimat und das Königreich der Zukunft. Vorübergehend ist diese sichtbare Welt; aus dem Geist ist sie entstanden, im Geist wird sie sich wieder auflösen. So entstehen aus dem Geist und vergehen im Geist Sonnen und Planeten.

Nicht im Vorübergehenden sich zu verlieren, sondern zur Unsterblichkeit des Ich-Bewußtseins im Geist sich zu entwickeln, das ist das Ziel des Menschen.

„Wo wir aber unsern Glauben gebrauchen, blos um den Berg ins Meer zu werfen, und ein Geist in uns zu erheben: Jetzt fallen wir in die Hoffart..... achten uns selbst für Götter und brauchen unseres Glaubens Kraft und Gewalt, glauben einander lahm und unglückhaftig, darin uns Gott verhänkt, daß wir unseres Glaubens Gewalt, Kraft und Macht sehen, daß wir uns selbst krank glauben und gesund glauben: das nach rechtem Teutschen allein ein verzweiffelt Leben heißt. Vergessen hierin unseres Gottes und seiner Barmherzigkeit, und leben in unserem eigenen Boch (Ruhm) und Trotz, die uns in Verzweifflung führen". Die Barmherzigkeit Gottes besteht darin, daß wir, wenn wir in seinem Geist leben, eben dadurch die Harmonie des Leibes, die Gesundheit heißt, herstellen, also gar nicht nötig haben, den Berg ins Meer zu werfen.

Es ist hier absichtlich näher auf die Begriffe Glauben, Übel, Versuchung eingegangen und die betreffenden Stellen im Paramirum sind zitiert worden, weil in ihnen der Schlüssel zum Ens deale ruht. Das Ens deale ist eine Umschreibung der Erkenntnis: Alle Gesundheit und Krankheit ist Gottes Wille; die Menschenseele ist das Instrument dieses Willens; der Menschenleib das Objekt, an dem er sich vollzieht. Somit hängt alle deine Kunst als Arzt einzig ab von deiner Fähigkeit, Gott zu erkennen. Je mehr du durch die Gotteserkenntnis vom Wesen Gottes in dich aufnimmst, um so deutlicher wirst du verstehen, was die Menschenseele und was der Menschenleib ist. Außerhalb der exoterischen Kirche und außerhalb der wissenschaftlichen Meinungen der Gelehrten-Welt steht Paracelsus, weil er beider nicht bedarf, weil er über ihnen steht. Es wird ihm von der Gelehrten-Welt als eine Rückständigkeit angerechnet, daß er nichts von der Leichensezierung zum Zwecke wissenschaftlicher Belehrung hielt; und das zu einer Zeit, da bereits hervorragende Männer dem Vorurteil der Kirche Trotz boten im Interesse anatomischer Studien. Er, der im wahren Arzt den sah, dessen geöffnetem Geistesauge der lebendige Leib das Geheimnis seiner Verhältnisse erschließt, hielt nichts vom Zergliedern des Kadavers. Die Zeit, da der Arzt sein Erkenntnisheil am Kadaver suchen ging, war ihm die im Evangelium vorher verkündigte Zeit: die Zeit der falschen Christi, da im irdischen Leib gesucht wird, was das Geistesauge im Reich des Geistes finden soll. Die Zeit, wo sich scheiden die Menschen in solche, die der Vergeistigung in Christo entgegengehen, und solche, die von der Materie nicht loskönnen. Wo? fragen die Jünger (Luk. 17, 37); der Herr antwortet: „Wo das Aas ist, da sammeln sich die Adler.“ Dessen erwähnt auch Hohenheim im Paramirum bei Gelegenheit seiner Erklärung der okkulten Vorgänge bei den Heilungen durch die Anbetung der toten Leiber sogenannter Heiliger. Im Geheimnis der Mumia liegt die Ursache der Heilung, in den dem einzelnen Leichnam, d. h. seiner Materie, innewohnenden eigentümlichen Kräften, die ihre Heilkraft eine zeitlang haben ebenso wie die Pflanzenstoffe und Metalle oder die Heilquellen der Erde. Da sucht gleiches das gleiche, der Kranke, wessen er bedarf; hingelockt vom okkulten Trieb, wie das Aas den Adler lockt.

„Ist das nicht gesprochen, als sprech er (Christus): Kein Vogel fleugt höher denn der Adler: also fleugt unter allen Menschen niemandts höher, als die ich erlöst hab mit meinem Todt, denn dieselbigen fliegen bis in Himmel. Nun wird es aber dazu kommen, daß sie von oben herab fliegen werden, von mir zu dem Leib, das ist zu dem Aas in der Erden.“ Alle, die sich von der Geisteswissenschaft abwandten, um Empiriker der Materie zu werden, sie waren Hohenheim auch „Adler“, die zum Aas flogen. Ihm galt nur die Anatomie, zu deren Studium die Geisteswissenschaft verhilft, indem sie dem Schüler die geheimen Entsprechungen zwischen Natur und Mensch erschließt. Im caput sextum des ersten Paramirum-Buches erklärt Hohenheim die okkulte Anatomie: „Ein ist Localis, die andere Materialis.“ Unter der ersten versteht er, „daß der Mensch an sich selbst zerlegt wird, derbey gesehen werd, was Bein, Fleisch, Geäder usw. sey, und wo es liegt, aber das ist das wenigst; die ander ist mehr, und ist die, daß ein neu leben eingeführt werde im Menschen, nach dem ersten mittel Leben, in die Transmutation, darin befunden wird, was Blut ist, welcherley Salz, Mercurius und Sulphur: also auch was das Herz ist, welcherley

Sulphur, welcherley Mercurius, welcherley Saltz, und was da im ganzen Leib. Das ist nun die recht Antomey. Also ist der Grund des Anfangs: also muß der Arzt geboren werden. Aber diß Geburt ist hart zu verstehen, und eine harte Red denen, so aus ihr Fantasey nicht weichen wollen, die ihren Köpfen vertrauen und nicht dem Weg der Wahrheit."

Das ist die richtige Anatomie des Menschen: zu wissen, welche Wesen des Kosmos in ihrem Wollen, Fühlen und Formen sich ausdrücken, z. B. im Bau und in der Funktion des Herzens und der anderen inneren Organe. Welche Wesen die Augen, die Ohren gebaut haben und der Menschenseele die Wahrnehmungen von Licht und Ton vermitteln. Welche Wesen sich ausdrücken in der Weisheit des Knochenbaues, was das ist, das der Färber ist von Haut und Haar? Alle diese Wesenheiten sind kennen zu lernen auf zwiefache Art: einmal draußen in der Mineral-, Pflanzen- und Tierwelt, das andere Mal im Menschen. Man vergesse niemals, daß der Mensch ein Extrakt der Gesamtnatur ist und das Leben der Natur in ihm webt, aber hingeordnet auf ein Ziel, das über allen Zielen der Natur steht. Erst dann, wenn der Schüler im Menschenleibe als Wirklichkeit den Makrokosmos wiederfindet, dann kann er reden, daß er die Anatomie des Menschen verstünde. Damit hat er aber auch zu gleicher Zeit die Kenntnis der Heilmittel errungen: Wenn er das Geheimnis des Menschenherzens kennt, so weiß er, wo er die Kräfte, welche den Bau des Herzens schufen und erhalten, in der Natur zu finden hat. Der Mensch selbst in seinem Leiden zeigt ihm, welcher Hilfskraft aus der Natur er bedarf. Aus der Natur in Steinen, Pflanzen, Tieren treten ihm die Einzelheiten des lebendigen Menschen entgegen: es schauen ihn an aus Tieren, Pflanzen und Steinen die Leidenschaften, die Vorstellungen und die organischen Kräfte des Menschen. Das ist die Anatomie, die Hohenheim „Materialis" nennt: eine Erkenntnis der Materie oder des Geistes, — denn in der Wissenschaft vom Geist ist die sogenannte Materie auch Geist, ist alles Geist, dessen Sichtbarkeit für das physische Auge von den Umständen und Verbindungen abhängt, die der Geist einer bestimmten Entwicklungsstufe mit dem Geist anderer Entwicklungsstufen eingegangen ist. Und das „Sichtbare" wird unsichtbar, verflüchtigt, vergast sich, sobald die Umstände sich ändern. Diese Anatomie kennt die Umwandlungen der sogenannten irdischen Materie aus der ersten in die letzte und aus der letzten in die erste: die ultima Materia versteht nur, wer in ihr die prima materia wiedererkennt durch die Kunst der Anatomie. Und aus der Kenntnis der beiden genannten Anatomien: dem sichtbaren Leibesbau und der beständig die Materie dieses Baues hergebenden und formenden Naturkräfte, entsteht die dritte Anatomie: Mortis Anatomia: die Anatomie dessen, was den Tod herbeiführt: die Anatomie der Krankheiten. Eine jede Krankheit hat ihre Anatomie. Sie hat sie, weil die Krankheit keine Abstraktion, sondern eine Realität ist: jede Krankheit ist eine Geburt, und das, was da entstanden ist, hat seine Anatomie. „So vielerlei corruptiones, so vielerlei Tod", lehrt Hohenheim. Der Begriff corruptio ist bei Gelegenheit des Ens veneni abgehandelt worden. Im Sinne von corruptio ist jede Krankheit eine aus der Störung des harmonischen Zusammenwirkens der Organe entsprossene Neubildung, die ein Parasitenleben auf Kosten des Gesamtlebens bedeutet. So ist die Krankheit ein Wesen, das, je stärker es wird, um so mehr dem ganzen Organismus seinen Stempel aufprägt. Der Lungenkranke, der Leberkranke, sie tragen, jedermann sichtbar, ihres Leidens Stempel. Was da parasitisch sich breit macht, wo kommt denn das her? Das muß doch auch einzureihen sein in den Haushalt der Natur? Und das ist es auch. Da spielt sich ein Knecht als Herr auf, da hat eine der organischen Kräfte über das Maß, das die Gesamt-Harmonie ihr zugestand, Gelegenheit gefunden sich auszuwachsen. So ist jede Krankheit eine Zerstörung und ein Überwuchern der gesetzmäßigen Grenze. Deshalb spricht Hohenheim von der Krankheit als von einem Mann, einer aktiven Kraft, „aus dem vollkommenen Limbo geboren", d. h. aus den Naturkräften des Makrokosmos heraus emanzipiert; und die Krankheit muß nach dem genannt werden, dessen Bild sie ist, nach dem Namen des „Mannes". Alle sonst üblichen Krankheitsbenennungen gelten dem Paracelsus Fantasiebenennungen, denn die Krankheiten sollen nach ihrer Anatomie genannt werden.

„Irrig und unergründt heißt Febris, Febris: dieser Namen kommt von der **Hitz** des Fiebers, und sein Hitz ist nur ein Zeichen der Krankheit, und nit die Materie noch Ursach: und der Name soll gehen von der materia und Eigenschaft und Wesen der rechten Substanz. Als Nesseln, ist recht Urtica, sie brennt. Aber besser Sal urinae, denn sie haben **ein Anatomey.** Darumb Febris ein solcher Name ist, der seines Meisters Torheit anzeigt: denn es ist Morbus nitri, Sulphuris incensi. Darumb erschütt es den Leib, darumb fröret es, darumb gibt es Intervallum. Und dergleichen Apoplexia sein eigen Namen ausweist mit seines Meisters Weisheit, das nit Apoplexia heißen soll, sondern Mercurius Cachimialis sublimatus: denn also ist sein materia, ursach und materia peccans.“ „Fieber“ besagt gar nichts. Aber es besagt etwas, wenn konstatiert wird, daß z. B. aus dem Haushalt des Leibes eine Kraft sich emanzipiert habe aus der Gesamt-Harmonie als morbus nitri, gegen den der Aufruhr des erhöhten Verbrennungsprozesses gerichtet ist. Daß einer vom „Schlag“ getroffen wird, erklärt nichts. Daß der mercurius sich sublimiert habe, erklärt alles. Im Paramirum spricht sich Hohenheim in einem besonderen Kapitel darüber aus, inwiefern er unter der Praecipitation, der Sublimation und der Destillation des Mercurius die krankhaften Veränderungen in der Säftebildung und -Erhaltung des Leibes versteht.

Aus der Kenntnis der drei Anatomien wird ein Arzt geboren, der dem Kranken geben kann, wessen er zur Heilung bedarf. Denn die Arzenei soll dem erkrankten Teil des Leibes dasselbe sein, als das Leben der Natur dem ganzen Leibe: nämlich das Brot der Barmherzigkeit. Ein Vater soll der Arzt sein dem Kranken, der ihm Brot gibt und nicht Steine. Und Steine, anstatt Brot des Lebens, ist alles, was nicht in der Weisheit der drei Anatomien gegeben wird. Denn ein jedes Medikament soll gerade die aus der Natur entnommene Kraft sein, die ein Bruder ist der im Menschenleibe versiegenden Kraft. So wird aus den Kräften des makrokosmischen Menschen der mikrokosmische Mensch erneuert. Er wird gespeist mit dem Leben des Logos der Natur, mit dem Brot des Lebens, dem Brot der Barmherzigkeit. Der Priester-Arzt im Dienst des Lichtes der Welt ist der große Barmherzige, der Ausführer des Willens der Gottheit. Er gibt der Menschennatur, was sie braucht zur Neubildung ihres Wesens, zur Heilung ihrer Wunden. Vielerlei kann es sein, was er gibt, in Gestalt von vielerlei Materie, in Gestalt von seelischem Einfluß, in Gestalt von Belehrung und Einsicht. Aber was ist es denn im letzten Grunde, was er also gibt? Er läßt in den Menschen einfließen die Weisheit und die Logoskraft der Natur: Was in Pflanzen und Steinen und Tieren sich darstellt, wird als Medikament die Kraft, deren Weisheit das Entsprechende im Menschenleibe erneuert und aufbaut. Weisheit und Kraft! Öl und Wein. So ist es immer Öl und Wein, das der große Barmherzige in Christo in alle Wunden gießt. Des Gleichnisses im Lukas-Evangelium vom Samariter, der den Verwundeten aufhebt, erwähnt Paracelsus: „Laßt das ein Frag sein, ob Öl und Wein der Wunden gut sei? Als Christus vom Verwundeten redt in Jericho: . . . Christus hat keine unrechte Arzenei angezeigt, der die Wahrheit ist, sondern ein Anatomey und ein Arcanum: denn weit sei von uns, daß Christus unrecht die Simplicia der Natur genannt habe . . .“ Und wie das Brot des Lebens, die Ernährungsstoffe, im Menschen müssen umgewandelt werden durch die Digestio, sterben, um Menschenleben zu werden, so muß Öl und Wein der Natur vom Menschen assimiliert werden, damit es den Menschen erneuere. „So muß denn das ander auch wahr sein: die Wunde ist der Acker, das Öl und Wein der Same. Nun rath, was die Frucht sei?“ Die Frucht ist der durch Öl und Wein, durch Christi Fleisch und Blut regenerierte Mensch, der Geistesmensch. Die ganze Eigenart des Wesens Paracelsi drückt sich aus in dieser Einfügung des Gleichnisses vom Samariter in die Erklärung der drei Anatomien: der große Barmherzige, die Verschmelzung von Weisheit und Liebe in Christo. Barmherzig, weil er durch die Kraft des Sohnes des Vaters Wesen erkannte, und das Leben, das der Vater den Menschen gab, durch den Sohn zum unsterblichen Dasein erhöhen will. Unsterblich — durch Öl und Wein . . . .

In Symbole, welche nur die christliche Esoterik restlos erklärt, hüllt Paracelsus die Weisheit, auf die er seine Zeitgenossen vorbereitet. Denn Vorbereitung nur, Anregung kann es sein, was der Esoteriker der Öffentlichkeit gibt; Anregung, den Weg des Sohnes zu gehen, um den Vater zu erkennen, den niemand erkennen kann als der Sohn. Als ein Sohn des Vaters, dessen Geheimnis er hütet und nur den Weg zeigt, den ein jeder lernen muß selber zu gehen, wenn er vom Baume der Erkenntnis ewiger Dinge essen will, deutet Paracelsus — verhüllend trotz aller Erklärungen — im „Paramirum" auf die Mysterien des Menschenlebens. Und als ein solcher mögen wohl auf ihn die Worte des Sohnes im Evangelium angewandt werden dürfen:

„Es ist mir alles übergeben von meinem Vater. Und niemand weiß, wer der Sohn sei, denn nur der Vater; noch wer der Vater sei, denn nur der Sohn, und welchem es der Sohn will offenbaren."